KB054088

레전드
인도네시아어
회화사전

NEW 레전드
인도네시아어 회화사전

개정판 1쇄 **발행** 2023년 11월 20일
개정판 1쇄 **인쇄** 2023년 11월 10일

저자	황우중 · 김희정
감수	Gemilang Sinatrya
기획	김은경
편집	이지영 · Jellyfish
삽화	서정임
디자인	IndigoBlue
성우	Gemilang Sinatrya · 엄현정
녹음	BRIDGE CODE

발행인 조경아
총괄 강신갑
발행처 랭귀지북스
등록번호 101-90-85278   **등록일자** 2008년 7월 10일
주소 서울시 마포구 포은로2나길 31 벨라비스타 208호
전화 02.406.0047   **팩스** 02.406.0042
이메일 languagebooks@hanmail.net
MP3 다운로드 blog.naver.com/languagebook

ISBN 979-11-5635-209-9 (13730)
값 19,800원
ⓒLanguagebooks, 2023

레전드
인도네시아어
회화사전

랭귀지북스

쉽고 재미있게 배우는 '**인도네시아어 회화**'

'발리는 알지만 인도네시아는 모른다'는 말이 있듯이, 인도네시아는 우리에게 그리 익숙한 나라가 아니었습니다. 멀게만 느껴졌던 이곳이 한국과 점점 가까워지고 있습니다. 한국 기업들이 새로운 시장 인도네시아로 공장을 많이 이전하면서 경제적으로 그 관계가 더욱 긴밀해지고 있기 때문입니다. 거기에 인도네시아어를 배우려는 사람들이 많아지면서 서점에서 여러 종류의 인도네시아어 책들을 만날 수 있습니다. 인도네시아어에 대한 접근성이 좋아졌지만 초급자들에게 어려운 공부법을 제시하는 책들도 많이 있습니다. 이 점을 유의해서 자신에게 맞는 도서를 준비하는 것이 중요합니다.

인도네시아어는 말레이시아, 싱가포르, 브루나이, 동티모르에서도 활용이 가능한 언어입니다. 하지만 인도네시아에서는 세계 공용어라고 할 수 있는 영어가 거의 통하지 않아서 인도네시아어를 모르면 살아가는 것이 불가능합니다. 그래도 걱정할 필요가 없습니다. 인도네시아어는 세계에서 가장 쉬운 언어에 해당하기 때문입니다. 문자 표기도 우리에게 친숙한 로마자를 활용하며 문법도 복잡하지 않습니다.

〈레전드 인도네시아어 회화사전〉은 현지인들이 많이 사용하는 회화를 여러 가지 상황에 따라 구성했습니다. 주로 현지에서 쓰는 자연스러운 구어체를 담았기 때문에, 문서 작업 또는 공적인 자리에서 필요한 문어체나 격식체를 학습하고 싶은 분은 〈레전드 인도네시아어 첫걸음〉을 기본서로 같이 보는 것을 추천합니다.

인도네시아인들은 실생활에서 특히 구어체를 구사하므로, 이 책에서 소개하는 회화를 공부하면 실전에서 더욱 원활한 의사소통이 가능할 것이라 확신합니다.

끝으로 이 책이 나오기까지 함께 힘써 준 랭귀지북스의 모든 관계자 분들께 감사의 말을 전합니다.

Semangat! 스망앗! 파이팅!

저자 황우중, 김희정

인도네시아에서 가장 많이 쓰는 기본 표현을 엄선해 담았습니다. 학습을 통해 자기 소개와 취미 말하기부터 직업 소개, 감정 표현까지 다양한 주제의 기본 회화를 쉽게 구사해 보세요.

1. 상황에 따른 2,900여 개 표현!

왕초보부터 초·중급 수준의 인도네시아어 학습자를 위한 어휘·표현집으로, 일상생활에서 자주 접하게 되는 상황을 12개의 큰 주제로 묶고, 다시 470여 개의 작은 주제로 나눠 2,900여 개의 표현을 제시했습니다.

2. 눈에 쏙 들어오는 그림으로 기본 어휘 다지기!

490여 컷의 일러스트와 함께 기본 어휘를 쉽게 익힐 수 있습니다.
자기소개, 직장생활 등 일상생활에 필요한 기본 단어부터 취미, 감정 등 주제별 주요 단어와 어휘를 생생한 그림과 함께 담았습니다.

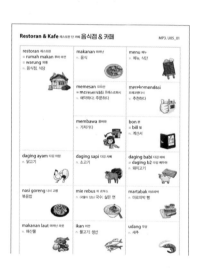

3. 바로 찾아 바로 말할 수 있는 한글 발음 표기!

기초가 부족한 초보 학습자가 인도네시아어를 읽을 수 있는 가장 쉬운 방법은 바로 한글로 발음을 표기해 두는 것입니다. 최대한 원어민 발음과 가까운 소리로 한글 발음을 표기하였습니다. 초보자도 언제 어디서나 필요한 표현을 바로 찾아 다양한 문장을 구사할 수 있습니다.

4. 꼭! 짚고 가기 & 팁!

문화를 제대로 알아야 언어를 이해하기 쉽습니다. 인도네시아 사회, 문화 전반에 걸친 다양한 정보와 언어가 형성된 배경을 담아 억지로 외우지 않아도 표현이 가능하도록 했습니다. 우리와 다른 그들의 문화를 접하며 표현을 익히는 데 재미를 더해 보세요.

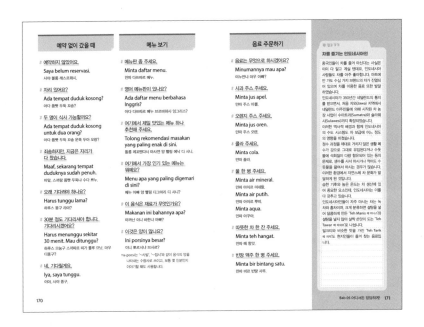

5. 말하기 집중 훈련 MP3!

이 책에는 인도네시아어 알파벳부터 기본 어휘, 본문의 모든 회화 표현까지 원어민의 정확한 발음으로 녹음한 파일이 있습니다.

인도네시아어 발음이 우리말과 일대일로 대응하지 않지만, 여러분의 학습에 편의를 드리고자 인도네시아어에서 사용하는 표준 발음과 최대한 가깝게 한글로 표기하였습니다.

자주 듣고 큰 소리로 따라 말하며 학습 효과를 높여 보세요.

MP3

blog.naver.com/
languagebook

인도네시아에 관하여

✔ **국가명** 인도네시아 공화국(Republik Indonesia)

✔ **기후** 열대성 몬순기후, 고온다습

✔ **수도** 자카르타(Jakarta, 인구 약 1,046만 명)

✔ **인구** 2억 7,485만 명(2022년, IMF 기준)

✔ **주요섬** 자와, 수마트라, 칼리만탄, 술라웨시, 파푸아 섬 등

✔ **면적** 191만 6,820㎢(한반도의 약 9배)

✔ **GDP** 1조 3,188억 달러(1인당 GDP 4,798달러, 2022년, IMF 기준)

✔ **종교** 이슬람교(87%), 기독교(7%), 가톨릭(3%), 힌두교(2%), 불교(1%) 등

✔ **정치** 대통령중심제

✔ **언어** 인도네시아어(Bahasa Indonesia) 외 600여 종 지방어

✔ **화폐** 루피아(Rupiah)

✔ **시차** 인도네시아 서부: 우리나라 시각 −2시간(자카르타 근방)
　　　　　중부: 우리나라 시각 −1시간(발리 근방)
　　　　　동부: 우리나라 시각 +0시간(파푸아 근방)

*출처: 외교부 http://www.mofa.go.kr/

기초 다지기

인도네시아어 문자

1. 알파벳 Alfabet 알파벳

현대 인도네시아어는 영어 알파벳을 사용하여 표기하며, 문장과 고유명사의
첫 글자는 대문자로 씁니다. 우리에게 친숙하지 않은 몇 가지 발음이 있으니 주의
해서 따라 읽어 보세요. 자신감을 갖고, 있는 그대로 정직하게 발음하면 됩니다.

A / a	B / b	C / c	D / d	E / e
아	베	쩨	데	에
anak	batu	cuka	dinding	es
아낙	바뚜	쭈까	딘딩	에스
아이; 자식	돌	식초	벽	얼음
F / f	**G / g**	**H / h**	**I / i**	**J / j**
에프	게	하	이	제
foto	gua	hobi	iklan	jamur
포또	구아	호비	이끌란	자무르
사진	동굴	취미	광고	버섯
K / k	**L / l**	**M / m**	**N / n**	**O / o**
까	엘	엠	엔	오
kata	leher	meja	nama	om
까따	레헤르	메자	나마	옴
말, 단어	목(신체부위)	탁자	이름	삼촌; 아저씨
P / p	**Q / q**	**R / r**	**S / s**	**T / t**
뻬	끼	에르	에스	떼
paku	Quran	rokok	suku	berita
빠꾸	꾸란	로꼭	수꾸	브리따
못	이슬람 경전	담배	종족	소식

U / u	V / v	W / w	X / x	Y / y	Z / z
우	풰	웨	엑스	예	젯
ubi	renovasi	**wadah**	xilofon	ayam	zaman
우비	레노퐈시	와다	실로폰	아얌	쟈만
고구마	쇄신; 개혁	그릇, 용기	실로폰	닭	시대

① **A / a** 아

모음 a는 [아] 발음입니다.

· [아]　　apa 아빠 무엇 / adik 아딕 동생

② **B / b** 베

자음 b는 우리말의 ㅂ[비읍] 발음입니다.

· [ㅂ]　　babi 바비 돼지 / baik 바익 좋은; 착한

③ **C / c** 쩨

자음 c는 ㅉ[쌍지읕] 발음입니다.

· [ㅉ]　　cuci 쭈찌 씻다 / cari 짜리 찾다

④ **D / d** 데

자음 d는 ㄷ[디귿] 발음입니다.

· [ㄷ]　　duduk 두둑 앉다 / durian 두리안 두리안(과일)

⑤ E / e 에

모음 e는 [으]나 [에]로 소리 나며, 대부분 [으] 발음입니다. 일부 단어와 축약어의 e에서만 [에] 발음을 가집니다. 실제로 원어민과 대화를 할 때 [으]는 [어]처럼 들리기도 합니다. 예를 들어, mengerti가 '멍어르띠'로 들립니다.

- [으]   sebut 스붓 언급하다 / mengerti 믕으르띠 이해하다
- [에]   sewa 세와 빌리다 / desa 데사 마을, 촌락

⑥ F / f 에프

자음 f는 ㅍ[피읖]과 비슷하며, 윗니로 아랫입술을 살짝 물고 발음합니다.

- [ㅍ]   faktor 꽉또르 요인; 요소 / fisik 퓌식 신체

⑦ G / g 게

자음 g는 ㄱ[기역] 발음입니다.

- [ㄱ]   gaji 가지 급여, 월급 / gila 길라 미친

⑧ H / h 하

자음 h는 ㅎ[히읗] 발음입니다. 단어 끝에 h가 오면 약한 숨소리 정도만 나며, 이 책에서는 이 경우의 한글발음을 표기하지 않았습니다.

- [ㅎ]   hantu 한뚜 유령, 귀신 / rumah 루마 집

⑨ I / i 이

모음 i는 [이] 발음입니다.

- [이]   dinding 딘딩 벽 / miring 미링 휘어 있는

⑩ J / j 제

자음 j는 ㅈ[지읃] 발음입니다.

- [ㅈ] **j**alan 잘란 길, 거리 / **j**u**j**ur 주주르 정직한

⑪ K / k 까

자음 k는 ㄲ[쌍기역] 발음입니다. 단어의 중간에서 받침소리가 되면 묵음, 단어의 끝에서
받침소리가 되면 ㄱ[기역] 받침이 됩니다. 일부 단어는 끝받침소리도 매우 약하게 발음합
니다.

- [ㄲ] **k**ita 끼따 우리 / **k**a**k**ak 까깍 손윗사람을 부르는 호칭(형·오빠·누나·언니)

⑫ L / l 엘

자음 l은 ㄹ[리을] 발음입니다. 단어의 중간에서 받침소리가 되면 뒷모음과 연음됩니다.

- [ㄹ] **l**ima 리마 5 / ma**l**am 말람 밤

⑬ M / m 엠

자음 m은 ㅁ[미음] 발음입니다.

- [ㅁ] **m**udah 무다 쉬운 / la**m**pu 람뿌 램프, 전등

⑭ N / n 엔

자음 n은 ㄴ[니은] 발음입니다.

- [ㄴ] **n**ol 놀 0 / ja**n**da 잔다 과부

⑮ O / o 오

모음 o는 [오] 발음입니다. 그러나 실제로 대화를 할 때는 [어]처럼 들리기도 합니다.
예를 들어, kosong이 '꺼성'으로 들립니다.

- [오] k**o**s**o**ng 꼬송 비어 있는 / g**o**s**o**k 고속 비비다, 문지르다

⑯ P / p 뻬

자음 p는 ㅃ[쌍비읍] 발음입니다.

· [ㅃ] **p**aman 빠만 삼촌 / ba**p**ak 바빡 아버지; 아저씨

⑰ Q / q 끼

자음 q는 ㄲ[쌍기역] 발음입니다.

· [ㄲ] **Q**uran 꾸란 이슬람 경전 / a**q**ua 아꾸아 물

⑱ R / r 에르

자음 r는 혀를 살짝 떨어서 내는 ㄹ[리을] 발음입니다. 받침소리로 사용되지 않습니다.

· [ㄹ] **r**ambut 람붓 머리카락 / tidu**r** 띠두르 잠

⑲ S / s 에스

자음 s는 ㅅ[시옷] 발음입니다.

· [ㅅ] **s**aya 사야 저(1인칭 대명사) / ta**s** 따스 가방

⑳ T / t 떼

자음 t는 ㄸ[쌍디귿] 발음입니다.

· [ㄸ] **t**ari 따리 춤 / uma**t** 우맛 신자

㉑ U / u 우

모음 u는 [우] 발음입니다.

· [우] b**u**ruk 부룩 나쁜 / c**u**aca 쭈아짜 날씨

㉒ V / v 붸

자음 v는 'ㅍ'과 'ㅎ'의 중간 발음입니다. 이 책에서는 기본적으로 ㅍ[피읖] 표기합니다.

- [ㅍ]　**v**isa 퓌사 비자 / reser**v**asi 레스르퐈시 예약하다

㉓ W / w 웨

반모음 w는 단어에서 'a, e, i, o, u'와 결합하여 [와], [웨], [위], [워], [우]로 발음합니다.
반모음이란 일반모음과 결합하여 새로운 발음을 만드는 모음입니다.

- [와]　**wa**jah 와자 얼굴
- [웨]　a**we**t 아웻 오래 견디는; 내구성이 좋은
- [위]　**wi**sata 위사따 관광, 여행
- [워]　ta**wo**n 따원 벌(곤충)
- [우]　**wu**jud 우줏 실재; 형태; 목적

㉔ X / x 엑스

자음 x는 ㅅ[시옷] 발음입니다. 거의 사용하지 않으며, 대부분 외국어 표기에 사용합니다.

- [ㅅ]　kopi mi**x** 꼬삐 믹스 믹스 커피

㉕ Y / y 예

반모음 y는 'a, e, i, o, u'와 결합하여 [야], [예], [의], [요], [유]로 발음합니다.

- [야]　**ya**kni 약니 즉
- [예]　sa**ye**mbara 사옘바라 퀴즈; 상품을 두고 겨루는 경쟁
- [의]　ba**yi** 바의 아기, 신생아
- [요]　gotong-ro**yo**ng 고똥로용 상부상조
- [유]　a**yu**nan 아유난 그네; 요람

㉖ Z / z 젯

자음 z은 ㅈ[지읒] 발음으로, 윗니와 윗입술을 떨면서 소리냅니다.

- [ㅈ]　**z**aman 쟈만 시대 / i**z**in 이진 허가

15

2. 이중자음

① kh ㄲ / ㅎ

이중자음 kh는 [ㄲ]나 [ㅎ]으로 자음 k나 h처럼 발음합니다. 외래어를 차용하면서 생긴 자음으로, k가 묵음이 되며 [ㅎ]으로 발음되다가 현재는 구분 없이 둘 중 하나로 말합니다.

- **kh**awatir 까와띠르 / 하와띠르 염려하다
- **kh**usus 꾸수스 / 후수스 특별한

② ng ㅇ

첫글자로 쓰일 때는 [ㅇ], 그 외에는 [ㅇ] 받침 소리를 냅니다.

- **ng**omo**ng** 응오몽 말하다
- data**ng** 다땅 오다

③ ny

ny는 일반모음과 결합하여 [냐], [녜/녀], [늬], [뇨], [뉴]로 발음합니다.

- [냐]   **nya**man 냐만 편안한
- [녜/녀]   **nye**nyak 녜냑 푹잠든 / **nye**ri 녀리 쑤시는
- [늬]   bu**nyi** 부늬 소리; 음성
- [뇨]   **nyo**nya 뇨냐 여사; 부인
- [뉴]   insi**nyur** 인시뉴르 엔지니어, 기술자; 공학자

④ sy

sy는 일반모음과 결합하여 [샤], [셰], [쇼], [시], [슈]로 발음합니다.

- [샤]   **sya**rat 샤랏 조건
- [셰]   **sye**ir 셰이르 밀
- [쇼]   **syo**gun 쇼군 쇼군(일본 막부시대 장군)
- [시]   ha**syis** 하시스 (마취제로 사용되는) 대마잎 진액
- [슈]   **syu**kur 슈꾸르 (신에게) 감사; 다행, 운이 좋은

3. 이중모음

이중모음 중 많이 쓰이는 ai와 au는 일반모음의 읽기대로 '아이', '아우'로 읽으면 됩니다. 그러나 일상 회화에서는 편리성을 위해 ai는 '에이', '에', au는 '오'로 읽기도 하니 눈여겨보세요.

① **ai** 아이 / 에이 / 에

- cab**ai** 짜바이 / 짜베이 / 짜베 고추
- sant**ai** 산따이 / 산떼이 / 산떼 한가로운

② **au** 아우 / 오

- m**au** 마우 / 모 원하다
- s**au**dara 사우다라 / 소다라 형제

③ **oi** 오이

- k**oi**n 꼬인 동전
- t**oi**let 또일렛 화장실

표기법
본 책에서 사용된 품사 표기법을 참고하세요.

n.	명사	v.	동사	a.	형용사	int.	감탄사

2.
인도네시아어 특징

1. 수식어는 명사 뒤에 옵니다.

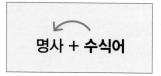

명사 + 수식어

- rumah **besar** 루마 브사르 **큰** 집

- komputer **mahal** 꼼뿌뜨르 마할 **비싼** 컴퓨터

- orang **Indonesia** 오랑 인도네시아 **인도네시아인**

- teh **hijau** 떼 히자우 **녹차**

- teman **saya** 뜨만 사야 **나의** 친구

Tip. 예외로 수량사가 수식어인 경우, '수식어+명사'가 됩니다.
- **banyak** orang **많은** 사람들
- **semua** orang **모든** 사람들
- **beberapa** orang **몇몇** 사람들

2. 서술어가 없어도 문장이 됩니다.

① **명사 + 명사**

Ini / buku. 이니 부꾸.

이것 / 책

= 이것은 책입니다.

② **명사 + 관형사**

Baju / itu / mahal. 바주 이뚜 마할.

옷 / 저 / 비싼

= 저 옷은 비쌉니다.

③ **대명사 + 명사구**

Itu / kopi enak. 이뚜 꼬삐 에낙.

저것 / 맛있는 커피

= 저것은 맛있는 커피입니다.

3. 다양한 접사가 발달했습니다.

접사 종류		형태
동사접사	타동사접사	me-, me-kan, me-i, memper-, memper-i, memper-kan
	자동사접사	ber-, ber-an, ber-kan
	수동접사	di-, ter-, ke-an
명사접사		pe-, -an, ke-an, pe-an, per-an
기타 접사		se-, -nya, se-nya

명사 어근 ajar(교수, 교육, 가르침)에 접사가 붙어 파생된 단어

· **meng**ajar 가르치다

· **meng**ajar**i** ~에게 가르치다

· **bel**ajar 공부하다

· **pel**ajar**an** 수업; 학습

· **peng**ajar**an** 가르침; 경고

· **peng**ajar 교사; 가르치는 사람

· **pel**ajar 학생

4. 동사는 크게 me-, ber-, 어근동사로 구분합니다.

① **me-동사** : 타동사

· **mem**beli 사다, 구매하다

· **meng**ajar 가르치다

· **mem**bersihkan 청소하다

② **ber-동사** : 자동사

· **ber**lari 달리다

· **ber**libur 휴가 가다

· **ber**pikir 생각하다

③ **어근동사** : ber-나 me-를 붙일 수 없는 동사로 한정적

· tidur 자다 → **ber**tidur (×)

· turun 내리다 → **ber**turun (×)

Tip. 해당 동사는 이 책의 [부록] 필수 단어 〈 8. 어근동사 〉에서 찾아봅니다.

5. 인칭대명사

인칭대명사는 대화나 문맥에서 특정 사람을 가리키며, 인칭에 따라 단·복수로 구분합니다.

	단수		복수
1인칭	**saya** 사야 저(격식체)		**kita** 끼따 우리, 저희(듣는 사람 포함)
	aku 아꾸 나(비격식체)	→ -ku −꾸 (축약형)	**kami** 까미 우리, 저희(듣는 사람 제외)
2인칭	**Anda** 안다 당신(격식체)		**Anda sekalian** 안다 스깔리안 당신들(격식체) **Anda semua** 안다 스무아 당신들 모두
	kamu 까무 너(비격식체)	→ -mu −무 (축약형)	**kamu sekalian** 까무 스깔리안 = **kalian** 깔리안 너희들(비격식체) **kamu semua** 까무 스무아 너희들 모두
3인칭	**dia** 디아 = **ia** 이아 그, 그녀, 쟤, 걔	→ -nya −냐 (축약형)	**mereka** 므레까 그들, 걔네들, 쟤네들
	beliau 블리아우 그분(극존칭)		

(1) 인칭대명사의 격

인칭대명사는 형태 변화 없이 위치에 따라 주격, 소유격, 목적격이 됩니다.

① 주격

- **Saya** minum kopi setiap hari.
  사야 미눔 꼬삐 스띠압 하리.

  저는 매일 커피를 마십니다.

② 소유격

- Aku guru wali kelas **kalian**.
  아꾸 구루 왈리 끌라스 깔리안.

  나는 너희들의 담임 선생이란다.

③ 목적격

- Sejak kapan kamu mencintai **dia**?
  스작 까빤 까무 믄찐따이 디아?

  언제부터 너는 그를 사랑했니?

(2) 축약형

일부 인칭대명사는 축약된 형태로도 사용됩니다.

- Aku suka bermain sepak bola dengan anak**ku**.
  아꾸 수까 브르마인 쎄빡 볼라 등안 아낙꾸.

  나는 내 아이와 축구하는 것을 좋아한다.

- Dia mau meminjam buku**mu**.
  디아 마우 므민잠 부꾸무.

  그(녀)는 너의 책을 빌리고 싶어해.

(3) 격식체와 비격식체

대화 상대방과 친밀한 정도에 따라 격식체와 비격식체 표현이 있습니다.

- **Saya** ingin membantu beliau. 사야 잉인 믐반뚜 블리아우.
  저는 그분을 돕고 싶습니다. (격식체)

- **Aku** ingin membantu beliau. 아꾸 잉인 믐반뚜 블리아우.
  나는 그분을 돕고 싶어. (비격식체)

(4) 호칭어

호칭어는 어떤 대상이나 사람을 부르는 말입니다.

남자		여자	
bapak 바빡 〜씨(성인 남성); 아버지	→ pak 빡 (축약형)	ibu 이부 〜씨(성인 여성); 어머니	→ bu 부 (축약형)
saudara 사우다라 〜군		saudari 사우다리 〜양	

Tip. saudara, saudari는 일상에서 잘 안 씁니다. 연배 차이가 많이 나는 윗사람이
아랫사람을 부르거나 법원·검찰에서 피의자, 피해자를 부를 때 사용합니다.

- **Bapak** Kim! Pergi ke mana? 바빡 낌! 쁘르기 끄 마나?
  김씨! 어디 가세요?

- **Ibu** Kim! Pergi ke mana? 이부 낌! 쁘르기 끄 마나?
  김씨(아주머니)! 어디 가세요?

- **Ibu** saya cantik. 이부 사야 짠띡.
  저의 어머니는 예쁩니다.

6. 지시대명사

지시대명사는 사물이나 사람(3인칭)을 가리킵니다.

ini 이니	itu 이뚜
이것, 이 사람	그것, 그 사람/저것, 저 사람
가까운 상태	멀리 있는 상태

- **Ini** buku. 이니 부꾸. 이것은 책입니다.

- **Itu** meja. 이뚜 메자. 그것(저것)은 책상입니다.

- **Ini** orang Korea. 이니 오랑 꼬레아. 이 사람은 한국인입니다.

- **Itu** teman saya. 이뚜 뜨만 사야. 그(저) 사람은 제 친구입니다.

  Tip. **지시대명사** ini, itu로 현재시제와 과거시제도 표현합니다.
  · malam **ini** 오늘 밤
  · malam **itu** 그날(과거의 한 시점) 밤

7. 장소대명사

위치를 나타내는 대명사로, 거리나 상황에 따라 '여기', '거기', '저기'로 말합니다.

sini 시니	situ 시뚜	sana 사나
여기, 이곳	거기, 그곳	저기, 저곳
(말하는 사람이 있는 곳)	(듣는 사람이 있는 곳)	(제3의 장소)
가까운 곳	가깝거나 서로 알고 있는 곳	멀리 있는 곳

- Saya tinggal di **sini**. 사야 띵갈 디 시니. 저는 여기서 삽니다.

- Dia pergi ke **situ**. 디아 쁘르기 끄 시뚜. 그는 그곳에 갑니다.

- Mereka datang dari **sana**. 므레까 다땅 다리 사나. 그들은 저곳에서 왔습니다.

Daftar isi 차례

Bab 01   첫 만남부터 당당하게!

Bab 01

첫 만남부터 당당하게!

Bab 01

Perkenalan 쁘르끄날란 소개

nama 나마 n. 이름, 성함 	**nama panggilan** 나마 빵길란 별명	**kartu nama** 까르뚜 나마 명함
	perkenalan 쁘르끄날란 = introduksi 인뜨로둑시 n. 소개	**perkenalkan** 쁘르끄날깐 v. 소개하다
jenis kelamin 즈니스 끌라민 n. 성별 	**laki-laki** 라끼라끼 = cowok 쪼웍 (회화체) n. 남자 	**perempuan** 쁘름뿌안 = cewek 쩨웩 (회화체) n. 여자
umur 우무르 = usia 우시아 n. 나이 	**tua** 뚜아 a. 나이가 많은, 늙은; 짙은 	**muda** 무다 a. 어린, 젊은; 옅은
	orang dewasa 오랑 데와사 n. 어른, 성인 	**anak muda** 아낙 무다 어린이
negeri 느그리 n. 나라, 조국; 어떤 종족의 거주지 	**negara** 느가라 n. 나라, 국가 	**bahasa** 바하사 n. 언어
agama 아가마 n. 종교 	**nomor telepon** 노모르 뗄레뽄 n. 전화번호 	**pekerjaan** 쁘끄르자안 n. 직업

hari 하리 n. 일(日); 요일 sehari 스하리 n. 하루	pagi 빠기 n. 아침, 새벽부터 아침 시간 (5~11시경)	bangun tidur 방운 띠두르 v. 깨어나다
	cuci muka 쭈찌 무까 v. 세수하다	makan pagi 마깐 빠기 = sarapan 사라빤 n. 아침 식사 v. 아침 식사를 하다
	siang 시앙 n. 낮 (11~14시경) tengah hari 뜽아 하리 정오	makan siang 마깐 시앙 n. 점심 식사 v. 점심 식사를 하다
	sore 소레 n. 오후 (14~18시경)	cemilan 쯔밀란 = makanan ringan 마까난 링안 n. 간식
	malam 말람 n. 밤 (저녁 포함, 18~5시경)	makan malam 마깐 말람 n. 저녁 식사 v. 저녁 식사를 하다
	tengah malam 뜽아 말람 n. 자정	tidur 띠두르 n. 잠 v. 자다 mimpi 밈삐 n. 꿈

Tanggal 땅갈 날짜

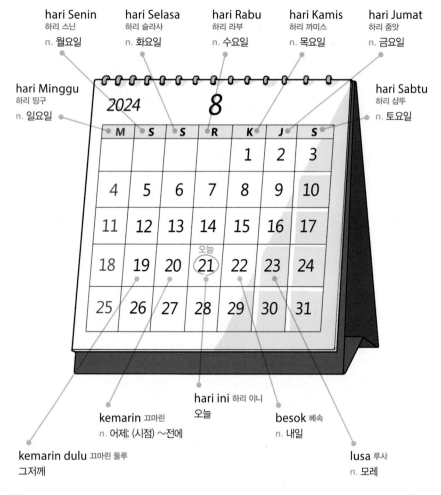

tanggal 땅갈 n. 날짜	tahun 따훈 n. 년(年), 해	bulan 불란 n. 월(月), 달	hari 하리 n. 일(日); 요일
	harian 하리안 n. 매일, 일간	minggu 밍구 n. 주	kalender 깔렌드르 n. 달력

hari Senin
하리 스닌
n. 월요일

hari Selasa
하리 슬라사
n. 화요일

hari Rabu
하리 라부
n. 수요일

hari Kamis
하리 까미스
n. 목요일

hari Jumat
하리 줌앗
n. 금요일

hari Minggu
하리 밍구
n. 일요일

hari Sabtu
하리 삽뚜
n. 토요일

2024　8

M	S	S	R	K	J	S
				1	2	3
4	5	6	7	8	9	10
11	12	13	14	15	16	17
18	19	20	21 오늘	22	23	24
25	26	27	28	29	30	31

kemarin 꺼마린
n. 어제; (시점) ～전에

hari ini 하리 이니
오늘

besok 베속
n. 내일

kemarin dulu 꺼마린 둘루
그저께

lusa 루사
n. 모레

40

Salam 살람 인사

halo 할로
int. 안녕(하세요) (만났을 때)

Selamat pagi. 슬라맛 빠기.
안녕하세요. (아침 인사)

Selamat siang. 슬라맛 시앙.
안녕하세요. (점심 인사)

Selamat sore. 슬라맛 소레.
안녕하세요. (오후 인사)

Selamat malam. 슬라맛 말람.
안녕히 주무세요. (밤 인사)

Apa kabar? 아빠 까바르?
잘 지내세요?

Bagaimana kabar Anda?
바가이마나 까바르 안다?
어떻게 지내세요?

Senang bertemu dengan Anda.
스낭 브르뜨무 등안 안다.
= **Senang ketemu dengan Anda.**
스낭 끄뜨무 등안 안다.
당신과 만나서 반갑습니다.

Selamat datang! 슬라맛 다땅!
환영합니다!

Selamat jalan. 슬라맛 잘란.
= **Dadah.** 다다.
안녕히 가세요.

Sampai bertemu. 삼빠이 브르뜨무.
= **Sampai ketemu.** 삼빠이 끄뜨무.
다음에 만나요.

Terima kasih. 뜨리마 까시.
감사합니다.

Sama-sama. 사마사마.
= **Kembali.** 끔발리.
천만에요.

Permisi! 쁘르미시!
실례합니다!

Minta maaf. 민따 마앞.
미안합니다.
Mohon maaf. 모혼 마앞.
죄송합니다.

Tidak apa-apa. 띠닥 아빠아빠.
괜찮습니다.

처음 만났을 때 ①

안녕하세요! 만나서 반갑습니다.

Halo! Senang bertemu dengan Anda.

할로! 스낭 브르뜨무 등안 안다.

Halo! Senang berkenalan dengan Anda.

할로! 스낭 브르끄날란 등안 안다.

성함이 어떻게 되세요?

Siapa nama Anda?

시아빠 나마 안다?

Tip. 사람의 이름을 물어볼 때는 apa를 쓰지 않고 siapa를 씁니다.

제 이름은 황우중입니다.

Nama saya Woojoong Hwang.

나마 사야 우중 황.

닉네임이 어떻게 되세요?

Siapa nama panggilan Anda?

시아빠 나마 빵길란 안다?

제 닉네임은 리키입니다.

Nama panggilan saya Ricky.

나마 빵길란 사야 리키.

그냥 리키라고 불러 주세요.

Panggil saja saya Ricky.

빵길 사자 사야 리키.

처음 만났을 때 ②

어디에서 오셨어요?
(출신이 어디세요? /
고향이 어디세요? /
어느 나라 사람이에요?)

Anda berasal dari mana?

안다 브라살 다리 마나?

저는 한국의 서울에서 왔어요.

Saya dari Seoul di Korea.

사야 다리 서울 디 꼬레아.

어디에 사세요?

Anda tinggal di mana?

안다 띵갈 디 마나?

저는 자카르타에 살아요.

Saya tinggal di Jakarta.

사야 띵갈 디 자까르따.

명함 한 장 주시겠어요?

Boleh saya minta kartu nama Anda?

볼레 사야 민따 까르뚜 나마 안다?

여기 제 명함입니다.

Ini kartu nama saya.

이니 까르뚜 나마 사야.

시간대별 인사

안녕하세요! / 안녕!
(시간에 관계없이 할 수 있는 인사)

Halo!
할로!

안녕하세요! (아침 인사)

Selamat pagi!
슬라맛 빠기!

안녕하세요! (점심 인사)

Selamat siang!
슬라맛 시앙!

안녕하세요! (오후 인사)

Selamat sore!
슬라맛 소레!

안녕하세요! (밤 인사)

Selamat malam!
슬라맛 말람!

꼭! 짚고 가기

왼손은 쓰지 마세요!

무슬림(이슬람교도)이 대부분인 인도네시아에서는 악수하거나, 물건을 건네거나, 음식을 먹을 때 반드시 오른손을 사용해야 합니다. 이슬람교에서는 왼손 사용이 금기시되는데, 이는 이슬람교 창시자인 예언자 무함마드의 가르침 때문입니다. 그에 따르면, 오직 사탄만이 음식을 먹거나 음료를 마실 때 왼손을 쓴다고 합니다.

인간 생활에 대한 규정이 담긴 이슬람 계율을 'syariat 샤리앗'이라고 하는데, 무슬림들은 이 율법에 따라 사는 것을 당연하게 여깁니다. 그래서 인도네시아인들은 아주 어렸을 때부터 부모님에게 이슬람 율법에 대한 교육을 받습니다. 뛰면서 먹으면 안 되고, 흡연하면 안 되며, 돼지고기를 먹을 수 없습니다. 그러니 당연히 식사할 때도 율법에 따라 오른손을 사용해야 합니다.

이슬람 율법에 따르면 왼손은 사탄이 사용하는 손이며 부정한 의미를 담고 있기 때문에, 보통 화장실에서 뒤처리할 때 쓰이곤 합니다. 인도네시아 화장실에 가면 항상 변기 옆에 소형 샤워기나 물이 담긴 양동이가 있습니다. 특이한 점은 인도네시아인들이 휴지를 거의 사용하지 않는다는 것입니다. 관광객이 많이 몰리는 큰 쇼핑몰이나 호텔에는 휴지가 비치되어 있지만, 현지인들이 주로 드나드는 작은 식당이나 학교에는 없는 경우가 있으니 만일을 대비해 항상 화장지를 들고 다니는 것이 좋습니다.

안부를 묻는 인사

잘 지내세요?

Apa kabar?

아빠 까바르?

어떻게 지내세요?

Bagaimana kabar Anda?

바가이마나 까바르 안다?

그동안 어떻게 지냈어요?

Bagaimana kabar Anda selama ini?

바가이마나 까바르 안다 슬라마 이니?

가족들은 어떻게 지내세요?

Bagaimana kabar keluarga Anda?

바가이마나 까바르 끌루아르가 안다?

무슨 일 있어요?

Apa Anda ada masalah?

아빠 안다 아다 마살라?

별일 없니?

Anda baik-baik saja?

안다 바익바익 사자?

안부 인사에 대한 대답

저는 잘 지내요. 당신은요?

Saya baik-baik saja. Kalau Anda?

사야 바익바익 사자. 깔라우 안다?

저도 잘 지내요.

Saya juga baik-baik saja.

사야 주가 바익바익 사자.

그럭저럭 잘 지내요.

Lumayan baik.

루마얀 바익.

아주 잘 지내요.

Sangat baik.

상앗 바익.

항상 좋아요.

Selalu baik.

슬랄루 바익.

그저 그래요.

Biasa saja.

비아사 사자.

Begitu-begitu saja.

브기뚜브기뚜 사자.

안 좋아요.

Buruk.

부룩.

별로 안 좋아요.

Kurang baik.

꾸랑 바익.

44

헤어질 때 인사

잘 가요!

Selamat jalan!
슬라맛 잘란!

Tip. '잘 있어요.'는 'Selamat tinggal. 슬라맛 띵갈'
이라고 합니다.

조심히 가요!

Hati-hati di jalan!
하띠하띠 디 잘란!

먼저 실례하겠습니다.

Permisi dulu.
쁘르미시 둘루.

좋은 하루 보내요.

Selamat beraktivitas.
슬라맛 브르악띠피따스.

즐거운 주말 보내세요.

Selamat berakhir pekan.
슬라맛 브르아히르 쁘깐.

내일 봐요.

Sampai jumpa besok.
삼빠이 줌빠 베속.

또 만나요!

Sampai jumpa lagi!
삼빠이 줌빠 라기!

나중에 만나요.

Sampai nanti.
삼빠이 난띠.

꼭! 짚고 가기

대명사 Anda의 정체

인도네시아어에서 문장의 첫 글자는 대문자로 써야 합니다. 하지만 '당신'이라는 의미를 지닌 2인칭 대명사 'Anda 안다'는 문장에서의 위치와 상관없이 항상 대문자로 시작합니다. 화자와 청자의 관계가 아주 가까운 경우 또는 동년배나 손아랫사람에게 주로 사용하는 2인칭 대명사 'kamu 까무'와 'engkau 응까우'는 보통 그렇지 않은데 말이죠.

'Anda'의 탄생 배경에 대한 첫 번째 이야기는 1958년으로 거슬러 올라갑니다. 당시 'Pedoman 쁘도만' 일간지의 수장이었던 'Rosihan Anwar 로시한 안와르'는 구독자들을 대상으로 남녀노소 모두에게 적용될 수 있는 2인칭 대명사를 공모합니다. 여러 의견 중 한 소령이 제안한 Anda가 채택되었고, 이후 Pedoman 일간지에서부터 2인칭 단수 존칭을 나타내는 Anda가 사용되었다고 합니다.

그 외에도, '나의 신이여'라는 'Andika 안디까'에서 파생되었다는 주장도 있고, 어느 한 가수의 이름에서 변형된 것이라는 이야기도 있습니다.

어쨌든 상대방을 높여 부르기 위해 탄생한 말인 것은 분명합니다. 대문자로 시작하는 이유도 관련이 있는데, 상대방에 대한 경의를 표현하기 위함입니다. 공적인 자리에서 청자에 대한 예의를 갖춰야 할 때 주로 쓰며, 사적으로도 손윗사람에 대한 존경의 의미로 쓸 수 있습니다.

하지만 격식체인 동시에 문어체에 가깝기 때문에 거리감을 느끼게 하고 딱딱한 인상을 줄 수 있습니다.

환영할 때

환영합니다!
Selamat datang!
슬라맛 다땅!

자카르타에 오신 것을 환영합니다!
Selamat datang di Jakarta!
슬라맛 다땅 디 자까르따!

저희 집에 오신 것을 환영해요!
Selamat datang di rumah saya!
슬라맛 다땅 디 루마 사야!

모두 환영합니다!
Selamat datang semuanya!
슬라맛 다땅 스무아냐!

귀빈 여러분 모두 환영합니다.
Selamat datang, para hadirin yang saya hormati.
슬라맛 다땅, 빠라 하디린 양 사야 호르마띠.

말 걸기

실례합니다!
Permisi!
쁘르미시!

저기요! (특정한 사람을 부를 때)
Mas! (상대방이 젊은 남성일 때)
마스!
Mbak! (상대방이 젊은 여성일 때)
음박!
Bapak! (상대방이 기혼 남성일 때)
바빡!
Ibu! (상대방이 기혼 여성일 때)
이부!

Tip. Mas와 Mbak은 자와(Jawa)인들의 사투리입니다. 주로 자와 지역에서 젊은 남성과 여성을 부를 때 쓰지만 종업원을 부를 때도 사용합니다. 상대가 자와인이 아니면 실례될 수 있으니 주의합니다.

드릴 말씀이 있어요.
Saya mau bicara sesuatu.
사야 마우 비짜라 스수아뚜.

잠깐 이야기 좀 할 수 있을까요?
Boleh bicara sebentar?
볼레 비짜라 스븐따르?

말씀 좀 여쭐 수 있을까요?
Boleh saya numpang tanya?
볼레 사야 눔빵 따냐?

내 말 좀 들어 봐요.
Coba dengar kata saya.
쪼바 등아르 까따 사야.

46

화제를 바꿀 때

그건 그렇고... / 있잖아요...

Omong-omong...

오몽오몽... Tip.omong은 한 번만 쓰면
'말하다'라는 뜻이지만, 반복해서
쓰면 '그건 그렇고'라는 의미입니다.

글쎄요...

Entahlah...

은따흘라...

그런데...

Tetapi...

뜨따삐...

다른 얘기를 하죠.

Kita bicara hal yang lain saja.

끼따 비짜라 할 양 라인 사자.

새로운 주제로 넘어가죠.

Kita pindah ke topik yang baru saja.

끼따 삔다 끄 또삑 양 바루 사자.

다른 주제로 넘어가죠.

Kita pindah ke topik yang lain saja.

끼따 삔다 끄 또삑 양 라인 사자.

뭐 새로운 소식 있나요?

Apa ada kabar baru?

아빠 아다 까바르 바루?

말씀 중 죄송합니다만...

Maaf, saya menyela Anda...

마앞, 사야 므녤라 안다...

꼭 짚고 가기

무교를 허용하지 않는 나라

인도네시아 주민 등록증(KTP 까떼뻬: kartu tanda penduduk 까르뚜 딴다 쁜두둑)에 종교를 기재해야 된다는 사실을 알고 있나요? 인도네시아는 무교를 인정하지 않는 나라입니다. 따라서 인도네시아인들은 종교가 없는 외국인을 만나면 참 신기해합니다. 주민 등록증에 기재할 수 있는 종교는 이슬람교, 개신교, 천주교, 힌두교, 불교, 유교 총 여섯 가지인데 그중 무조건 하나를 선택해야 합니다. 압도적인 비중을 차지하는 것은 단연 이슬람교입니다. 인구 중 약 87%가 무슬림(이슬람교도)이라고 하니, 이슬람교가 국교가 아님에도 불구하고 세계 최대의 무슬림 거주 국가로 자리매김할 수 있었던 것이죠. 무슬림이 대다수인 사회인만큼 무슬림이 아닌 사람들은 차별받기도 합니다.

공인된 종교 이외의 것을 믿는 경우, 주민 등록증에 그대로 기재할 수 없다는 애로 사항이 있습니다. 이는 종교의 자유를 보장하는 헌법에 위배되는 것으로, 현재 여러 인권 단체에서 학교, 직장 안에서의 차별을 예방하고자 주민 등록증의 종교란 철폐를 호소하고 있으나 받아들여지지 않고 있습니다.

다만 인도네시아 헌법 재판소는 민간 신앙에 대해 공인된 여섯 개의 종교와 동등한 법적 지위를 가진다고 인정하는 판결을 내렸습니다. 따라서 민간 신앙을 믿는 이들도 이제는 당당하게 자신의 신념에 따라 주민 등록증에 종교를 기재할 수 있게 되었습니다.

말 잇기

제 말은...
Maksud saya...
막숫 사야...

사실은...
Sebenarnya...
스브나르냐...

요점은...
Intinya...
인띠냐...
Pokoknya...
뽀꼭냐...

결론은...
Kesimpulannya...
끄심뿔란냐...

무엇보다도 먼저...
Terlebih dahulu...
뜨를르비 다훌루...

그리고 어떻게 됐어요?
Terus?
뜨루스?

상대방에 대해 묻기 ①

당신의 성함은 무엇입니까?
Siapa nama Anda?
시아빠 나마 안다?

성함 철자가 어떻게 되죠?
Siapa nama panggilan Anda?
시아빠 나마 빵길란 안다?

직업이 뭐예요?
Apa pekerjaan Anda?
아빠 쁘끄르자안 안다?

어디에서 일하세요?
Anda kerja di mana?
안다 끄르자 디 마나?

무슨 일 하세요?
Anda kerja sebagai apa?
안다 끄르자 스바가이 아빠?

어느 나라에서 오셨어요?
Anda datang dari negara mana?
안다 다땅 다리 느가라 마나?

어느 나라 사람이세요?
Anda orang mana?
안다 오랑 마나?

전공이 뭐예요?
Apa jurusan Anda?
아빠 주루산 안다?

상대방에 대해 묻기 ②

나이가 얼마나 되셨어요?

Berapa umur Anda?

브라빠 우무르 안다?

결혼하셨어요?

Anda sudah menikah?

안다 수다 므니까?

이미 가정이 있으신가요?

Anda sudah berkeluarga?

안다 수다 브르끌루아르가?

종교가 무엇인가요?

Agama Anda apa?

아가마 안다 아빠?

어디에 사세요?

Anda tinggal di mana?

안다 띵갈 디 마나?

고향이 어디세요?

Kampung halaman Anda di mana?

깜뿡 할라만 안다 디 마나?

가족 구성원이 어떻게 되세요?

Siapa saja anggota keluarga Anda?

시아빠 사자 앙고따 끌루아르가 안다?

형제가 몇이세요?

Saudara Anda berapa orang?

사우다라 안다 브라빠 오랑?

이슬람은 국교가 아니다

인도네시아의 인구 중 대다수가 무슬림 (이슬람교도)임에도 불구하고 이슬람교가 인도네시아의 국교가 아닌 이유는 무엇일까요?

첫 번째 이유는 바로 인도네시아 헌법에서 종교의 자유를 보장하고 있기 때문입니다. 종교 간 보이지 않는 신경전은 있겠지만, 대체로 서로 인정하고 융화하는 '관용(toleransi 똘르란시)'의 문화를 중요한 가치로 여깁니다.

두 번째, 인도네시아에는 두 곳의 이슬람 단체가 존재하는데, 나흐다툴 울라마(Nahdlatul Ulama)와 무함마디야(Muhammadiyah)가 양대 산맥을 이루고 있습니다. 나흐다툴 울라마가 전통을 중요시하는 보수적 단체라면, 무함마디야는 혁신적 사고를 바탕으로 하는 현대식 진보 단체입니다. 둘 간의 갈등이 항상 존재하기에 국교로의 통합이 어려운 점이 있습니다.

세 번째, 인도네시아가 워낙 넓다 보니 지역에 따라 믿는 종교가 다를 수 있습니다. 일례로 우리가 잘 아는 발리는 힌두교 신자들이 많습니다. 발리 외에도 주민 대부분이 무슬림이 아닌 지역들이 있는데, 만약 이슬람교가 국교로 채택된다면 이들의 반발은 대단할 것입니다. 이처럼 이슬람 국가 건설보다는 인도네시아 군도의 통합을 중요시하는 정책에 따라 인도네시아는 공식적으로 국교가 없으며, 인도네시아 국민들은 종교 선택의 자유를 가집니다.

자기소개

제 소개를 하겠습니다.
Saya mau memperkenalkan diri.
사야 마우 믐쁘르끄날깐 디리.

제 이름은 김희정입니다.
Nama saya Heejung Kim.
나마 사야 희정 김.

제 성은 '김'이고, 이름은 '희정'이에요.
Marga saya 'Kim' dan nama depan saya 'Heejung'.
마르가 사야 '김' 단 나마 드빤 사야 '희정'.

그냥 '희정'이라고 불러 주세요.
Panggil saja saya 'Heejung'.
빵길 사자 사야 '희정'.

저는 우리은행에서 일하고 있어요.
Saya kerja di Bank Woori.
사야 끄르자 디 방 우리.

저는 우이 대학 학생입니다.
Saya mahasiswa di UI.
사야 마하시스와 디 우이.

Tip.UI는 인도네시아의 명문 대학교인 'Universitas Indonesia(인도네시아 대학교)'의 약자입니다.

저는 경영학을 전공하고 있어요.
Jurusan saya manajemen.
주루산 사야 매내즈믄.

개인 신상 ①

저는 한국인이에요.
Saya orang Korea.
사야 오랑 꼬레아

제 나이는 스물셋이에요.
Umur saya 23 tahun.
우무르 사야 두아뿔루 띠가 따훈.

저는 미혼입니다.
(저는 아직 결혼 안 했어요.)
Saya belum menikah.
사야 블룸 므니까.

저는 아직 가정을 꾸리지 않았어요.
Saya belum berkeluarga.
사야 블룸 브르끌루아르가.

저는 아직 싱글이에요.
Saya masih single.
사야 마시 싱글.

Tip.문서 작성할 때, 외래어는 이탤릭체로 표기합니다.

저는 결혼했어요.
Saya sudah menikah.
사야 수다 므니까.

저는 이미 가정이 있어요.
Saya sudah berkeluarga.
사야 수다 브르끌루아르가.

저는 혼자 살아요.
Saya tinggal sendiri.
사야 띵갈 슨디리.

개인 신상 ②

저는 기독교 신자예요.

Saya pemeluk agama Kristen.

사야 쁘믈룩 아가마 끄리스뜬.

저는 천주교 신자예요.

Saya pemeluk agama Katolik.

사야 쁘물룩 아가마 까똘릭.

저는 불교 신자예요.

Saya Buddhis.

사야 부디스.

Saya memeluk agama Buddha.

사야 므믈룩 아가마 부다.

저는 무슬림이에요.

Saya Muslim.

사야 무슬림.

Saya memeluk agama Islam.

사야 므믈룩 아가마 이슬람.

저는 힌두교 신자예요.

Saya memeluk agama Hindu.

사야 므믈룩 아가마 힌두.

Saya menganut agama Hindu.

사야 믕아눗 아가마 힌두.

소개하기

제 친구를 소개할게요.
이쪽은 아유 뿌뜨리 씨예요.

Kenalkan teman saya.
Ini Ayu Putri.

끄날깐 뜨만 사야. 이니 아유 뿌뜨리.

그는 제 친구예요.

Dia teman saya.

디아 뜨만 사야.

그는 제 동료예요.

Dia teman sekantor saya.

디아 뜨만 스깐또르 사야.

그는 제 남편이에요.

Dia suami saya.

디아 수아미 사야.

그는 제 아내예요.

Dia istri saya.

디아 이스뜨리 사야.

와완 씨, 뿌뜨리 씨를 아시나요?

Bapak Wawan, Anda kenal Ibu
Putri?

바빡 와완, 안다 끄날 이부 뿌뜨리?

감사하다 ①

감사합니다.
Terima kasih.
뜨리마 까시.

정말 감사합니다.
Terima kasih banyak.
뜨리마 까시 바냑.

다시 한번 감사합니다.
Sekali lagi terima kasih.
스깔리 라기 뜨리마 까시.

여러모로 감사합니다.
Terima kasih atas segala hal.
뜨리마 까시 아따스 스갈라 할.

칭찬해 주셔서 감사합니다.
Terima kasih atas pujian Anda.
뜨리마 까시 아따스 뿌지안 안다.

당신께 진 빚을 평생 잊지 않겠습니다.
Seumur hidup, saya tidak akan lupakan kebaikan Anda.
스우무르 히둡, 사야 띠닥 아깐 루빠깐 끄바이깐 안다.

와 주셔서 감사합니다.
Terima kasih atas kedatangan Anda.
뜨리마 까시 아따스 끄다땅안 안다.

감사하다 ②

참석해 주셔서 감사합니다.
Terima kasih atas kehadiran Anda.
뜨리마 까시 아따스 끄하디란 안다.

도와주셔서 대단히 감사합니다.
Terima kasih atas bantuan Anda.
뜨리마 까시 아따스 반뚜안 안다.

신경 써 수셔서 고마워요.
(경청해 주셔서 고마워요.)
Terima kasih atas perhatian Anda.
뜨리마 까시 아따스 쁘르하띠안 안다.

초대에 감사드립니다.
Terima kasih atas undangan Anda.
뜨리마 까시 아따스 운당안 안다.

시간 내 주셔서 감사합니다.
Terima kasih sudah meluangkan waktu.
뜨리마 까시 수다 믈루앙깐 왁뚜.

배려해 주셔서 감사합니다.
Terima kasih atas pengertian Anda.
뜨리마 까시 아따스 쁭으르띠안 안다.

감사하다 ③

\# 기다려 줘서 고마워요.

Terima kasih sudah menunggu saya.

뜨리마 까시 수다 므눙구 사야.

\# 기도해 주셔서 감사합니다.

Terima kasih atas doa Anda.

뜨리마 까시 아따스 도아 안다.

\# 친절히 대해 주셔서 감사합니다.

Terima kasih atas kebaikan Anda.

뜨리마 까시 아따스 끄바이깐 안다.

Terima kasih atas keramahtamahan Anda.

뜨리마 까시 아따스 끄라마따마한 안다.

\# 정보를 제공해 주셔서 감사합니다.

Terima kasih sudah memberi informasinya.

뜨리마 까시 수다 믐브리 인뽀르마시냐.

\# 회신해 주셔서 감사합니다.
(이메일, 문자 메시지 등)

Terima kasih atas balasannya.

뜨리마 까시 아따스 발라산냐.

\# 선물 고마워요.

Terima kasih atas hadiahnya.

뜨리마 까시 아따스 하디아냐.

감사하다 ④

\# 조언해 주셔서 감사합니다.

Terima kasih atas masukan Anda.

뜨리마 까시 아따스 마수깐 안다.

\# 픽업해 주셔서 감사합니다.

Terima kasih sudah menjemput saya.

뜨리마 까시 수다 믄즘뿟 사야.

\# 데려다주셔서 감사합니다.

Terima kasih sudah mengantar saya.

뜨리마 까시 수다 믕안따르 사야.

\# 환영해 주셔서 감사합니다.

Terima kasih atas sambutan hangat.

뜨리마 까시 아따스 삼부딴 항앗.

\# 답변해 주셔서 감사합니다.

Terima kasih atas jawaban Anda.

뜨리마 까시 아따스 자와반 안다.

\# 신세 졌어요.

Saya berhutang budi kepada Anda.

사야 브르후땅 부디 끄빠다 안다.

\# 수고 많으셨어요.

Terima kasih atas kerja keras Anda.

뜨리마 까시 아따스 끄르자 끄라스 안다.

감사에 대한 응답

천만에요.

Sama-sama.

사마사마.

Kembali.

끔발리.

별거 아닌데요 뭘.

Biasa saja.

비아사 사자.

오히려 제가 감사드리지요.

Malah saya yang terima kasih.

말라 사야 양 뜨리마 까시.

대단한 일도 아닌데요.

Ini bukan hal yang besar.

이니 부깐 할 양 브사르.

어려운 일도 아닌데요.

Ini bukan hal yang susah.

이니 부깐 할 양 수사.

과찬입니다.

Pujiannya berlebihan.

뿌지안냐 브를르비한.

도움이 될 수 있어 기뻐요.

Saya senang bisa membantu Anda.

사야 스낭 비사 믐반뚜 안다.

사과하다 ①

미안합니다.

Minta maaf.

민따 마앞.

죄송합니다.

Mohon maaf.

모혼 마앞.

그 일에 대해서는 정말 미안해요.

Benar-benar minta maaf atas soal itu.

브나르브나르 민따 마앞 아따스 소알 이뚜.

제 실수에 대해서 사과드립니다.

Mohon maaf atas kesalahan saya.

모혼 마앞 아따스 끄살라한 사야.

늦어서 죄송합니다.

Mohon maaf atas keterlambatan saya.

모혼 마앞 아따스 끄뜨를람바딴 사야.

방해해서 죄송합니다.

Mohon maaf sudah mengganggu Anda.

모혼 마앞 수다 믕강구 안다.

다시는 이런 일 없을 겁니다.

Saya tidak akan mengulangi lagi.

사야 띠닥 아깐 믕울랑이 라기.

54

사과하다 ②

기분 나빴다면 미안해요.

Minta maaf kalau
menyinggung hati Anda.

민따 마앞 깔라우 므닝궁 하띠 안다.

폐를 끼쳐서 미안합니다.

Minta maaf sudah merepotkan
Anda.

민따 마앞 수다 므레뽓깐 안다.

여러 가지로 죄송합니다.

Mohon maaf atas segala hal.

모혼 마앞 아따스 스갈라 할.

기다리게 해서 미안해요.

Minta maaf sudah membuat
Anda menunggu.

민따 마앞 수다 믐부앗 안다 므눙구.

잘 못 알아들어서 죄송합니다.

Mohon maaf karena saya
kurang mengerti.

모혼 마앞 까르나 사야 꾸랑 믕으르띠.

걱정을 끼쳐서 죄송합니다.

Mohon maaf karena
mengkhawatirkan Anda.

모혼 마앞 까르나 믕하와띠르깐 안다.

늦게 연락드려 죄송합니다.

Mohon maaf karena saya telat
kontak Anda.

모혼 마앞 까르나 사야 뜰랏 꼰딱 안다.

꼭! 짚고 가기

인도네시아인의 '돌려 말하기'

인도네시아인들은 무엇이든 직접적으로 간결하게 핵심만 말하기보다는, 상대의 마음을 더욱 세밀히 살피어 그의 마음이 상하지 않게 말하도록 최대한 노력합니다. 상대와 좋은 관계를 유지하고자 면전에서 상처가 되는 말은 되도록 하지 않는 경향이 있는데, 때로는 도무지 속내를 가늠할 수 없을 때도 있습니다.

상대의 기분을 중요시하며 상대를 불편하게 만드는 것을 싫어하기 때문에 처음 만나는 자리에서도 그들의 기지가 발휘됩니다. 흔히 '예의범절'이라고 번역되는 'basa-basi 바사 바시'는 큰 뜻 없이 어색한 분위기를 풀기 위해 예의상 던지는 말들을 의미합니다.

바로 본론으로 들어가지 않고, 서론을 길게 풀며 관계의 친밀감을 먼저 형성하는 이들의 모습에 답답함을 느낄 수 있지만, 이 또한 인도네시아 문화로 이해하는 것이 바람직합니다.

단, 사람마다 성격이 다르듯 인도네시아인들도 종족에 따라 서로 다른 특징과 성격을 가지고 있습니다. 총인구의 40.2%를 차지하는 자와(Jawa)족의 경우 온순하고 남들과의 충돌을 피하려는 성격이 짙게 나타납니다. 반면 북부 수마트라(Sumatera Utara)에 주로 거주하는 바딱(Batak)족은 다소 성질이 급하며 호탕한 경향이 강합니다. 다만 자와족이 인도네시아 총인구의 절반가량을 차지하고 있기 때문에 대외적으로는 이들의 특징이 곧 인도네시아인의 특징으로 비쳐지게 된 것입니다.

제 잘못이에요.
Ini kesalahan saya.
이니 끄살라한 사야.
Saya yang salah.
사야 양 살라.

고의로 그런 건 아니었어요.
Saya tidak sengaja melakukan itu.
사야 띠닥 승아자 믈라꾸깐 이뚜.

미안해요, 잊어버렸어요.
Minta maaf, saya lupa.
민따 마앞, 사야 루빠.

제가 신경을 못 썼네요.
Saya kurang memperhatikan.
사야 꾸랑 믐쁘르하띠깐.

제 실수를 많이 후회하고 있어요.
Saya sangat menyesal dengan kesalahan saya.
사야 상앗 므녀살 등안 끄살라한 사야.

제 과실을 인정합니다.
Saya mengaku saya yang salah.
사야 믕아꾸 사야 양 살라.

제가 반성하고 있습니다.
Saya lagi introspeksi diri.
사야 라기 인뜨로스뻭시 디리.

괜찮습니다.
Tidak apa-apa.
띠닥 아빠아빠.

상관없습니다.
Tidak ada masalah.
띠닥 아다 마살라.

전혀 개의치 않습니다.
Sama sekali tidak ada masalah.
사마 스깔리 띠닥 아다 마살라.

Tip. sama sekali는 '완전히', '전혀', '조금도'라는 뜻으로, 아주 강하게 부정하거나 긍정할 때 씁니다.

저야말로 사과드려야죠.
Seharusnya saya yang minta maaf.
스하루스냐 사야 양 민따 마앞.

지난 잘못은 잊읍시다.
Lupakan kesalahan yang berlalu.
루빠깐 끄살라한 양 브를랄루.

걱정하지 마세요.
Jangan khawatir.
장안 하와띠르.

사과를 받아들일게요.
Saya menerima permintaan maaf Anda.
사야 므느리마 쁘르민따안 마앞 안다.

사과에 대한 응답 ②

이해합니다.

Saya mengerti.

사야 등으르띠.

Saya paham.

사야 빠함.

너무 (마음에) 담아 두지 마세요.

Jangan terlalu ambil hati.

장안 뜨를랄루 암빌 하띠.

앞으로는 더 주의해 주세요.

Lain kali tolong lebih
diperhatikan.

라인 깔리 똘롱 르비 디쁘르하띠깐.

편하게 생각하세요.

Santai saja.

산따이 사자.

고의가 아니니 괜찮습니다.

Tidak apa-apa karena Anda
tidak sengaja.

띠닥 아빠아빠 까르나 안다 띠닥 승아자.

그럴 수도 있지요.

Bisa terjadi juga.

비사 뜨르자디 주가.

이미 지난 일인데요 뭘.

Sudahlah.

수달라.

인도네시아의 종족

인도네시아 정부에 따르면 인도네시아는 1만 7천여 개의 섬으로 이루어져 있으며, 그중 약 6,000개의 섬에 사람이 거주한다고 합니다. 하지만 현재 열악한 인프라와 관리 문제로 인해 자국의 섬 개수를 정확히 파악하지 못하고 있습니다. 따라서 실제로는 예상보다 많은 섬들이 존재할 수 있습니다. 땅이 넓으니 사람도 많습니다. 현재 약 2억 7천만 명으로 중국, 인도, 미국 다음으로 인구수가 많은 국가입니다.

인도네시아에는 300여 종족이 흩어져 살고 있습니다. 자와(Jawa)족이 총인구의 40.2%로 가장 높은 비율을 차지하며 그다음으로는 순다(Sunda)족이 15.5%로 2위에 올라 있습니다. 뒤를 이어 바딱(Batak)족, 마두라(Madura)족, 브따위(Betawi)족이 각각 3.6%, 3%, 2.9%의 비율로 구성되어 있습니다.

다른 종족들과 마찬가지로 자와족은 인도네시아어 이외에 자신들만의 지역어가 있습니다. 이들의 언어를 '자와어(Bahasa Jawa 바하사 자와)'라고 하는데요, 지역어지만 워낙 많은 사람들이 모어로 사용하기 때문에 그 영향력이 큽니다.

잘 알아듣지 못했을 때

뭐라고요?

Maksudnya apa?

막숫냐 아빠?

Tip. maksud과 arti는 비슷해 보이지만 문맥상 다른 의미로 쓰입니다. arti는 '뜻', '의미'이고, maksud은 '의도', '목적'이란 뜻인데, 마음에 품은 뜻을 물어볼 때는 maksud이 쓰입니다.

못 알아듣겠어요.

Saya tidak bisa mengerti.

사야 띠닥 비사 믕으르띠.

Saya tidak bisa paham.

사야 띠닥 비사 빠함.

이해를 잘 못했어요.

Saya kurang mengerti.

사야 꾸랑 믕으르띠.

Saya kurang paham.

사야 꾸랑 빠함.

한번 더 말해 주시겠어요?

Bisa ulangi lagi?

비사 울랑이 라기?

Bisa bicara sekali lagi?

비사 비짜라 스깔리 라기?

좀 더 천천히 말해 주세요.

Tolong bicara lebih pelan-pelan.

똘롱 비짜라 르비 쁠란쁠란.

좀 더 크게 말해 주세요.

Tolong bicara lebih keras.

똘롱 비짜라 르비 끄라스.

양해를 구할 때

실례합니다. 지나가도 될까요?

Permisi. Boleh saya lewat?

쁘르미시. 볼레 사야 레왓?

잠시 실례하겠습니다. 곧 돌아올게요.

Permisi dulu. Saya segera kembali, ya.

쁘르미시 둘루. 사야 스그라 끔발리, 야.

약속이 있어서 먼저 가 볼게요.

Saya pamit dulu karena ada janji.

사야 빠밋 둘루 까르나 아다 잔지.

죄송하지만 조금 늦게 도착할 것 같아요.

Minta maaf sepertinya saya akan datang sedikit terlambat.

민따 마앞 스쁘르띠냐 사야 아깐 다땅 스디낏 뜨를람밧.

죄송하지만, 잠시만 기다려 주시겠어요?

Maaf, bisa ditunggu sebentar?

마앞, 비사 디뚱구 스븐따르?

실례지만, 잠시 이 짐 좀 맡겨도 될까요?

Maaf, boleh saya titip barang ini sebentar?

마앞, 볼레 사야 띠띱 바랑 이니 스븐따르?

긍정적 대답

물론이죠!

Tentu saja!

뜬뚜 사자!

알겠습니다! / 좋아요!

Baiklah!

바익라!

기꺼이 하죠! (즐거운 마음으로!)

Dengan senang hati!

등안 스낭 하띠!

문제없습니다.

Tidak ada masalah.

띠닥 아다 마살라.

맞아요!

Betul!

브뚤!

Benar!

브나르!

동의합니다.

Saya setuju.

사야 스뚜주.

동감입니다.

Saya sependapat.

사야 스쁜다빳.

Tip. sependapat에서 pendapat은 '생각', '의견'
이라는 뜻입니다. 여기에 'se-'가 붙어 '같은 생각'
이라는 뜻이 됩니다. 'se-'는 '하나', '모든', '같은',
'~만큼', '~하자마자'와 같이 다양하게 쓰입니다.

꼭! 짚고 가기

이슬람교도들의 인사법

'Assalamu'alaikum! 앗살라무알라이쿰!'은
아랍어 '당신에게 신의 평화가 있기를!'에
서 유래한 인사말입니다. 인도네시아 또
한 국민의 대다수(85~89%)가 무슬림인
만큼 일상생활이나 공적인 자리에서 이
표현을 종종 들을 수 있습니다.

원래 문장은 'Assalamu'alaikum wa
rahmatullahi wa barakatuh. 앗살라무알
라이쿰 와 라마뚤라히 와 바라까뚜.'이지만 실생
활에서 무슬림들끼리 인사를 나눌 땐 간
단히 앞부분만 언급합니다. 공적인 자리
에서 대중을 향해 인사를 할 땐 다 말하
는 것이 일반적입니다.

사실 이러한 인사말은 화자와 청자 모두
가 무슬림일 때 쓰는 것이 보통이지만,
이런 이슬람식 인사를 받았을 때 짤막하
게 대답하는 것도 그들 문화에 대한 존중
을 보여 주는 좋은 방법입니다.

가장 간단한 대답은 'Wa'alaikumus
salam 왈라이꿈 살람'이며, '앗살라무알라
이쿰'에 대한 답변으로 많이 쓰입니다. 이
는 '당신에게도 평화가 있기를'이라는 뜻
으로 해석됩니다.

만일 상대가 완전한 인사를 건넨다면,
그에 맞는 완벽한 대답으로
'Wa'alaikumus salam wa
rahmatullahi wabarakatuh.
왈라이꿈 살람 와 라마뚤라히 와바라까뚜.'를
준비하는 것이 좋습니다.

상대가 무슬림이고 좋은 첫인상을 남겨
야 하는 상황이라면, 그들의 인사말을 건
네 보는 게 어떨까요.

부정적 대답 ①

물론 아니죠.
Tentu saja tidak.
뜬뚜 사자 띠닥.

그건 불가능합니다!
Itu tidak mungkin!
이뚜 띠닥 뭉낀!

당치도 않습니다!
Itu tidak masuk akal!
이뚜 띠닥 마숙 아깔!

동의하지 않습니다.
Saya tidak setuju.
사야 띠닥 스뚜주.

저는 반대입니다.
Saya keberatan.
사야 끄브라딴.

죄송하지만 전 못하겠어요.
Mohon maaf tapi saya tidak mau.
모혼 마앞 따삐 사야 띠닥 마우.

전 그렇게 생각하지 않아요.
Saya tidak pikir begitu.
사야 띠닥 삐끼르 브기뚜.

부정적 대답 ②

싫습니다.
Tidak mau.
띠닥 마우.

좋은 생각 같진 않네요.
Sepertinya itu bukan ide yang bagus.
스쁘르띠냐 이뚜 부깐 이데 양 바구스.

지금은 좀 어려울 것 같아요.
Sepertinya saat ini, itu agak susah.
스쁘르띠냐 사앗 이니, 이뚜 아각 수사.

다시 생각해 보는 게 나을 것 같아요.
Sepertinya lebih baik Anda pikir sekali lagi.
스쁘르띠냐 르비 바익 안다 삐끼르 스깔리 라기.

생각하고 말하세요!
Pikir dulu dan baru bicara!
삐끼르 둘루 단 바루 비짜라!

조금 더 (생각할) 시간을 주세요.
Tolong beri waktu sedikit lagi.
똘롱 브리 왁뚜 스디낏 라기.

의구심이 들 때

진심이에요?

Benar?

브나르?

정말 그렇다고요?

Memangnya begitu?

메망냐 브기뚜?

농담 아니죠?

Tidak bercanda, kan?

띠닥 브르짠다, 깐?

아닌 것 같은데...

Sepertinya tidak...

스쁘르띠냐 띠닥...

어디서 들으셨어요?
(어디서 알았어요?)

Tahu dari mana?

따우 다리 마나?

Tip. tahu를 '따후'로 발음하면, 뜻이 '두부'가 됩니다.
문맥에 따라 의미가 '알다'로 쓰이면,
'따우'로 정확하게 말해야 합니다.

누가 그래요?

Kata siapa?

까따 시아빠?

확대해서 말하는 거 아니에요?

Tidak berlebihan?

띠닥 브를르비한?

꼭! 짚고 가기

무슬림의 기도 시간

이슬람교도들은 하루에 다섯 번씩 메카 방향을 향해 절하며 기도해야 합니다. 매일 일정 시간에 드리는 예배를 'Sholat 솔랏'이라고 하며, 이는 이슬람 5대 의무 중 하나입니다.

이슬람 5대 의무는, 첫 번째, 무슬림은 유일신 알라신만을 믿어야 합니다.(Shahadat 샤하닷) 두 번째, 하루 다섯 번 기도드려야 하며(Sholat 솔랏) 세 번째, 금식에 참여해야 합니다.(Ikut Puasa 이꿋 뿌아사) 네 번째, 금전적으로 가난한 이들을 도와야 하고(Zakat 자깟) 마지막으로 성지 순례를 가야 합니다.(Naik Haji 나익 하지)

무슬림들은 해의 움직임을 기준으로 정해진 시간에 하루 다섯 번 기도를 올리는데, 새벽(Subuh 수부), 정오(Zuhur 주후르), 오후(Asar 아사르), 저녁(Magrib 마그립), 밤(Isya 이샤)으로 구분합니다. 여기서 '새벽'은 동이 막 틀 무렵 검은색과 하얀색이 구분되는 시간을 의미하며, '정오'는 해가 중천에 떠 있을 때입니다. '오후'는 해가 저물기 시작할 때, '저녁'은 해가 떨어진 직후에, '밤'은 해가 완전히 저물었을 때 기도를 올리게 되죠. 이렇게 해를 기준으로 기도 시간을 정하기 때문에 날마다 시간이 조금씩 달라지며 지역별로도 차이가 납니다.

인도네시아 이슬람 사원에서는 하루에 다섯 번씩 예배 시간을 알리는 'Adzan 아잔'을 틀어 줍니다. 요즘은 휴대폰에 무슬림 앱을 설치하면, 기도 시간마다 알람이 울리고 메카의 방향(Qibla 끼블라)까지 알려 준답니다. 이 시간이 되면 무슬림들은 모든 활동을 멈추고 곳곳에 있는 기도실(Musholla 무솔라)에 들어가 예배하며, 기도실이 없으면 기도용 깔개를 깔고 예배를 드리기도 합니다.

아마도.

Mungkin.

뭉낀.

제 의견은요...

Menurut saya...

므누룻 사야...

그럴 수도 있겠네요.

Bisa juga begitu.

비사 주가 브기뚜.

제 생각은요...

Saya pikir...

사야 삐끼르...

그건 경우에 따라 달라요.

Itu tergantung pada situasinya.

이뚜 뜨르간뚱 빠다 시뚜아시냐.

Tip. situasi는 영어 situation에서 온 단어인데,
보통 영어의 '-tion'이 인도네시아어에서 '-si'로
변화합니다.
예를 들어, 영어 단어 interpretation(통역)은
인도네시아어로 interpretasi입니다.

저 같은 경우에는...

Kalau saya...

깔라우 사야...

제가 강조하고 싶은 것은...

Yang saya tekankan adalah...

양 사야 뜨깐깐 아달라...

Yang saya utarakan adalah...

양 사야 우따라깐 아달라...

믿을 수 없어!

Sulit dipercaya!

술릿 디쁘르짜야!

확실하진 않지만 제 생각에는...

Walau belum tentu tapi
menurut saya...

왈라우 블룸 뜬뚜 따삐 므누룻 사야...

장난치지 마!

Jangan main-main!

장안 마인마인!

제가 장담하건대...

Saya yakinkan...

사야 야낀깐...

Saya pastikan...

사야 빠스띠깐...

농담하지 마!

Jangan bercanda!

장안 브르짠다!

생각 좀 해 볼게요.

Saya coba pikir dulu, ya.

사야 쪼바 삐끼르 둘루, 야.

제게 좋은 아이디어가 있습니다.

Saya ada ide yang bagus.

사야 아다 이데 양 바구스.

맞장구칠 때	맞장구치지 않을 때

맞아요!
Betul!
브뚤!
Benar!
브나르!

저도요.
Saya juga.
사야 주가.

그게 바로 제 생각이에요.
Itu maksud saya.
이뚜 막숟 사야.

좋은 생각이에요!
Ide bagus!
이데 바구스!

오, 그렇군요.
Oh, begitu.
오, 브기뚜.

오, 그래요?
Oh, begitu?
오, 브기뚜?

기발하네요!
Idenya cemerlang!
이데냐 쯔므를랑!

꼭 그렇지는 않아요.
Tidak selalu begitu.
띠닥 슬랄루 브기뚜.

그게 항상 옳다고 할 수는 없죠.
Itu tidak selalu benar.
이뚜 띠닥 슬랄루 브나르.

저는 좀 생각이 달라요.
Pemikiran saya sedikit berbeda.
쁘미끼란 사야 스디낏 브르베다.
Pendapat saya sedikit berbeda.
쁜다빳 사야 스디낏 브르베다.

정말 그렇게 생각하세요?
Anda benar-benar pikir begitu?
안다 브나르브나르 삐끼르 브기뚜?

왜 그렇게 생각하세요?
Kenapa Anda pikir begitu?
끄나빠 안다 삐끼르 브기뚜?

설명이 더 필요할 것 같아요.
Sepertinya perlu ditambah penjelasan.
스쁘르띠냐 쁘를루 디땀바 쁜즐라산.

그렇게 생각하실 줄은 몰랐네요.
Saya tidak menyangka sebelumnya.
사야 띠닥 므냥까 스블룸냐.

주의를 줄 때 ①

조심해요!

Hati-hati! (무언가를 조심해서 하라는 상황)
하띠하띠!

Awas! (바로 눈앞에 처한 위험한 상황)
아와스!

차 조심해요!

Awas ada mobil!
아와스 아다 모빌!

앞에 조심해!

Awas di depan!
아와스 디 드빤!

조용히 해 주세요.

Tolong jangan berisik.
똘롱 장안 브리식.

시끄러워요!

Berisik!
브리식!

성급하게 굴지 마세요.

Jangan terburu-buru.
장안 뜨르부루부루.

장난 그만둬.

Berhenti bercanda.
브르흔띠 브르짠다.

이곳은 촬영 금지입니다.

Di sini dilarang memotret.
디 시니 딜라랑 므모뜨렛.

주의를 줄 때 ②

서둘레! 시간이 얼마 없어!

Tolong cepat!
Tidak ada banyak waktu!
똘롱 쯔빳! 띠닥 아다 바냑 왁뚜!

그를 너무 믿지 마.

Jangan terlalu percaya dengan dia.
장안 뜨를랄루 쁘르짜야 등안 디아.

제발 나 좀 귀찮게 하지 마.

Tolong jangan ganggu saya.
똘롱 장안 강구 사야.

역에서 소매치기를 조심하세요.

Hati-hati ada pencopet di stasiun.
하띠하띠 아다 쁜쪼뻿 디 스따시운.

여긴 주차 금지 구역이에요.

Di sini dilarang parkir.
디 시니 딜라랑 빠르끼르.

반려동물은 출입 금지입니다.

Dilarang membawa binatang.
딜라랑 믐바와 비나땅.

밤에 시끄럽게 하지 마세요.

Jangan berisik pada malam hari.
장안 브리식 빠다 말람 하리.

64

충고할 때 ①

최선을 다해라!
Berusahalah sebisa mungkin! (
할 수 있는 한!)
브르우사할라 스비사 뭉낀!
Berusahalah semaksimal mungkin! (최선으로!)
브르우사할라 스막시말 뭉낀!
Berusahalah sekeras mungkin! (
있는 힘껏!)
브르우사할라 스끄라스 뭉낀!

너무 심각하게 받아들이지 마.
Jangan terlalu ambil hati.
장안 뜨를랄루 암빌 하띠.

신중하게 행동해.
Bersikaplah hati-hati.
브르시깝라 하띠하띠.

이 말 명심해.
Ingatlah kata ini di dalam hati.
잉앗라 까따 이니 디 달람 하띠.

시간을 아껴 쓰렴.
Hematlah waktu.
헤맛라 왁뚜.

절대 포기하지 마.
Jangan pernah menyerah.
장안 쁘르나 므녀라.

충고할 때 ②

새로운 일을 시도하는 것을 주저하지 마.
Jangan ragu-ragu mencoba melakukan hal yang baru.
장안 라구라구 믄쪼바 믈라꾸깐 할 양 바루.

앞으로 더 좋은 기회가 있을 거야.
Pasti akan ada kesempatan yang lebih baik.
빠스띠 아깐 아다 끄슴빠딴 양 르비 바익.

실패를 두려워하지 마.
Jangan takut gagal.
장안 따꿋 가갈.

실수를 두려워하지 마.
Jangan takut salah.
장안 따꿋 살라.

너무 기대하지 마.
Jangan terlalu berharap.
장안 뜨를랄루 브르하랍.

틈틈이 쉬는 게 좋아.
Lebih baik istirahat di tengah-tengah.
르비 바익 이스띠라핫 디 뜅아뜅아.

항상 침착함을 잃지 마.
Jangan lupa tenang selalu.
장안 루빠 뜨낭 슬랄루.

충고할 때 ③

게을러지지 마.
Jangan sampai jadi malas.
장안 삼빠이 자디 말라스.

말보다는 행동으로 해.
Kurangi bicara, perbanyak tindakan.
꾸랑이 비짜라, 쁘르바냑 띤다깐.

긍정적이고 낙천적으로 생각해.
Berpikirlah positif dan optimis.
브르삐끼를라 뽀시띺 단 옵띠미스.

변화를 두려워하지 마.
Jangan takut akan perubahan.
장안 따꿋 아깐 쁘르우바한.

다른 사람을 무시하지 마.
Jangan meremehkan orang lain.
장안 므레메깐 오랑 라인.

함부로 막말하지 마.
Jangan bicara sembarangan.
장안 비짜라 슴바랑안.

목표는 크게 세워라.
Bermimpilah yang sebesar-besarnya.
브르밈삘라 양 스브사르브사르냐.

존경

저는 그분을 존경해요.
Saya menghormati beliau.
사야 믕호르마띠 블리아우.

많은 이들이 그를 존경해요.
Banyak yang menghormati dia.
바냑 양 믕호르마띠 디아.

그는 정말 존경스러운 예술가예요.
Dia adalah seorang seniman yang sangat saya hormati.
디아 아달라 스오랑 스니만 양 상앗 사야 호르마띠.

능력이 대단하시네요!
Kemampuan Anda luar biasa!
끄맘뿌안 안다 루아르 비아사!
Kemampuan Anda hebat!
끄맘뿌안 안다 헤밧!

우린 그에게 배울 점이 많아요.
Kami banyak belajar dari dia.
까미 바냑 블라자르 다리 디아.

그 사람처럼 되고 싶어요.
Saya mau menjadi seperti dia.
사야 마우 믄자디 스쁘르띠 디아.

66

칭찬 ①

훌륭해요!

Bagus sekali!

바구스 스깔리!

굉장해요!

Luar biasa!

루아르 비아사!

Hebat!

헤밧!

멋져요!

Keren!

끄렌!

Mantap!

만땁!

너 오늘 멋진데! (외모에 대한 칭찬)

Penampilan kamu hari ini keren!

쁘남삘란 까무 하리 이니 끄렌!

진짜 예쁘다!

Cantik sekali!

짠띡 스깔리!

진짜 잘생겼다!

Ganteng sekali!

간뜽 스깔리!

칭찬 ②

목소리가 좋아요!

Suaranya bagus!

수아라냐 바구스!

피부가 좋으시네요!

Kulit Anda bagus!

꿀릿 안다 바구스!

노래를 잘하시네요!

Anda pintar nyanyi!

안다 삔따르 냐늬!

요리를 잘하시네요!

Anda pintar masak!

안다 삔따르 마삭!

친절하시네요!

Anda sangat ramah!

안다 상앗 라마!

Anda ramah sekali!

안다 라마 스깔리!

한국어를 잘하시네요!

Anda pintar bahasa Korea!

안다 삔따르 바하사 꼬레아!

영어를 잘하시네요!

Anda pintar bahasa Inggris!

안다 삔따르 바하사 잉그리스!

위로 & 격려

기운 내!
Semangat!
스망앗!

행운을 빌어!
Semoga beruntung!
스모가 브르운뚱!

포기하지 마!
Jangan menyerah!
장안 므녀라!
Jangan patah semangat!
장안 빠따 스망앗!

자신감을 가져!
Harus percaya diri!
하루스 쁘르짜야 디리!

난 항상 네 편이야.
Aku selalu berpihak padamu.
아꾸 슬랄루 브르삐학 빠다무.

분명 좋은 결과가 있을 거야.
Pasti akan ada hasil yang bagus.
빠스띠 아깐 아다 하실 양 바구스.

부탁

좀 부탁드려도 될까요?
Boleh saya minta bantuannya?
볼레 사야 민따 반뚜안냐?
Boleh saya minta tolong?
볼레 사야 민따 똘롱?

좀 도와주시겠어요?
Bisa bantu saya?
비사 반뚜 사야?

그것 좀 가져다주시겠어요?
Bisa dibawakan itu?
비사 디바와깐 이뚜?

창문 좀 닫아 주세요.
Tolong ditutup jendelanya.
똘롱 디뚜뚭 즌델라냐.

저와 같이 이것 좀 들어 주실래요?
Bisa diangkat itu bersama saya?
비사 디앙깟 이뚜 브르사마 사야?

재촉

서둘러!

Ayo buruan!

아요 부루안!

어서 출발합시다!

Ayo cepat berangkat!

아요 쯔빳 브랑깟!

전 좀 급해요.

Saya terburu-buru.

사야 뜨르부루부루.

기한이 내일까지예요.

Batas waktunya sampai besok.

바따스 왁뚜냐 삼빠이 베속.

우린 시간이 없어요.

Kita tidak ada banyak waktu.

끼따 띠닥 아다 바냑 왁뚜.

논문 제출이 내일까지예요.

Penyerahan skripsinya sampai besok.

쁘녀라한 스끄립시냐 삼빠이 베속.

빨리 말씀하세요.

Tolong cepat bicara.

똘롱 쯔빳 비짜라.

꼭! 짚고 가기

인도네시아인들의 느긋한 성격

인도네시아인들은 'Santai aja. 산따이 아자.'라는 말을 참 많이 합니다. 여기서 santai는 '한가로운', '평온한', '침착한', '느긋한'이라는 뜻이며, aja는 saja의 구어체로 '단지', '오직', '~하기나 해라'라는 의미입니다. '침착해라' 또는 '마음을 느긋하게 가져라', '편하게 생각해라' 정도로 해석될 수 있는 이 표현은 인도네시아인들의 느긋한 습성을 잘 보여 줍니다. 기후가 온화하고 겨울이 없는 국가들은 먹을 것이 풍족하고 울창한 밀림에서 건축 재료를 구하기도 쉬웠습니다. 기온이 영하로 떨어지지 않기에 얼어 죽을 일도 없고, 자원도 풍부한 편입니다.

이런 환경 때문일까요? 인도네시아인은 일 처리에 그다지 속도를 내지 않습니다. 오히려 무엇이든 빨리 하려는 한국인들의 행동에 부담을 느끼기 일쑤입니다. 인도네시아인들과 중요한 연락을 취해야 할 일이 있다면 시간을 길게 잡고 임해야 합니다. 자칫 촉박하게 그들을 재촉했다간 일이 잘되지 않을 수 있으니 주의해야 합니다. 이메일 몇 통 전송한 후 하릴없이 기다리는 것보다는 직접 전화하거나 찾아가는 것이 더욱 정확하고 신속한 답변을 얻을 수 있는 방법입니다. 문화 상대주의적 시각으로 그들의 문화를 존중하고 인정하는 마음가짐이 필요합니다.

긍정적 추측	부정적 추측

그럴 것 같았어요.

Sebelumnya sudah diduga.

스블룸냐 수다 디두가.

잘될 거예요.

Akan baik.

아깐 바익.

그는 좋은 남자 같아요.

Sepertinya dia laki-laki baik.

스쁘르띠냐 디아 라끼라끼 바익.

당신이 성공할 거라 생각해요.

Saya pikir Anda akan sukses.

사야 삐끼르 안다 아깐 숙세스.

충분히 가능해요.

Cukup bisa.

쭈꿉 비사.

예상했던 대로예요.

Sebelumnya sudah diperkirakan.

스블룸냐 수다 디쁘르끼라깐.

불길한 예감이 들어요.

Dapat firasat yang buruk.

다빳 퓌라삿 양 부룩.

그는 결국 해내지 못할 거예요.

Sepertinya dia tidak bisa mengatasinya pada ujungnya.

스쁘르띠냐 디아 띠닥 비사 릉아따시냐 빠다 우중냐.

시험에 통과하지 못할 것 같아요.

Sepertinya tidak bisa lulus ujiannya.

스쁘르띠냐 띠닥 비사 룰루스 우지안냐.

최악의 사태가 생길 거라고 예상하지 못했어요.

Sebelumnya tidak disangka terjadi situasi terburuk ini.

스블룸냐 띠닥 디상까 뜨르자디 시뚜아시 뜨르부룩 이니.

Tip. terburuk의 'ter-' 접두사는 'paling 빨링(가장, 최상의)'과 같은 뜻으로, 최상급을 나타낼 때 씁니다.

가능성이 거의 없어요.

Hampir tidak ada kemungkinan.

함삐르 띠닥 아다 끄뭉끼난.

동정

그 일에 대해서 유감스럽습니다.

Sayang sekali dengan hal itu.

사양 스깔리 등안 할 이뚜.

너무 실망하지 마세요.

Jangan terlalu kecewa.

장안 뜨를랄루 끄쩨와.

운이 나빴을 뿐이에요.

Hanya nasibnya yang buruk.

하냐 나십냐 양 부룩.

사정이 딱하게 됐네요.

Kasihan.

까시한.

그것참, 안됐군요.

Sayang sekali.

사양 스깔리.

당신 탓이 아니에요.

Itu bukan kesalahan Anda.

이뚜 부깐 끄살라한 안다.

다음에는 잘될 거예요.

Untuk ke depan pasti akan baik-baik saja.

운뚝 끄 드빤 빠스띠 아깐 바익바익 사자.

더 좋은 기회가 있을 거예요.

Pasti akan ada kesempatan yang lebih baik.

빠스띠 아깐 아다 끄슴빠딴 양 르비 바익.

비난

창피한 줄 알아요!

Sadarilah rasa malu!

사다릴라 라사 말루!

너 정신 나갔어?

Kamu jadi gila, ya?

까무 자디 길라, 야?

Kamu jadi miring otaknya?

까무 자디 미링 오딱냐?

바보 같아!

Kamu kelihatan bodoh!

까무 끌리하딴 보도!

유치하게 굴지 마.

Jangan seperti kekanak-kanakan.

장안 스쁘르띠 끄까낙까나깐.

철 좀 들어라!

Jadilah dewasa!

자딜라 데와사!

너 정말 수치심을 모르는구나.

Kamu benar-benar tidak tahu malu.

까무 브나르브나르 띠닥 따우 말루.

그건 아무짝에도 쓸모없어.

Itu sama sekali tidak ada gunanya.

이뚜 사마 스깔리 띠닥 아다 구나냐.

Bab 02

일상 속으로!

Bab 02

Rumah 루마 집

rumah 루마 n. 집, 주택	kamar 까마르 n. 방; 객실(숙박)	pintu 삔뚜 n. 문
	jendela 즌델라 n. 창문	tempat tidur 뜸빳 띠두르 = ranjang 란장 n. 침대
	meja belajar 메자 블라자르 책상	kursi 꾸르시 n. 의자; 좌석
ruang tamu 루앙 따무 거실, 응접실	televisi 뗄레퓌시 n. 텔레비전	sofa 소파 n. 소파
dapur 다뿌르 n. 부엌	meja makan 메자 마깐 식탁	kulkas 꿀까스 n. 냉장고
	kompor gas 꼼뽀르 가스 n. 가스레인지	bak cuci piring 박 쭈찌 삐링 n. 싱크대
kamar mandi 까마르 만디 욕실, 샤워실	mandi 만디 v. 샤워하다, 목욕하다	mencuci 믄쭈찌 v. 씻다
wastafel 와스따플 n. 세면대	kran 끄란 n. 수도꼭지	kamar kecil 까마르 끄찔 = toilet 또일렛 = W.C. 웨쎄 화장실

membersihkan 음브르시깐 v. 청소하다, 깨끗이 하다	alat pembersih 알랏 쁨브르시 청소기	sampah 삼빠 n. 쓰레기
	pencuci pakaian 쁜쭈찌 빠까이안 n. 세탁기	cucian pakaian 쭈찌안 빠까이안 n. 세탁물
pakaian 빠까이안 n. 옷 pakai baju 빠까이 바주 v. 옷을 입다	kaos 까오스 n. 티셔츠	jaket 자껫 n. 재킷; 점퍼
	celana 쯜라나 n. 하의; 바지	celana jin 쯜라나 진 청바지
	rok 록 n. 치마	celana dalam 쯜라나 달람 속옷
	kaos kaki 까오스 까끼 n. 양말	topi 또삐 n. 모자
sepatu 스빠뚜 n. 신발	sandal 산달 n. 슬리퍼	sepatu olahraga 스빠뚜 올라라가 운동화
tas 따스 n. 가방	tas tangan 따스 땅안 n. 핸드백	dompet 돔뺏 n. 지갑

일어나기

씻기

일어날 시간이야!
Sudah waktunya bangun tidur!
수다 왁뚜냐 방운 띠두르!
Sudah saatnya bangun tidur!
수다 사앗냐 방운 띠두르!

더 자고 싶어.
Saya mau tidur lagi.
사야 마우 띠두르 라기.

일어나! 늦겠어.
Bangun! Bisa terlambat.
방운! 비사 뜨를람밧.
Bangun! Bisa telat.
방운! 비사 뜰랏.

몇 시에 일어나니?
Jam berapa bangun tidur?
잠 브라빠 방운 띠두르?

아침 다섯 시에 일어나.
Jam 5 pagi bangun tidur.
잠 리마 빠기 방운 띠두르.

알람이 있어야 깰 수 있어요.
Saya bisa bangun dengan alarm.
사야 비사 방운 등안 알라름.

일어나기가 힘들어요.
Saya susah bangun tidur.
사야 수사 방운 띠두르.

손부터 씻으렴.
Cuci tangannya dulu.
쭈찌 땅안냐 둘루.

이 닦고, 세수했어요.
Habis gosok gigi, saya cuci muka.
하비스 고속 기기, 사야 쭈찌 무까.

Tip. habis는 '남지 않다', '끝나다', '다 소비한'이란 뜻이고, 여기 문장처럼 동사 앞에 위치하면 '~후에', '~가 끝난 뒤'의 뜻으로 쓰입니다.

달리기를 한 후에는, 샤워를 하지요.
Habis lari, saya mandi.
하비스 라리, 사야 만디.

따뜻한 물로 샤워하렴.
Mandilah dengan air hangat.
만딜라 등안 아이르 항앗.

욕조에 물을 받아 놓으려고 해요.
Saya mau penuhi bak mandi dengan air.
사야 마우 쁘누히 박 만디 등안 아이르.

매일 아침 머리를 감아요.
Saya keramas setiap pagi.
사야 끄라마스 스띠압 빠기.

식사 ①

뭐 먹을까요? (메뉴 고민)

Kita makan apa, ya?

끼따 마깐 아빠, 야?

피자 시킬까요?

Mau pesan pizza?

마우 쁘산 삐자?

5분이면, 식사 준비가 끝나요.

Dalam 5 menit, makanannya sudah siap.

달람 리마 므닛, 마까난냐 수다 시압.

계란은 제가 이미 준비해 놓았어요.

Sudah saya siapkan telur ayamnya.

수다 사야 시압깐 뜰루르 아얌냐.

자, 식탁에 접시 놓을게요.

Nah, saya taruh piringnya di meja makan ya.

나, 사야 따루 삐링냐 디 메자 마깐 야.

밥 먹자!

Ayo makan!

아요 마깐!

배고프니?

Anda lapar?

안다 라빠르?

식사 ②

아침 식사는 하세요?

Biasanya Anda makan pagi?

비아사냐 안다 마깐 빠기?

주말이 아니면, 아침을 먹는 일이 거의 없어요.

Kecuali akhir minggu, saya jarang sarapan.

끄쭈알리 아히르 밍구, 사야 자랑 사라빤.

다 먹었니?

Sudah habis makan?

수다 하비스 마깐?

점심은 어디서 먹어요?

Anda makan siang di mana?

안다 마깐 씨앙 디 마나?

근처 식당에서 먹어요.

Saya makan di warung dekat sini.

사야 마깐 디 와룽 드깟 시니.

Tip. warung은 작은 노점 식당을 뜻합니다.

저녁 식사는 언제 하세요?

Biasanya jam berapa Anda makan malam?

비아사냐 잠 브라빠 안다 마깐 말람?

보통 오후 7시쯤 먹어요.

Biasanya saya makan sekitar jam 7 malam.

비아사냐 사야 마깐 스끼따르 잠 뚜주 말람.

옷 입기 & 화장하기

전 화장을 하고 옷 입어요.

Kalau saya, make up dulu lalu
pakai baju.

깔라우 사야, 메이끄 업 둘루 랄루 빠까이 바주.

화장하는 데 시간이 얼마나 걸려요?

Biasanya butuh waktu berapa
lama untuk make up?

비아사냐 부뚜 왁뚜 브라빠 라마 운뚝
메이끄 업?

저는 화장하는 데 시간이 오래
걸려요.

Kalau saya, butuh waku lama
untuk make up.

깔라우 사야, 부뚜 왁뚜 라마 운뚝 메이끄 업.

전 항상 까만 옷을 입지요.

Saya selalu pakai baju hitam.

사야 슬랄루 빠까이 바주 히땀.

면접 때는, 어떻게 입을까요?

Untuk wawancara, pakai baju
apa, ya?

운뚝 와완짜라, 빠까이 바주 아빠, 야?

이 바띡에는, 어떤 바지를 골라야
될까요?

Kalau pakai batik ini, harus pilih
baju apa?

깔라우 빠까이 바띡 이니, 하루스 삘리 바주
아빠?

Tip. 바띡은 인도네시아 전통 방식으로 나염한 천입니다.
화려한 문양이 특징이며, 인도네시아인들은 공적인
자리에 참석할 때 즐겨 입습니다.

TV 보기

텔레비전을 켰어요.

Saya sudah hidupkan televisi.

사야 수다 히둡깐 뗄레퓌시.

Saya sudah nyalakan televisi.

사야 수다 날라깐 뗄레퓌시.

Tip. 회화에서는 'me-' 접두사를 생략할 때가
많습니다. 본문의 hidupkan과 nyalakan의
경우, 각각 'meng-'과 'me-' 접두사를 생략한
형태입니다.

텔레비전을 껐어요.

Saya sudah matikan televisi.

사야 수다 마띠깐 뗄레퓌시.

텔레비전 소리는 어떻게 줄이죠?

Bagaimana cara kecilkan
volume televisi?

바가이마나 짜라 끄찔깐 폴루므 뗄레퓌시?

낭신이 좋아하는 프로그램은
무엇인가요?

Acara TV apa yang Anda sukai?

아짜라 띠퓌 아빠 양 안다 수까이?

TV 리모컨 좀 주렴.

Tolong kasih remote TV.

똘롱 까시 리못 띠퓌.

생방송 저녁 8시 뉴스를 봐요.

Saya nonton berita live jam 8
malam.

사야 논똔 브리따 라이브 잠 들라빤 말람.

잠자리 들기

자, 잘 시간이야!

Nah, waktunya tidur!

나, 왁뚜냐 띠두르!

Tip. 명령문일 경우 동사의 접두사는 생략합니다.

자기 싫어요.

Saya tidak mau tidur.

사야 띠닥 마우 띠두르.

졸려요.

Ngantuk.

응안뚝.

침대에 누우렴.

Berbaringlah di ranjang.

브르바링라 디 란장.

Berbaringlah di tempat tidur.

브르바링라 디 뜸빳 띠두르.

불을 어둡게 하세요.

Redupkanlah lampunya.

르둡깐라 람뿌냐.

방을 어둡게 하세요.

Gelapkanlah kamarnya.

글랍깐라 까마르냐.

자기 전에는 커피를 마시지 마세요.

Jangan minum kopi sebelum tidur.

장안 미눔 꼬삐 스블룸 띠두르.

잠버릇

저는 항상 늦게 자요.

Saya selalu tidur terlambat.

사야 슬랄루 띠두르 뜨를람밧.

잠들자마자, 그는 코를 골기 시작했어요.

Begitu tidur, dia langsung mulai mendengkur.

브기뚜 띠두르, 디아 랑숭 물라이 믄등꾸르.

그 사람은 코 고는 게 큰 문제예요.

Orang itu masalahnya mendengkur.

오랑 이뚜 마살라냐 믄등꾸르.

인형 없이는 잠을 못 자요.

Tidak bisa tidur tanpa boneka.

띠닥 비사 띠두르 딴빠 보네까.

그는 자면서, 뒤척여요.

Kalau tidur, dia bolak balik badan.

깔라우 띠두르, 디아 볼락 발릭 바단.

자려고 하면, 항상 생각이 많아져요.

Kalau mau tidur, saya jadi banyak pikiran.

깔라우 마우 띠두르, 사야 자디 반약 삐끼란.

숙면

우리는 간밤에 푹 잘 수 있었어요.

Kami semalam bisa tidur nyenyak.

까미 스말람 비사 띠두르 녜냑.

잠이 안 와요. (잘 수가 없었어요.)

Tidak bisa tidur.

띠닥 비사 띠두르.

자기 어려워요.

Susah tidur.

수사 띠두르.

저는 불면증이에요.

Saya insomnia.

사야 인솜니아.

저는 항상 몇 번씩 잠이 깨요.

Saya selalu terbangun beberapa kali.

사야 슬랄루 뜨르방운 브브라빠 깔리.

잘 잤는데도, 피곤하네요.

Walau semalam tidur nyenyak, saya capek.

왈라우 스말람 띠두르 녜냑, 사야 짜뻭.

간밤에 전혀 잘 수가 없었어요.

Semalam saya tidak bisa tidur sama sekali.

스말람 사야 띠닥 비사 띠두르 사마 스깔리.

꿈

잘 자요!

Selamat tidur!

슬라맛 띠두르!

모두들 잘 자요!

Selamat tidur, semuanya!

슬라맛 띠두르, 스무아냐!

진짜 같은 악몽을 꿨어요.

Semalam saya mimpi buruk seperti nyata.

스말람 사야 밈삐 부룩 스쁘르띠 냐따.

매일 밤 악몽을 꿔요.

Saya setiap malam mimpi buruk.

사야 스띠압 말람 밈삐 부룩.

멋진 꿈을 꿨어요.

Semalam saya mimpi yang bagus.

스말람 사야 밈삐 양 바구스.

해몽을 믿어도 될까요?

Boleh saya percaya tafsir mimpi?

볼레 사야 쁘르짜야 땁시르 밈삐?

꼭! 짚고 가기

인도네시아식 하숙방 꼬스

인도네시아에는 'Kos 꼬스'라는 주거 방식이 있습니다. 월세 하숙 개념으로 이해하면 쉬운데요, 'Kost 꼬스', 'Kosan 꼬산' 등으로도 불립니다.

방 안에 조리 시설을 갖춘 레지던스나 소형 아파트와는 달리 Kos는 방 안에서 취사가 불가하며 대개 공동 주방을 이용합니다.

Kos는 무료로 밥과 빵, 잼 등을 제공하는 경우도 있습니다. 방세에 따라 공용 화장실을 이용해야 하며 위생이 좋지 않은 경우도 있습니다.

Kos의 좋은 점은 방 청소를 해 준다는 것입니다. 집마다 규정은 다르지만 최소 일주일에 한 번씩은 방 청소 서비스가 무료로 제공되며, 청소 횟수를 늘리고 싶은 경우 소정의 비용만 추가로 부담하면 됩니다. 세탁 또한 간편합니다. 무게 제한을 두는 곳도 있지만 이불 빨래를 하지 않는 이상 비용이 발생하는 경우는 드뭅니다. 빨래를 모아 프런트에 맡기면 2~3일 후에 잘 세딕되어 포징된 상태로 도착합니다.

방세는 협의에 따라 주마다 또는 월마다 지불해도 되고, 몇 달 치를 한꺼번에 내도 됩니다. 혹시 모르니 방세 지불 영수증과 세탁 영수증은 잘 보관해 두는 것이 좋겠지요.

Kos를 구하기 위해서 Mamikos 마이꼬스 같은 애플리케이션을 이용하거나 인도네시아 포털 사이트에 직접 검색해 볼 수도 있습니다.

거실에서

거실에서 음악을 들어요.

Saya dengar musik di ruang tamu.

사야 등아르 무식 디 루앙 따무.

거실에서 TV를 봐요.

Saya nonton TV di ruang tamu.

사야 논똔 띠뷔 디 루앙 따무.

거실에는 소파가 하나 있어요.

Ada 1 sofa di ruang tamu.

아다 사뚜 소파 디 루앙 따무.

소파에 앉으세요.

Silakan duduk di sofa.

실라깐 두둑 디 소퐈.

거실을 리모델링하고 싶어요.

Saya mau mengubah ruang tamu.

사야 마우 등우바 루앙 따무.

거실은 가족이 화목하게 어울리기에 좋은 공간이지요.

Ruang keluarga adalah ruang yang bisa merukunkan anggota keluarga.

루앙 끌루아르가 아달라 루앙 양 비사 므루꾼깐 앙고따 끌루아르가.

화장실 사용 ①

화장실이 어디에 있나요?

WCnya di mana?

웨쎄냐 디 마나?

Toiletnya di mana?

또일렛냐 디 마나?

Kamar mandinya di mana?

까마르 만디냐 디 마나?

화장실 열쇠가 어디에 있나요?

Kunci WCnya di mana?

꾼찌 웨쎄냐 디 마나?

화장실에 휴지가 없어요.

Di toilet, tidak ada tisu.

디 또일렛, 띠닥 아다 띠수.

휴지가 어디에 있나요?

Tisunya di mana?

띠수냐 디 마나?

화장실을 찾기가 어렵네요.

Susah menemukan toilet.

수사 므느무깐 또일렛.

Susah cari toilet.

수사 짜리 또일렛.

화장실에 누구 있나요?

Ada orang di toilet?

아다 오랑 디 또일렛?

82

화장실 사용 ②

화장실이 너무 더러워요.

WCnya terlalu kotor.

웨쎄냐 뜨를랄루 꼬또르.

화장실 냄새가 심각해요.

Di toilet, baunya parah.

디 또일렛, 바우냐 빠라.

화장실 문이 잠겼어요.

Pintu WCnya terkunci.

삔뚜 웨쎄냐 뜨르꾼찌.

변기가 막혔어요.

Klosetnya tersumbat.

끌로쎗냐 뜨르숨밧.

전 화장실에 너무 자주 가요.

Saya terlalu sering ke WC.

사야 뜨를랄루 스링 끄 웨쎄.

물을 내리세요.

Tolong siram airnya.

똘롱 시람 아이르냐.

사용 후 물을 내려 주세요.

Habis dipakai tolong disiram.

하비스 디빠까이 똘롱 디시람.

화장실 에티켓

세면대에는 아무것도 버리지 마세요.

Jangan buang apa pun di wastafel.

장안 부앙 아빠 뿐 디 와스따뻴.

Tip. 인도네시아인들은 상대의 부담을 덜고 공손한 느낌을 주기 위해 수동형 표현을 곧잘 씁니다. 동사 앞에 di를 붙여 수동태를 만듭니다.

화장실 변기에 아무것도 버리지 마세요.

Jangan buang apa pun ke dalam kloset.

장안 부앙 아빠 뿐 끄 달람 끌로셋.

화장실 변기에 쓰레기, 휴지, 생리대를 버리지 마세요.

Jangan buang sampah, tisu, dan pembalut ke dalam kloset.

장안 부앙 삼빠, 띠수, 단 쁨발룻 끄 달람 끌로셋.

휴지통을 이용해 주세요.

Tolong gunakan tempat sampah.

똘롱 구나깐 뜸빳 삼빠.

침을 뱉지 마세요!

Dilarang meludah!

딜라랑 믈루다!

욕실에서

욕실이 어디에 있나요?

Kamar mandinya ada di mana?

까마르 만디냐 아다 디 마나?

욕실에 욕조가 있나요?

Ada bak mandi di kamar mandi?

아다 박 만디 디 까마르 만디?

욕조 청소를 해야 해요.

Harus bersih-bersih bak mandi.

하루스 브르시브르시 박 만디.

목욕하려고 해요.

Mau mandi.

마우 만디.

샤워하는 데 얼마나 걸리나요?

Butuh waktu berapa lama untuk mandi?

부뚜 왁뚜 브라빠 라마 운뚝 만디?

전 하루에 세 번까지도 씻어요.

Saya mandi maksimal sampai 3 kali.

사야 만디 막시말 삼빠이 띠가 깔리.

부엌에서

요리하는 것 좀 도와주실 수 있어요?

Bisa bantu saya masak?

비사 반뚜 사야 마삭?

지금 요리를 하고 있어요.

Saya lagi masak.

사야 라기 마삭.

Tip. 보통 lagi는 '더', '다시'라는 뜻이지만, 회화체에서는 '~하는 중이다'입니다. 같은 뜻인 sedang보다 lagi가 더 자주 쓰입니다.

국자를 찾는 중이에요.

Saya lagi cari sendok kuah.

사야 라기 짜리 센독 꾸아.

저는 요리하는 것을 좋아해요.

Saya suka masak.

사야 수까 마삭.

한국 요리를 좋아하세요?

Anda suka masakan Korea?

안다 수까 마사깐 꼬레아?

설거지 좀 해 주세요.

Tolong cuci piring.

똘롱 쭈찌 삐링.

냉장고

냉장고에 먹을 것이 있어요.

Ada makanan di dalam kulkas.

아다 마까난 디 달람 꿀까스.

냉장고에서 냄새가 나요.

Ada bau di dalam kulkas.

아다 바우 디 달람 꿀까스.

고기를 냉장고에 넣으면, 며칠 동안 보관 가능한가요?

Kalau dagingnya disimpan di kulkas, bisa tahan berapa lama?

깔라우 다깅냐 디심빤 디 꿀까스, 비사 따한 브라빠 라마?

냉장고에 넣기 전, 과일과 채소를 씻어야 하나요?

Sebelum simpan di kulkas, buah dan sayurnya harus dicuci dulu?

스블룸 심빤 디 꿀까스, 부아 단 사유르냐 하루스 디쭈찌 둘루?

과일과 채소를 냉장고에 다 넣을 수가 없어요.

Tidak bisa simpan semua buah dan sayur di kulkas.

띠닥 비사 심빤 스무아 부아 단 사유르 디 꿀까스.

한국 드라마 vs 시네트론

인도네시아에서도 한국 드라마 (K-Drama)의 열풍이 불고 있습니다. 인도네시아어 자막과 함께 볼 수 있는 여러 웹사이트가 있는데, 업데이트도 빠른 편입니다. 한국에서 방영 중인 드라마도 방영 바로 다음 날이면 동영상 파일이 올라옵니다.

TV로도 한국 드라마를 볼 수 있는데, 2000년대 후반 인기 절정일 당시에는 어느 방송국에서나 한국 드라마를 방영할 정도였습니다.

인도네시아 드라마는 '시네트론(Sinetron)'이라고 하는데, 보통 회차가 아주 많습니다. 예를 들어 'Tukang Bubur Naik Haji 뚜깡 부부르 나익 하지: 죽 장수, 성지순례 길에 오르다'의 경우 2185회 차까지 방영되었습니다. 이렇게 줄거리가 너무 길다 보니 개연성이 떨어지는데, 한국 드라마는 전개가 빠르고 줄거리가 탄탄하여 상대적으로 각광을 받습니다. 그리고 시네트론의 경우 나오는 배우들만 계속 나오고, 배우들이 동일한 기간에 다작을 하는 경우가 많다고 합니다. 반면 한국 드라마는 신인 배우들이 많고, 배우들이 폭넓은 연기 스펙트럼을 소화해, 보는 재미가 있다고 합니다.

음악에도 차이가 있는데, 한국은 드라마를 위한 OST를 만드는데, 시네트론에는 유행 중인 노래를 삽입하는 경우가 많다고 합니다.

요리하기 ①

이 요리는 어떻게 만들어요?

Bagaimana cara masak masakan ini?

바가이마나 짜라 마삭 마사깐 이니?

삶아요.

Direbus.

디르부스.

볶아요.

Digoreng.

디고렝.

구워요.

Dibakar.

디바까르.

훈제해요.

Dipanggang.

디빵강.

감자 껍질을 벗겨요.

Kentang harus dikupas.

끈땅 하루스 디꾸빠스.

고기를 얇게 썰어요.

Daging harus diiris.

다깅 하루스 디이리스.

고추와 마늘을 얇게 썰어 주세요.

Iris tipis cabai dan bawang merah.

이리스 띠삐스 짜베 단 바왕 메라.

요리하기 ②

채소를 미리 씻는 걸 잊지 마세요.

Jangan lupa cuci sayur terlebih dahulu.

장안 루빠 쭈찌 사유르 뜨를르비 다훌루.

프라이팬에 식용유를 달구세요.

Panaskan minyak goreng di atas penggorengan.

빠나스깐 미냑 고렝 디 아따스 뼁고렝안.

Tip. 명령문을 만들 때 동사 앞의 접두사를 생략할 뿐만 아니라 '-kan' 접미사를 결합시켜 주기도 합니다.

다진 양파를 넣으세요.

Masukkan bawang putih yang sudah dicincang.

마수깐 바왕 뿌띠 양 수다 디찐짱.

계란을 넣고 휘저어 주세요.

Masukkan telur ayam kemudian diorak-arik.

마수깐 뜰루르 아얌 끄무디안 디오락아릭.

참기름을 더 넣어 주세요.

Tambahkan minyak wijen.

땀바깐 미냑 위젠.

준비된 밥을 넣어 주세요.

Masukkan nasi yang sudah disiapkan.

마수깐 나시 양 수다 디시압깐.

요리하기 ③

고기를 해동했어요.

Sudah cairkan daging beku.

수다 짜이르깐 다깅 브꾸.

간장을 충분히 넣어 주세요.

Tambahkan kecap asin secukupnya.

땀바깐 께짭 아신 스쭈꿉냐.

중불로 프라이팬을 달궈 주세요.

Panaskan penggorengan dengan api sedang.

빠나스깐 뼁고렝안 등안 아삐 스당.

물 끓일 냄비를 준비해 주세요.

Siapkan panci untuk merebus air.

시압깐 빤찌 운뚝 므르부스 아이르.

닭의 뼈와 살을 분리해 주세요.

Pisahkan daging ayam dengan tulangnya.

삐사깐 다깅 아얌 등안 뚤랑냐.

큰 접시에 덜어 주세요.

Sajikan di piring yang besar.

사지깐 디 삐링 양 브사르.

맛있는 냄새가 날 때까지 데쳐 주세요.

Tumis hingga keluar aroma yang sedap.

뚜미스 힝가 끌루아르 아로마 양 스답.

식탁에서 ①

식사 준비되었어요.
Makanannya sudah siap.
마까난냐 수다 시압.

맛있어 보여요.
Kelihatannya enak.
끌리하딴냐 에낙.

맛있어요!
Enak!
에낙!
Maknyus! (사투리)
막뉴스!

정말 맛있어요!
Benar-benar enak!
브나르브나르 에낙!

엄청 배고파요.
Lapar sekali.
라빠르 스깔리.
Sangat lapar.
상앗 라빠르.

살찌겠어요.
Kayaknya saya jadi gemuk.
까약냐 사야 자디 그묵.

식탁에서 ②

식사하시죠!
Ayo makan!
아요 마깐!

드셔 보세요.
Silakan Anda cicip.
실라깐 안다 찌찝.

푸짐하네요.
Banyak sekali.
바냑 스깔리.

좀 더 드시겠어요?
Mau ditambah lagi?
마우 디땀바 라기?

주저 밀고, 더 드세요.
Jangan sungkan, silakan tambah lagi.
장안 숭깐, 실라깐 땀바 라기.

마음껏 드세요.
Silakan makan sepuasnya.
실라깐 마깐 스뿌아스냐.

뭘 마시겠어요?
Mau minum apa?
마우 미눔 아빠?

88

식탁에서 ③

음식이 싱거워요.

Makanannya hambar.

마까난냐 함바르.

비린내가 나는 것 같아요.

Kayaknya ada bau amis.

까약냐 아다 바우 아미스.

소스가 달콤해요.

Sausnya manis.

사우스냐 마니스.

너무 짜요.

Terlalu asin.

뜨를랄루 아신.

너무 매워요.

Terlalu pedas.

뜨를랄루 쁘다스.

너무 셔요.

Terlalu asam.

뜨를랄루 아삼.

인도네시아인들의 닭 사랑

'치느님'이라는 유행어를 만들어 낼 만큼 한국인들은 닭고기를 즐깁니다. 그런데 인도네시아의 닭고기 소비량은 한국의 15배에 달합니다.

이를 증명하듯 인도네시아는 어딜 가나 닭을 볼 수 있다 해도 과언이 아닙니다. 대로에서 조금만 벗어나도 천진난만하게 뛰어다니는 닭들을 목격할 수 있을 정도입니다.

닭을 굽거나 튀겨 양념을 발라 먹는 요리 외에도 다양한 방법으로 즐깁니다. 가장 대중적인 닭 요리는 Bubur Ayam 부부르 아얌(닭죽), Sate Ayam 사떼 아얌(닭꼬치), Mie Ayam 미 아얌(닭고기국수), Ayam Geprek 아얌 그쁘렉(닭튀김) 등이 있습니다.

이외에도 매우 많지만 한국인들이 가장 좋아하고 쉽게 먹을 수 있는 음식들을 꼽아 보겠습니다. Mie Ayam은 한국인들의 입맛에 맞는 인도네시아 음식 메뉴 중 하나입니다. Ayam Geprek은 인도네시아 족자카르타(Yogyakarta)에서 유명한 음식으로, 튀긴 닭을 잘게 부수어 다진 고추, 밥과 함께 먹는 요리입니다. 현지인은 물론 한국인에게도 인기가 좋은 음식이므로, 인도네시아를 방문한다면 꼭 한번 맛보기 바랍니다.

설거지

저는 설거지를 해요.

Saya cuci piring.

사야 쭈찌 삐링.

설거지 좀 해 줘요.

Tolong cuci piring.

똘롱 쭈찌 삐링.

설거지하는 건 항상 저예요.

Saya yang selalu cuci piring.

사야 양 슬랄루 쭈찌 삐링.

제가 설거지를 도와드려도 될까요?

Boleh saya bantu cuci piring?

볼레 사야 반뚜 쭈찌 삐링?

식기세척기를 쓰는 게 낫겠어요.

Lebih baik pakai mesin pencuci piring.

르비 바익 빠까이 므신 쁜쭈찌 삐링.

개수대에서 설거지를 하기 전에, 남은 음식을 휴지통에 잘 비우세요.

Sebelum cuci piring di bak cuci piring, tolong dibuang sisa makanannya dengan baik di tempat sampah.

스블룸 쭈찌 삐링 디 박 쭈찌 삐링, 똘롱 디부앙 시사 마까난냐 등안 바익 디 뜸빳 삼빠.

위생

당신은 위생에 민감하나요?

Anda sensitif pada kebersihan?

안다 센시띺 빠다 끄브르시한?

여성은 남성보다 위생에 더 민감해요.

Wanita lebih sensitif tentang kebersihan daripada laki-laki.

와니따 르비 센시띺 뜬땅 끄브르시한 다리빠다 라끼라끼.

그는 아주 더러운 곳에 살아요.

Dia tinggal di tempat yang sangat kotor.

디아 띵갈 디 뜸빳 양 상앗 꼬또르.

우리 남편은 위생에 대해 신경을 안 써요.

Suami saya tidak peduli tentang kebersihan.

수아미 시야 띠닥 쁘둘리 뜬땅 끄브르시한.

일주일에 몇 번 씻나요?

Anda mandi seminggu berapa kali?

안다 만디 스밍구 브라빠 깔리?

청소 ①

나는 일요일마다 방을 청소해요.

Saya setiap hari Minggu bersih-bersih kamar.

사야 스띠압 하리 밍구 브르시브르시 까마르.

청소기를 돌리는 중입니다.

Saya lagi bersih-bersih pakai mesin penghisap debu.

사야 라기 브르시브르시 빠까이 므신 뼁히삽 드부.

청소기가 고장 났어요.

Mesin penghisap debunya rusak.

므신 뼁히삽 드부냐 루삭.

먼지를 털었어요.

Saya sudah kibaskan debu.

사야 수다 끼바스깐 드부.

아내가 집을 청소해요.

Istri saya bersih-bersih rumah.

이스뜨리 사야 브르시브르시 루마.

네 방을 정리해야 한다.

Kamu harus rapikan kamar.

까무 하루스 라삐깐 까마르.

청소 ②

집 안 환기 좀 해야겠어요.

Perlu sirkulasi udara.

쁘를루 시르꿀라시 우다라.

창문을 닦아 주세요.

Tolong lap jendela.

똘롱 랍 즌델라.

침대 좀 정리해 주세요.

Tolong rapikan ranjang.

똘롱 라삐깐 란장.

Tolong rapikan tempat tidur.

똘롱 라삐깐 뜸빳 띠두르.

바닥을 빗자루로 쓸어 주세요.

Tolong sapu lantai.

똘롱 사뿌 란따이.

구석구석 쓸어 주세요.

Tolong menyapu di sana sini.

똘롱 므냐뿌 디 사나 시니.

걸레를 빨아 주세요.

Tolong dipel.

똘롱 디뻴.

그는 휴지통을 비워요.

Dia mengosongkan tempat sampah.

디아 믕오송깐 뜸빳 삼빠.

세탁

저는 빨래를 해요.

Saya cuci pakaian.

사야 쭈찌 빠까이안.

빨래 좀 개요.

Tolong jemuran diangkat.

똘롱 즈무란 디앙깟.

세탁기가 더 이상 작동을 안 해요.

Mesin cucinya tidak berfungsi lagi.

므신 쭈찌냐 띠닥 브르풍시 라기.

Mesin cucinya tidak jalan lagi.

므신 쭈찌냐 띠닥 잘란 라기.

창문에 빨래를 널면 안 돼요.

Tidak boleh jemur di jendela.

띠닥 볼레 즈무르 디 즌델라.

그는 바지를 다리는 중이에요.

Dia lagi setrika celana.

디아 라기 스뜨리까 쫄라나.

세탁물을 세탁소에 보냈죠.

Cuciannya sudah dikirim ke laundry.

쭈찌안냐 수다 디끼림 끄 라운드리.

집 꾸미기 ①

저는 실내 인테리어에 관심이 많아요.

Saya sangat berminat pada interior rumah.

사야 상앗 브르미낫 빠다 인떼리오르 루마.

아이들을 위해 침대 서랍을 구입했어요.

Sudah beli laci untuk anak-anak.

수다 블리 라찌 운뚝 아낙아낙.

정원을 관리하려면 전문가의 조언이 필요해요.

Perlu saran dari ahlinya untuk merawat kebun.

쁘를루 사란 다리 아흘리냐 운뚝 므라왓 끄분.

제 방에 달 녹색 커튼을 샀어요.

Sudah beli gorden berwarna hijau untuk dipasang di kamar saya.

수다 블리 고르덴 브르와르나 히자우 운뚝 디빠상 디 까마르 사야.

이 벽에 무슨 색깔이 어울릴까요?

Warna apa yang serasi dengan dinding ini?

와르나 아빠 양 스라시 등안 딘딩 이니?

선반 수리할 때 드라이버 필요하니?

Perlu obeng untuk perbaiki rak gantung?

쁘를루 오벵 운뚝 쁘르바이끼 락 간뚱?

집 꾸미기 ②

빨간색 소파를 하나 사야겠어요.

Lebih baik beli 1 sofa yang berwarna merah.

르비 바익 블리 사뚜 소파 양 브르와르나 메라.

높은 테이블을 집에 하나 둬야겠어요.

Lebih baik taruh 1 meja tinggi di rumah.

르비 바익 따루 사뚜 메자 띵기 디 루마.

천장 조명을 새로 해야겠어요.

Kayaknya lampu plafon harus diperbarui.

까약냐 람뿌 쁠라폰 하루스 디쁘르바루이.

바 테이블과 바 의자를 구매하려고요.

Saya mau beli meja dan kursi bar.

사야 마우 블리 메자 단 꾸르시 바르.

침실은 분홍색과 흰색의 조합이었으면 좋겠어요.

Maunya kombinasi pink dan putih untuk kamar tidur.

마우냐 꼼비나시 삥 단 뿌띠 운뚝 까마르 띠두르.

창의적인 그림 액자를 벽에 걸고 싶어요.

Mau pasang lukisan dinding yang kreatif.

마우 빠상 루끼산 딘딩 양 끄레아띠프.

꼭! 짚고 가기

아쉬운 쓰레기 처리 시스템

우리나라 사람들은 패스트푸드점에 가면 햄버거 하나를 먹었더라도 식사를 마치면 자리에서 일어남과 동시에 쟁반을 들고 분리수거 처리대로 발걸음을 옮깁니다. 하지만 인도네시아인들은 그렇지 않은 경우가 대부분입니다.

패스트푸드점 탁자 위에 음식물 쓰레기가 그대로 놓여 있거나 쓰레기통에 모든 것이 뒤섞여 버려져 있더라도 너무 놀라지 마세요.

인도네시아는 아직 분리수거와 관련된 인식이 우리나라처럼 이루어지지 못했습니다. 쓰레기통이 많이 설치되어 있지 않기 때문에 아무 곳에나 버리는 이들도 많습니다. 그중에서도 버려지는 플라스틱들은 빗물에 휩쓸려 강으로 흘러 들어가게 되고, 이로 인해 환경이 파괴되는 악순환이 지속되고 있습니다.

미국 조지아 대학의 연구 결과에 따르면 2010년 인도네시아가 한 해 동안 바다에 버린 플라스틱 쓰레기는 48만~129만 톤이며, 이는 전 세계 해양 쓰레기 배출량의 10.1%에 해당하는 수준이라고 합니다. 이런 문제를 해결하고자 옥수수, 사탕수수, 콩, 해조류 등 친환경 재료를 이용해 만든 바이오플라스틱에 이목이 집중되고 있습니다. 하지만 기존의 플라스틱에 비해 생산 원가가 높고 가공성이 좋지 않아 아직 상용화하기에는 무리가 있어 보입니다.

또, 인도네시아는 홍수가 빈번히 일어납니다. 도로 배수 시설이 열악한 까닭도 있지만 넘쳐나는 쓰레기가 배수로를 막아 범람하는 경우도 허다합니다.

기사와 대화하기 ①

내일 아침 8시에 절 여기에서 픽업해
주세요.

Tolong jemput saya di sini
besok jam 8 pagi.

똘롱 즘뿟 사야 디 시니 베속 잠 들라빤 빠기.

여기에서 기다려 주세요.

Tolong ditunggu di sini.

똘롱 디뚱구 디 시니.

10분만 기다려 주세요.

Tolong ditunggu 10 menit.

똘롱 디뚱구 스뿔루 므닛.

백화점으로 가 주세요.

Tolong ke mall.

똘롱 끄 몰.

얼마나 걸리나요?

Perlu waktu berapa lama?

쁘를루 왁뚜 브라빠 라마?

빨리 가 주세요.

Tolong cepat.

똘롱 쯔빳.

천천히 가 주세요.

Tolong pelan-pelan.

똘롱 쁠란쁠란.

기사와 대화하기 ②

제 친구 좀 픽업해 주세요.

Tolong jemput teman saya.

똘롱 즘뿟 뜨만 사야.

주차장에서 기다려 주세요.

Tolong ditunggu di tempat
parkir.

똘롱 디뚱구 디 뜸빳 빠르끼르.

지금 로비로 와 주세요.

Tolong ke lobby sekarang.

똘롱 끄 로비 스까랑.

전화하면, 여기로 와 주세요.

Kalau saya telepon, tolong
datang ke sini.

깔라우 사야 뗄레뽄, 똘롱 다땅 끄 시니.

여기에서 세워 주세요.

Tolong berhenti di sini.

똘롱 브르흔띠 디 시니.

에어컨 좀 틀어 주세요.

Tolong nyalakan AC.

똘롱 날라깐 아쎄.

Tolong hidupkan AC.

똘롱 히둡깐 아쎄.

라디오 좀 꺼 주세요.

Tolong matikan radio.

똘롱 마띠깐 라디오.

가정부와 대화하기 ①

가정부로 얼마나 일하셨어요?
Sudah berapa lama pengalaman kerja sebagai pembantu?
수다 브라빠 라마 뻥알라만 끄르자 스바가이 쁨반뚜?

식사 좀 부탁해요.
Tolong disiapkan makanannya.
똘롱 디시압깐 마까난냐.

이 레시피대로 요리해 주세요.
Tolong dimasak sesuai resep ini.
똘롱 디마삭 스수아이 르셉 이니.

한국 음식을 할 줄 아세요?
Bisa masak makanan Korea?
비사 마삭 마까난 꼬레아?

도시락 좀 싸 주세요.
Tolong siapkan bekal.
똘롱 시압깐 브깔.

장 보러 갑시다.
Ayo kita belanja.
아요 끼따 블란자.

장 보고 영수증을 꼭 가져오세요.
Tolong dibawa nota habis belanja.
똘롱 디바와 노따 하비스 블란자.

가정부와 대화하기 ②

애 좀 잘 돌봐 줘요.
Tolong anak saya dijaga dengan baik.
똘롱 아낙 사야 디자가 등안 바익.

집 안 청소 좀 부탁해요.
Tolong bersih-bersih rumah.
똘롱 브르시브르시 루마.

청소 꼼꼼히 좀 부탁할게요.
Tolong bersih-bersih dengan teliti, ya.
똘롱 브르시브르시 등안 뜰리띠, 야.

세탁물 좀 맡겨 주세요.
Tolong titipkan laundrynya.
똘롱 띠띱깐 라운드리냐.

세탁물 좀 찾아와 주세요.
Tolong ambilkan laundrynya.
똘롱 암빌깐 라운드리냐.

아침 7시까지 와 주세요.
Tolong datang sampai jam 7 pagi.
똘롱 다땅 삼빠이 잠 뚜주 빠기.

저녁 7시에 퇴근해 주세요.
Tolong pulang kerja jam 7 malam.
똘롱 뿔랑 끄르자 잠 뚜주 말람.

가정부와 대화하기 ③

운전 ①

집 좀 잘 봐 주세요.

Tolong dijaga rumahnya
dengan baik.

똘롱 디자가 루마냐 등안 바익.

저 좀 동행해 주세요.

Tolong temani saya.

똘롱 뜨마니 사야.

간단한 후식거리 좀 내와 주세요.

Tolong bawakan makanan
pencuci mulut.

똘롱 바와깐 마까난 쁜쭈찌 물룻.

음식물 상하지 않게 보관 잘해
주세요.

Tolong disimpan dengan baik
agar makanannya tidak basi.

똘롱 디심빤 등안 바익 아가르 마까난냐 띠닥
바시.

결근 시, 미리 말해 주세요.

Kalau tidak bisa masuk, tolong
dikabarkan sebelumnya.

깔라우 띠닥 비사 마숙, 똘롱 디까바르깐
스블룸냐.

손님 마중 좀 나가 주세요.

Tolong jemput tamunya.

똘롱 즘뿟 따무냐.

저는 초보 운전자예요.

Saya pengemudi baru.

사야 쁭으무디 바루.

안전벨트를 매 주세요.

Tolong kenakan sabuk
pengaman.

똘롱 끄나깐 사북 쁭아만.

저는 수동 기어 차를 운전 못해요.

Saya tidak bisa mengemudi
mobil manual.

사야 띠닥 비사 믕으무디 모빌 마누알.

길이 막히네요.

Jalannya macet.

잘란냐 마쯧.

담배를 피워도 되나요?

Boleh saya merokok?

볼레 사야 므로꼭?

과속하지 마세요.

Jangan mengebut.

장안 믕우붓.

운전 법규를 지켜야 해요.

Harus mematuhi peraturan lalu
lintas.

하루스 므마뚜히 쁘라뚜란 랄루 린따스.

운전 ②

좌측통행이에요.

Berjalan di kiri.

브르잘란 디 끼리.

오토바이를 탈 때는, 헬멧 착용이 의무입니다.

Waktu naik motor, wajib pakai helm.

왁뚜 나익 모또르, 와집 빠까이 헬름.

경적을 울리면 안 돼요.

Jangan bunyikan klakson.

장안 부늬깐 끌락손.

버스 전용 차로로 들어가는 것이 금지됩니다.

Dilarang masuk ke jalur khusus bus.

딜라랑 마숙 끄 잘루르 후수스 부스.

규정 속도를 지키세요.

Tolong dipatuhi aturan batas kecepatan.

똘롱 디빠뚜히 아뚜란 바따스 끄쯔빠딴.

앞에 조심해요.

Hati-hati di depan.

하띠하띠 디 드빤.

자동차를 도둑맞았어요.

Saya kehilangan mobil.

사야 끄힐랑안 모빌.

꼭! 짚고 가기

인도네시아 교통 정보

인도네시아의 차량 운전석 위치는 한국과 반대여서 차 진행 방향도 다릅니다. 한국에서 발급받은 국제 운전면허증을 인정해 주지 않기 때문에 단기 여행으로 간 경우는 직접 운전을 할 수 없습니다. 렌터카를 한다면 운전기사도 함께 고용해야 합니다.

대중교통의 경우 자카르타는 지하철 노선이 1개밖에 없고, 많은 자동차와 오토바이로 인해 교통 정체가 매우 심합니다. 시내버스는 시설이 낙후되어 외국인이 이용하기에 어려움이 있습니다. 택시 타기는 쉬운 편이고 요금도 비싸지 않지만 목적지를 우회하여 바가지요금을 요구하는 경우가 많으니, 가급적 고급 택시인 'Blue Bird' 또는 'Silver Bird'를 이용하는 것이 좋습니다. 수도 자카르타와 주요 도시를 연결하는 기차는 가격별로 다양한 등급이 있어서 이용하기에 편리한 편입니다. 인도네시아는 수많은 섬으로 이루어진 관계로 섬과 섬을 연결하는 다양한 국내 항공 노선이 있으니, 이를 비행기를 이용하는 것도 추천합니다.

교통사고 발생 시 관할 경찰관서 또는 통합신고센터(110)에 신고하거나 대사관 긴급연락처로 연락을 취해야 합니다. 주요 관광지 발리의 경우, 관광객을 상대로 경찰의 교통단속이 강화되고 있으므로 무면허 운전은 절대적으로 안 하는 것이 좋습니다. 교통사고 등으로 도로에서 현지인과 시비 시 주변 현지인들이 집단으로 외국인을 폭행하는 사례가 있으므로 주의해야 합니다.

운전 ③

저기서 우회전하세요.

Tolong belok kanan di sana.

똘롱 벨록 까난 디 사나.

저기서 좌회전하세요.

Tolong belok kiri di sana.

똘롱 벨록 끼리 디 사나.

빨리 가 주세요.

Ayo cepat jalan.

아요 쯔빳 잘란.

졸음운전을 하지 마세요.

Jangan mengemudi dalam keadaan mengantuk.

장안 믕으무디 달람 끄아다안 믕안뚝.

교통 신호를 지켜요.

Tolong dipatuhi tanda-tanda lalu lintas.

똘롱 디빠뚜히 딴다딴다 랄루 린따스.

이 길은 막다른 길이에요.

Jalan ini jalan buntu.

잘란 이니 잘란 분뚜.

차선을 잘못 들었네요.

Saya salah masuk jalan.

사야 살라 마숙 잘란.

Tip. salah 다음에 동사를 결합하면 '잘못 ~하다'
라는 뜻이 됩니다. 'salah tulis 살라 뚤리스'는
'잘못 썼다', 'salah paham 살라 빠함'은 '잘못
이해하다'처럼, 실생활에서 유용하게 쓰이는
표현입니다.

주차

주차 금지 (표지판)

Dilarang parkir

딜라랑 빠르끼르

운전자가 잘못 주차했어요.

Pengemudinya salah parkir.

쁑으무디냐 살라 빠르끼르.

만차입니다.

Mobilnya sudah penuh.

모빌냐 수다 쁘누.

제 차는 주차장에 두었어요.

Mobil saya ada di tempat parkir.

모빌 사야 아다 디 뜸빳 빠르끼르.

제 차를 집 맞은편에 주차했어요.

Saya sudah parkir mobil saya di seberang rumah.

사야 수다 빠르끼르 모빌 사야 디 스브랑 루마.

시간당 주차료가 얼마예요?

Berapa ongkos parkir per jamnya?

브라빠 옹꼬스 빠르끼르 쁘르 잠냐?

주차 공간은 터미널에서 가장 가까운 곳에 있어요.

Tempat parkirnya ada di tempat yang paling dekat dari terminal.

뜸빳 빠르끼르냐 아다 디 뜸빳 양 빨링 드깟 다리 뜨르미날.

98

교통 체증

길이 엄청 막혀요.

Jalannya macet sekali.

잘란냐 마쯧 스깔리.

새벽이나 밤 늦게는 차가 안 막혀요.

Subuh-subuh atau
malam-malam tidak macet.

수부수부 아따우 말람말람 띠닥 마쯧.

교통 체증이 심할 때는, 오토바이 택시를 타요.

Kalau macetnya parah, saya
naik ojek.

깔라우 마쯧냐 빠라, 사야 나익 오젝.

자카르타의 세노파티는 가장 혼잡한 곳입니다.

Senopati di Jakarta adalah
tempat yang paling macet.

세노빠띠 디 자까르따 아달라 뜸빳 양 빨링
마쯧.

Tip. 'Senopati 거리'는 한인타운이라고 불러도 될
정도로 한국인들이 운영하는 다양한 식당이
있습니다.

출퇴근 시간에는, 차를 안 가져가는 게 좋아요.

Waktu masuk dan pulang kerja,
lebih baik tidak bawa mobil.

왁뚜 마숙 단 뿔랑 끄르자, 르비 바익 띠닥
바와 모빌.

꼭! 짚고 가기

자카르타의 교통 체증

경제·산업 중심지 자카르타는 'Macet
마쩻(교통 체증)'으로 악명 높습니다. 인도
네시아의 열악한 도로 사정은 360여 년
간 이루어진 식민 지배의 아픈 잔재라는
견해가 있습니다. 도로 상황이 좋으면 사
람들 간 교류가 쉬워져서 시위로 발전할
가능성이 높아지므로 일부러 길을 좁고
구불구불하게 만들었다는 주장입니다.
대중교통이 발달되어 있지 않아, 자가용
을 가지고 다닐 수밖에 없는 상황도 교통
체증 원인 중 하나입니다.
정부도 교통 체증 해소에 많은 노력을 기
울이고 있습니다. 그 예로, 2016년부터
자카르타 주요 도로에서 출근근 시간대
에 차량 번호판 홀짝제(Sistem Ganjil-
Genap 시스뗌 간질 그납)가 시행되고 있습
니다.
또한 자카르타와 주변 위성 도시
(Jabodetabek 자보데따벡: Jakarta 자까
르따, Bogor 보고르, Tangerang 땅에랑,
Bekasi 브까시를 칭하는 용어)에 대중교
통 전용 차로를 개설하였으며, 2019년
자카르타 시내를 관통하는 MRT(Mass
Rapid Transit)가 개통되었습니다.

부동산 – 집 구하기 ①

집을 찾고 있어요.

Saya lagi cari rumah.

사야 라기 짜리 루마.

하숙방을 찾고 있어요.

Saya lagi cari kos.

사야 라기 짜리 꼬스.

월셋집을 구하고 있어요.

Saya lagi cari rumah sewa bulanan.

사야 라기 짜리 루마 세와 불라난.

사무실을 구하고 있어요.

Saya lagi cari kantor.

사야 라기 짜리 깐또르.

아파트를 구하고 있어요.

Saya lagi cari apartemen.

사야 라기 짜리 아빠르뜨멘.

제 대학교에서 가까운 곳이 좋아요.

Saya suka yang dekat dari kampus saya.

사야 수까 양 드깟 다리 깜뿌스 사야.

중부 자카르타에 있는 데로 구해 주세요.

Tolong carikan yang ada di pusat Jakarta.

똘롱 짜리깐 양 아다 디 뿌삿 자까르따.

부동산 – 집 구하기 ②

언제 볼 수 있어요?

Kapan bisa dilihat?

까빤 비사 딜리핫?

요즘 시세가 어때요?

Berapa kisaran harga belakangan ini?

브라빠 끼사란 하르가 블라깡안 이니?

이 집에 관심이 있어요.

Saya tertarik dengan rumah ini.

사야 뜨르따릭 등안 루마 이니.

방문해 보고 싶어요.

Saya mau coba mengunjunginya.

사야 마우 쪼바 릉운중이냐.

지금 집을 볼 수 있어요?

Bisa lihat rumahnya sekarang?

비사 리핫 루마냐 스까랑?

기다릴게요. 이건 제 연락처입니다.

Saya tunggu.
Ini nomor telepon saya.

사야 뚱구. 이니 노모르 뗄레뽄 사야.

생각 좀 해 보고 다시 연락 드릴게요.

Saya pikir-pikir dulu dan akan saya kabari lagi.

사야 삐끼르삐끼르 둘루 단 아깐 사야 까바리 라기.

부동산 – 조건 보기 ①

\# 월세는 얼마인가요?

Berapa harga sewa per bulan?

브라빠 하르가 세와 쁘르 불란?

\# 한 달에 오백만 루피아입니다.

Sebulan 5 juta rupiah.

스불란 리마 주따 루삐아.

\# 보증금은 얼마인가요?

Berapa uang depositnya?

브라빠 우앙 데뽀싯냐?

\# 보증금을 내야 하나요?

Perlu bayar uang depositnya?

쁘를루 바야르 우앙 데뽀싯냐?

\# 계약 기간은 얼만큼이에요?

Jangka waktu perjanjiannya berapa lama?

장까 왁뚜 쁘르잔지안냐 브라빠 라마?

\# 일 년 단위입니다.

Pakai satuan tahunan.

빠까이 사뚜안 따후난.

\# 매매가가 얼마예요?

Berapa harga jualnya?

브라빠 하르가 주알냐?

\# 언제 입주할 수 있어요?

Kapan bisa masuk?

까빤 비사 마숙?

꼭! 짚고 가기

오토바이 택시

인도네시아에는 좁고 구불구불한 길이 많습니다. 더욱이 보행로가 잘 정비되지 않은 곳도 많기 때문에 서민층의 주된 교통수단은 바로 오토바이입니다. 학생들도 오토바이로 등하교하는 경우가 많습니다.

이에 최근 몇 년 사이 애플리케이션을 기반으로 한 차량 공유 서비스가 성행하게 되었고, 2010년에 현재 모든 인도네시아인들의 삶을 장악한 'GO JEK 고 젝'이 한 청년의 손에서 탄생했습니다.

고젝이 생기기 전에도 'Ojek 오젝'이라는 교통수단이 있었습니다. 영업용 오토바이 혹은 자전거를 오젝이라고 일컫는데, 요금 체계가 없고 보험 적용이 안 될뿐더러 안전 문제에 취약하여 오히려 도로를 더 복잡하게 만들 뿐이었습니다. 이에, 손님과 운전자를 1대 1로 연결해 주고 거리당 비용을 규격화한 시스템을 갖춘 '고젝'이 출시됩니다.

인도네시아 국민들의 수요를 완벽히 파악한 덕에 고젝은 급속도로 성장하여, 현재 인도네시아 차량 공유 서비스의 한 축을 담당하게 되었습니다.

고젝과 치열한 경쟁을 펼치는 또 다른 강자는 바로 '동남아판 우버'로 잘 알려진 싱가포르 기반 교통 서비스 '그랩(Grab)'입니다. 그랩은 2018년부터 차량 공유 서비스의 원조격이었던 '우버(Uber)'의 동남아시아 사업 부문을 인수하면서 영향력을 더욱 키웠습니다.

부동산 - 조건 보기 ②

집세는 언제 내야 하나요?

Kapan harus bayar sewa rumah?

까빤 하루스 바야르 세와 루마?

25일까지 내세요.

Sampai tanggal 25.

삼빠이 땅갈 두아뿔루 리마.

가구가 구비되어 있나요?

Sudah ada perabotnya?

수다 아다 쁘라봇냐?

에어컨이 있나요?

Ada AC?

아다 아쎄?

인터넷이 되나요?

Bisa pakai internet?

비사 빠까이 인뜨르넷?

공과금 포함된 가격이에요?

Sudah termasuk biaya fasilitas umum?

수다 뜨르마숙 비아야 퐈실리따스 우뭄?

관리비는 한 달에 얼마 정도 나와요?

Kira-kira berapa biaya administrasi per bulan?

끼라끼라 브라빠 비아야 아드미니스뜨라시 쁘르 불란?

부동산 - 계약하기

이 집으로 계약할게요.

Saya mau kontrak rumah ini.

사야 마우 꼰뜨락 루마 이니.

계약에 필요한 조건이 뭔가요?

Apa syaratnya untuk kontrak?

아빠 샤랏냐 운뚝 꼰뜨락?

신분증(주민등록증)과 보증금이 필요합니다.

Perlu KTP dan uang deposit.

쁘를루 까떼뻬 단 우앙 데뽀싯.

Tip. '주민등록증'은 'Kartu Tanda Penduduk 까르뚜 딴다 쁜두둑'이며, 줄여서 'KTP 까떼뻬'라고 부릅니다.

보증인이 필요한가요?

Perlu penjamin?

쁘를루 쁜자민?

임대 계약을 취소할게요.

Saya mau batalkan kontraknya.

사야 마우 바딸깐 꼰뜨락냐.

임대 계약서를 주세요.

Minta surat perjanjian sewa.

민따 수랏 쁘르잔지안 세와.

전화를 걸 때

여보세요! (받을 때도 사용 가능)

Halo!

할로!

누구세요? (받을 때도 사용 가능)

Ini siapa?

이니 시아빠?

나 데위야.

Ini Dewi.

이니 데위.

딸리사와 통화하고 싶어요.

Saya mau bicara dengan Talisa.

사야 마우 비짜라 등안 딸리사.

이반과 통화할 수 있을까요?

Bisa bicara dengan Ivan?

비사 비짜라 등안 이환?

영어 할 수 있는 사람 있나요?

Ada orang yang bisa bahasa Inggris?

아다 오랑 양 비사 바하사 잉그리스?

한국어 할 수 있는 사람 있나요?

Ada orang yang bisa bahasa Korea?

아다 오랑 양 비사 바하사 꼬레아?

전화를 받을 때

누구를 찾으세요?

Lagi cari siapa?

라기 짜리 시아빠?

전데요. 말씀하세요.

Ini saya. Silakan bicara.

이니 사야. 실라깐 비짜라.

천천히 말씀해 주세요.

Tolong bicara pelan-pelan.

똘롱 비짜라 쁠란쁠란.

더 크게 말씀해 주세요.

Tolong bicara lebih keras.

똘롱 비짜라 르비 끄라스.

무슨 일이에요?

Ada masalah apa?

아다 마살라 아빠?

급한 일이에요?

Ini masalah yang harus diselesaikan buru-buru?

이니 마살라 양 하루스 디슬르사이깐 부루부루?

전화를 바꿔 줄 때

누구를 바꿔 드릴까요?

Mau disambungkan ke siapa?

마우 디삼붕깐 끄 시아빠?

헤루 선생님 바꿔 주시겠어요?

Bisa disambungkan ke Bapak Heru?

비사 디삼붕깐 끄 바빡 헤루?

끊지 마세요!

Jangan ditutup!

장안 디뚜뚭!

기다려 주시겠어요?

Bisa ditunggu?

비사 디뚱구?

잠시만요, 연결해 드릴게요.

Sebentar ya, segera saya sambungkan.

스븐따르야, 스그라 사야 삼붕깐.

다시 전화한다고 할 때

언제 다시 전화하면 될까요?

Kapan saya bisa hubungi lagi?

까빤 사야 비사 후붕이 라기?

다시 전화할게요.

Saya telepon lagi.

사야 뗄레뽄 라기.

다시 연락할게요.

Saya kontak lagi.

사야 꼰딱 라기.

5분 내로 다시 전화해 주세요.

Bisa tolong hubungi 5 menit lagi?

비사 똘롱 후붕이 리마 므닛 라기?

잠시 후에 다시 전화 주시겠어요?

Bisa telepon sebentar lagi?

비사 뗄레뽄 스븐따르 라기?

그에게 제게 전화해 달라고 전해 주시겠어요?

Bisa tolong sampaikan untuk menghubungi saya?

비사 똘롱 삼빠이깐 운뚝 등후붕이 사야?

전화를 받을 수 없을 때

통화 중이에요.

Dia sedang on line.

디아 스당 온 라인.

다른 사람 전화를 받고 있어요.

Dia lagi terima telepon lain.

디아 라기 뜨리마 뗄레뽄 라인.

다른 사람한테 전화 중이에요.

Dia lagi telepon orang lain.

디아 라기 뗄레뽄 오랑 라인.

죄송하지만, 통화 중입니다.

Maaf, beliau sedang on line.

마앞, 블리아우 스당 온 라인.

죄송하지만, 현재 연결을 해 드릴 수 없네요.

Maaf, tetapi saat ini kami tidak bisa menyambungkan telepon Anda kepada beliau.

마앞, 뜨따삐 사앗 이니 까미 띠닥 비사 므냠붕깐 뗄레뽄 안다 끄빠다 블리아우.

뿌뜨리는 지금 없어요.

Putri lagi tidak ada.

뿌뜨리 라기 띠닥 아다.

인딴은 회의 중이에요.

Intan lagi rapat.

인딴 라기 라빳.

전화 메모 남기기

메시지를 전해 주시겠어요?

Bisa meninggalkan pesan?

비사 므닝갈깐 쁘산?

메시지를 남기시겠어요?

Ada yang mau disampaikan?

아다 양 마우 디삼빠이깐?

남기실 메시지는 무엇인가요?

Mau meninggalkan pesan apa?

마우 므닝갈깐 쁘산 아빠?

제가 다시 전화하겠다고 전해 주세요.

Tolong sampaikan saya akan telepon lagi.

똘롱 삼빠이깐 사야 아깐 뗄레뽄 라기.

제가 전화했었다고 전해 주세요.

Tolong sampaikan saya sudah telepon.

똘롱 삼빠이깐 사야 수다 뗄레뽄.

080 1234 5678번으로 제게 전화해 달라고 말씀해 주세요.

Tolong sampaikan untuk telepon saya dengan nomor 080 1234 5678.

똘롱 삼빠이깐 운뚝 뗄레뽄 사야 등안 노모르 꼬송 들라빤 꼬송 사뚜 두아 띠가 음빳 리마 으남 뚜주 들라빤.

Tip. 숫자 0(kosong 꼬송)은 'nol 놀'이라고 말하기도 합니다.

잘못 걸려 온 전화

죄송합니다, 전화를 잘못 걸었어요.

Maaf, sepertinya saya salah
sambung.

마앞, 스쁘르띠냐 사야 살라 삼붕.

전화 잘못 거신 것 같습니다.

Kayaknya Anda salah sambung.

까약냐 안다 살라 삼붕.

번호 잘못 누르셨네요.

Anda salah pencet.

안다 살라 쁘쩻.

몇 번으로 전화하셨어요?

Anda telepon ke nomor
berapa?

안다 뗄레뽄 끄 노모르 브라빠?

그 번호는 제 번호가 아닙니다.

Itu bukan nomor telepon saya.

이뚜 부깐 노모르 뗄레뽄 사야.

전화번호를 다시 확인해 보세요.

Coba cek lagi nomor
teleponnya.

쪼바 쩩 라기 노모르 뗄레뽄냐.

전화를 끊을 때

끊어야겠네요.

Saya harus tutup telepon.

사야 하루스 뚜뚭 뗄레뽄.

Saya harus matikan telepon.

사야 하루스 마띠깐 뗄레뽄.

다시 전화 드릴게요.

Saya akan telepon lagi.

사야 아깐 뗄레뽄 라기.

안녕.

Dadah.

다다.

문자 메시지 주세요.

Tolong kirim SMS.

똘롱 끼림 에스엠에스.

전화 주셔서 감사합니다.

Terima kasih sudah telepon
saya.

뜨리마 까시 수다 뗄레뽄 사야.

연결 상태가 안 좋을 때

목소리가 잘 안 들려요.

Suaranya tidak jelas.

수아라냐 띠닥 즐라스.

목소리가 되게 작아요.

Suaranya kecil sekali.

수아라냐 끄찔 스깔리.

신호가 나빠요.

Sinyalnya jelek.

시냘냐 즐렉.

다시 한번 말씀해 주시겠어요?

Bisa ulangi lagi?

비사 울랑이 라기?

목소리가 계속 끊겨요.

Suaranya putus-putus terus.

수아라냐 뿌뚜스뿌뚜스 뜨루스.

연결 상태가 안 좋네요.
다시 전화할게요.

Kondisi sambungannya tidak
baik. Saya akan telepon lagi.

꼰디시 삼붕안냐 띠닥 바익. 사야 아깐 뗄레뽄
라기.

전화 - 기타

휴대 전화가 꺼졌어요.

HP saya mati.

하뻬 사야 마띠.

Tip. 'HP 하뻬'는 핸드폰(handphone)의 약자를
인도네시아 알파벳으로 발음합니다.

휴대 전화를 충전해야겠어요.

HP saya harus dicas.

하뻬 사야 하루스 디짜스.

휴대 전화 좀 빌릴 수 있을까요?

Boleh saya pinjam HP Anda?

볼레 사야 삔잠 하뻬 안다?

휴대 전화 선불 충전을 해야 돼요.

Saya harus isi pulsa HP.

사야 하루스 이시 뿔사 하뻬.

전화번호 안내는 몇 번이에요?

Berapa nomor pusat
penerangan nomor telepon?

브라빠 노모르 뿌삿 쁘느랑안 노모르 뗄레뽄?

108이에요.

Satu kosong delapan.

사뚜 꼬송 들라빤.

Bab 03

정겨운 말 한마디!

Bab 03

Cuaca & Musim 쭈아짜 단 무심 날씨 & 계절

cuaca 쭈아짜 n. 날씨	matahari 마따하리 n. 태양, 해	langit 랑잇 n. 하늘
	awan 아완 n. 구름	angin 앙인 n. 바람
	hujan 후잔 n. 비 v. 비가 내리다	kilat 낄랏 n. 번개 guntur 군뚜르 n. 천둥
	salju 살주 n. 눈	angin topan 앙인 또빤 = badai 바다이 n. 태풍, 폭풍
suhu 수후 = temperatur 뗌쁘라뚜르 n. 온도	panas 빠나스 a. 더운	hangat 항앗 a. 따뜻한
	sejuk 스죽 a. 시원한	dingin 딩인 a. 차가운, 추운

musim 무심 n. 계절	musim semi 무심 스미 = musim bunga 무심 붕아 n. 봄	musim panas 무심 빠나스 n. 여름
	musim gugur 무심 구구르 n. 가을	musim dingin 무심 딩인 = musim salju 무심 살주 n. 겨울
	musim kering 무심 끄링 = musim kemarau 무심 끄마라우 n. 건기	musim hujan 무심 후잔 n. 우기

Hobi 호비 취미

MP3. U03_02

hobi 호비 n. 취미	olahraga 올라라가 n. 운동; 체육	gym 짐 n. 체육관, 체육실
lari 라리 v. 달리다	renang 르낭 n. 수영	bola 볼라 n. 공
tenis 떼니스 n. 테니스	bulu tangkis 불루 땅끼스 n. 배드민턴	tenis meja 떼니스 메자 n. 탁구

sepak bola 세빡 볼라 n. 축구	baseball 베이스볼 n. 야구	bola basket 볼라 바스껫 = bola keranjang 볼라 끄란장 n. 농구
voli 폴리 n. 배구	ski 스끼 n. 스키	sepak takraw 세빡 따끄라우 n. 세팍타크로
tinju 띤주 n. 권투	yoga 요가 n. 요가	golf 골프 n. 골프
musik 무식 n. 음악	lagu 라구 n. 노래	penyanyi 쁘냐늬 n. 가수
alat musik 알랏 무식 n. 악기	piano 삐아노 n. 피아노	gitar 기따르 n. 기타
main 마인 v. 연주하다	konser 꼰세르 n. 콘서트	drama musik 드라마 무식 n. 뮤지컬
klub 끌룹 n. 클럽	sinetron 시네뜨론 n. 드라마	film 필름 n. 영화

buku 부꾸 n. 책	membaca 음바짜 v. 읽다	toko buku 또꼬 부꾸 n. 서점
foto 포또 n. 사진	kamera 까메라 n. 카메라	gambaran 감바란 = lukisan 루끼산 n. 그림, 묘사
naik gunung 나익 구눙 v. 등산하다	mancing 만찡 v. 낚시하다	berkemah 브르끄마 v. 캠핑하다

Binatang & Tumbuhan 비나땅 단 뚬부한 동물 & 식물

MP3. U03_03

binatang 비나땅 = hewan 헤완 n. 동물	hewan peliharaan 헤완 쁠리하라안 반려동물	anjing 안징 n. 개
kucing 꾸찡 n. 고양이	burung 부룽 n. 새	ikan 이깐 n. 물고기, 생선
tumbuhan 뚬부한 n. 식물	pohon 뽀혼 n. 나무	bunga 붕아 n. 꽃

날씨 묻기

오늘 날씨 어때요?

Bagaimana cuaca hari ini?

바가이마나 쭈아짜 하리 이니?

그곳 날씨는 어떤가요?

Bagaimana cuaca di sana?

바가이마나 쭈아짜 디 사나?

내일 날씨는 어떨까요?

Bagaimana cuaca besok?

바가이마나 쭈아짜 베속?

오늘 기온이 몇 도예요?

Suhu hari ini berapa derajat?

수후 하리 이니 브라빠 드라잣?

어떤 날씨를 좋아하세요?

Anda suka cuaca seperti apa?

안다 수까 쭈아짜 스쁘르띠 아빠?

언제까지 이런 날씨가 계속될까요?

Sampai kapan cuaca kayak ini
terus?

삼빠이 까빤 쭈아짜 까약 이니 뜨루스?

Tip. kayak과 seperti는 '~처럼', '~같은'이라는
뜻입니다. 단, kayak은 회화체에서 사용합니다.

맑은 날

오늘 날씨 정말 좋네요!

Cuaca hari ini sangat bagus!

쭈아짜 하리 이니 상앗 바구스!

날씨가 맑아요.

Cuacanya cerah.

쭈아짜냐 쯔라.

햇볕이 참 좋아요.

Sinar mataharinya sangat
bagus.

시나르 마따하리냐 상앗 바구스.

요즘은 날씨가 좋아요.

Belakangan ini, cuacanya
bagus.

블라깡안 이니, 쭈아짜냐 바구스.

하늘이 개었어요.

Langitnya menjadi cerah.

랑잇냐 믄자디 쯔라.

항상 이렇게 맑은 날씨면 좋겠어요.

Semoga cuacanya selalu cerah
kayak ini.

스모가 쭈아짜냐 슬랄루 쯔라 까약 이니.

외출하기 좋은 날씨예요.

Cuaca yang sangat bagus
untuk jalan-jalan.

쭈아짜 양 상앗 바구스 운뚝 잘란잘란.

흐린 날

날이 흐리네요.

Cuacanya mendung.

쭈아짜냐 믄둥.

날이 흐려졌어요.

Cuacanya jadi mendung.

쭈아짜냐 자디 믄둥.

오늘은 날씨가 좋지 않아요.

Hari ini cuacanya buruk.

하리 이니 쭈아짜냐 부룩.

날씨가 습해요. (눅눅해요.)

Cuacanya lembab.

쭈아짜냐 름밥.

비가 올 것 같아요.

Kayaknya mau hujan.

까약냐 마우 후잔.

날씨가 변덕이 심해요.

Cuacanya sering berubah.

쭈아짜냐 스링 브르우바.

안개가 꼈어요.

Ada kabut.

아다 까붓.

꼭! 짚고 가기

인도네시아 날씨

인도네시아는 열대 기후로 일 년 내내 기온이 높은 편이고, 눈이 내리지 않습니다. 그래서 흔히 건기(Musim kemarau 무심 끄마라우)와 우기(Musim hujan 무심 후잔)로 나뉩니다.

자카르타를 기준으로 5~10월은 건기이며, 11~4월은 우기로 분류됩니다. 우기 중에서도 1~2월은 특히 비가 많이 내리는 시기입니다.

시시때때로 소나기와 폭풍우가 내리기 때문에 우비나 우산을 항시 휴대하는 것이 좋으며, 오토바이 택시를 타게 된다면 운전사가 준비한 전신 우비를 입어야 합니다.

우기는 건기에 비해 상대적으로 온도가 낮고 습도가 높습니다. 무더위에 익숙한 현지인들의 경우 두꺼운 재킷을 입고 다니는 경우도 있지만, 추운 고산 지대를 제외한다면 언제나 더운 편이므로 한국인들은 숄이나 카디건을 준비하면 적당합니다.

건기에는 작렬하는 태양을 마주할 수 있습니다. 우기에 비해 덥다고 생각할 수 있지만 사실 습도가 더 낮기 때문에 그늘진 곳에서는 선선함을 느낄 수 있습니다. 따라서 인도네시아로 여행을 갈 계획이라면 건기를 잘 활용할 필요가 있습니다.

하지만 최근 지구 온난화로 인한 이상 기후가 지속되면서, 우기와 건기의 경계가 모호해지는 현상이 보이곤 합니다. 워낙 영토가 넓어 지역마다 날씨가 다르다는 점도 고려해야 합니다.

비 오는 날

밖에 비가 와요.
Di luar hujan.
디 루아르 후잔.

이슬비가 와요.
Lagi gerimis.
라기 그리미스.

비가 올 것 같으니 우산 가져가세요.
Kayaknya mau hujan jadi tolong bawa payung.
까약냐 마우 후잔 자디 똘롱 바와 빠융.

비가 억수같이 쏟아져요.
Hujan deras.
후잔 드라스.

우산 없이는, 밖에 못 나가요.
Tanpa payung, tidak bisa keluar.
딴빠 빠융, 띠닥 비사 끌루아르.

하루 종일 계속 비가 올 거예요.
Mau hujan terus sepanjang hari.
마우 후잔 뜨루스 스빤장 하리.

홍수

홍수가 났어요.
Ada banjir.
아다 반지르.

도시 전체에 홍수가 났어요.
Seluruh kota kebanjiran.
슬루루 꼬따 끄반지란.

비가 그치질 않아요.
Hujannya tidak berhenti.
후잔냐 띠닥 브르흔띠.

이곳은 자주 홍수가 나요.
Di sini sering banjir.
디 시니 스링 반지르.

홍수가 많은 가축을 휩쓸어 갔어요.
Banjir itu menghanyutkan banyak ternak.
반지르 이뚜 믕하늏깐 바냑 뜨르낙.

우리 집이 홍수가 났어요.
Rumah saya kebanjiran.
루마 사야 끄반지란.

홍수로 수많은 이재민이 발생했어요.
Muncul banyak korban bencana gara-gara banjir.
문쭐 바냑 꼬르반 븐짜나 가라가라 반지르.

기타 날씨 표현

지금은 우기예요.

Lagi musim hujan.

라기 무심 후잔.

지금은 우기라서, 비가 자주 내려요.

Karena lagi musim hujan, sering
hujan.

까르나 라기 무심 후잔, 스링 후잔.

지금은 건기예요.

Lagi musim kering.

라기 무심 끄링.

Lagi musim kemarau.

라기 무심 끄마라우.

태풍이 와요.

Datang topan.

다땅 또빤.

번개가 쳐요.

Ada kilat.

아다 낄랏.

천둥이 쳐요.

Ada guntur.

아다 군뚜르.

홍수와 지진이 빈번한 나라

인도네시아에서 자주 들을 수 있는 단
어 중 하나는 'banjir 반지르'입니다. '홍수'
라는 뜻인데요, 인도네시아와 홍수는 떼
려야 뗄 수 없는 관계입니다. 홍수를 일
으키는 원인에는 여러 가지가 있습니다.
무분별한 벌목으로 인해 산이 황폐화되
어 물을 흡수하는 역할을 하던 나무 뿌
리의 사라짐, 쓰레기가 강물로 흘러들어
가며 생기는 범람, 낮은 지대로 물이 모
이는 지형, 열악한 도로와 배수 시스템,
제 역할을 하지 못하는 제방 시설, 폭우,
태풍 등 다양한 원인이 존재합니다. 우기
(11~3월)에는 집중호우로 주요 도로 범
람 및 교통마비 사례도 자주 발생합니다.
인도네시아 국가재해청(BNPB)의 통계에
따르면, 2018년 한 해 동안 인도네시아에
서 2,564건이 넘는 자연재해가 발생했습
니다. 이 중 홍수 677건, 산사태 472건,
회오리 799건 피해를 보았습니다. 이 세
가지가 2018년 전체 자연재해 발생량의
97%를 차지하지만, 나머지 3%에 해당하
는 쓰나미와 지진의 습격은 더욱 큰 피해
를 초래했습니다.
인도네시아는 환태평양조산대에 위치
하여 지진과 화산폭발이 잦은 곳입니다.
2019년 8월 서부 자와 지역에 진도 7.4
규모의 지진이 발생하여, 자카르타 시내
에 위치한 건물 전체가 흔들려 거주민
들이 대피하기도 했습니다. 2022년 11월
에는 인도네시아 자와섬 서쪽 찌안주르
(Cianjur) 지역에서 규모 5.6 지진이 발
생하여 56명이 사망하고 700여 명이 부
상당했습니다.
인간의 힘으로 어찌할 수 없는 것이 자연
재해지만, 빈번하게 일어나는 상황인 만
큼 확실한 안전 대책을 마련하고 신속한
조치를 취해야만 추가적인 피해를 최소
화할 수 있을 것입니다.

한국 날씨 - 봄

한국은 사계절이 뚜렷해요.

Korea punya empat musim yang berbeda.

꼬레아 뿌냐 음빳 무심 양 브르베다.

날씨가 따뜻해요.

Cuacanya hangat.

쭈아짜냐 항앗.

꽃이 피어요.

Bunganya mekar.

붕아냐 므까르.

산책하기 좋아요.

Bagus untuk jalan-jalan.

바구스 운뚝 잘란잘란.

한국에, 봄이 왔어요.

Di Korea, sudah musim semi.

디 꼬레아, 수다 무심 스미.

한국의 봄은 3월부터 5월까지예요.

Musim semi di Korea mulai Maret sampai Mei.

무심 스미 디 꼬레아 물라이 마룻 삼빠이 메이.

한국 날씨 - 여름

날씨가 후텁지근해요.

Cuacanya pengap.

쭈아짜냐 뺑압.

사람들은 시원한 음식을 자주 먹어요.

Orang-orang sering makan makanan dingin.

오랑오랑 스링 마깐 마까난 딩인.

짧은 옷을 주로 입어요.

Biasanya pakai baju pendek.

비아사냐 빠까이 바주 뻰덱.

한국에, 여름이 왔어요.

Di Korea, sudah musim panas.

디 꼬레아, 수다 무심 빠나스.

한국의 여름은 6월부터 8월까지예요.

Musim panas di Korea mulai Juni sampai Agustus.

무심 빠나스 디 꼬레아 물라이 주니 삼빠이 아구스뚜스.

한국의 여름은 인도네시아만큼 더워요.

Musim panas di Korea sepanas di Indonesia.

무심 빠나스 디 꼬레아 스빠나스 디 인도네시아.

한국 날씨 – 가을

초가을은 선선해요.
Awal musim gugur sejuk.
아왈 무심 구구르 스죽.

늦가을은 쌀쌀해요.
Akhir musim gugur sedikit dingin.
아히르 무심 구구르 스디낏 딩인.

낙엽이 져요.
Daun-daunnya gugur.
다운다운냐 구구르.

한국에, 가을이 왔어요.
Di Korea, sudah musim gugur.
디 꼬레아, 수다 무심 구구르.

한국의 가을은 9월부터 11월까지예요.
Musim gugur di Korea mulai September sampai November.
무심 구구르 디 꼬레아 물라이 셉뗌브르 삼빠이 노펨브르.

한국의 가을은 정말 아름다워요.
Musim gugur di Korea sangat indah.
무심 구구르 디 꼬레아 상앗 인다.

한국 날씨 – 겨울

추워요.
Dingin.
딩인.

눈이 내려요.
Turun salju.
뚜룬 살주.

스키를 타요.
Main ski.
마인 스끼.

눈이 내리면, 길이 미끄러워져요.
Kalau turun salju, jalannya jadi licin.
깔라우 뚜룬 살주, 잘란냐 자디 리찐.

한국에, 겨울이 왔어요.
Di Korea, sudah musim dingin.
디 꼬레아, 수다 무심 딩인.

한국의 겨울은 12월부터 2월까지예요.
Musim dingin di Korea mulai Desember sampai Februari.
무심 딩인 디 꼬레아 물라이 데쎔브르 삼빠이 퓌브루아리.

설날

음력 1월 1일은 한국의 설날이에요.

Tanggal 1 Januari kalender Imlek adalah Hari Raya Tahun Baru di Korea.

땅갈 사뚜 자누아리 깔렌드르 임렉 아달라 하리 라야 따훈 바루 디 꼬레아.

Tip. 'Tahun Baru Imlek'은 '음력설'을 뜻하며 중국계 인도네시아인들이 주로 기념합니다.

설날은 한국의 가장 크고 중요한 명절이에요.

Tahun baru Korea adalah hari raya rakyat Korea yang terbesar dan terpenting.

따훈 바루 꼬레아 아달라 하리 라야 락얏 꼬레아 양 뜨르브사르 단 뜨르쁜띵.

설날에는, 온 가족이 모여요.

Di hari raya tahun baru, semua keluarga kumpul.

디 하리 라야 따훈 바루, 스무아 끌루아르가 꿈뿔.

새해 복 많이 받으세요.
(좋은 새해 되세요.)

Selamat tahun baru.

슬라맛 따훈 바루.

아이들은 어른들한테 세뱃돈을 받아요.

Anak-anak diberi angpau oleh orang yang lebih tua.

아낙아낙 디브리 앙빠우 올레 오랑 양 르비 뚜아.

추석

음력 8월 15일은 한국의 추석이에요.

Tanggal 15 Agustus kalender Imlek adalah Hari Panen Korea.

땅갈 리마블라스 아구스뚜스 깔렌드르 임렉 아달라 하리 빠넨 꼬레아.

추석은 설날과 더불어 한국의 대명절이에요.

Hari Panen Korea adalah hari raya terbesar yang sama pentingnya dengan hari raya tahun baru Korea.

히리 빠넨 꼬레아 아달라 하리 라야 뜨르브사르 양 사마 쁜띵냐 등안 하리 라야 따훈 바루 꼬레아.

추석의 특별 음식은 송편이에요.

Makanan istimewa liburan Chuseok adalah kue Songpyeon.

마까난 이스띠메와 리부란 추석 아달라 꾸에 송편.

추석에 한국인들은 성묘하러 갑니다.

Di Hari Panen Korea, orang Korea pergi untuk berziarah.

디 하리 빠넨 꼬레아, 오랑 꼬레아 쁘르기 운뚝 브르지아라.

한국은 추석 연휴가 길어요.

Liburan Hari Raya Panen Korea panjang.

리부란 하리 라야 빠넨 꼬레아 빤장.

라마단

라마단은 전 세계 이슬람 신자들의 최대 명절 달이에요.

Ramadan adalah bulan yang terpenting bagi umat Muslim di seluruh dunia.

라마단 아달라 불란 양 뜨르쁜띵 바기 우맛 무슬림 디 슬루루 두니아.

라마단은 이슬람력으로 아홉 번째 달이에요.

Ramadan adalah bulan kesembilan dalam kalender Islam.

라마단 아달라 불란 끄슴빌란 달람 깔렌드르 이슬람.

라마단의 기간에는, 금식이 행해집니다.

Dalam bulan Ramadan, puasa dilakukan.

달람 불란 라마단, 뿌아사 딜라꾸깐.

금식 기간에는, 무슬림들의 음식 및 음료 섭취, 흡연, 성행위 등이 모두 금지됩니다.

Selama berpuasa, Muslim dilarang untuk makan, minum cairan apapun, merokok, dan berhubungan seksual.

슬라마 브르뿌아사, 무슬림 딜라랑 운뚝 마깐, 미눔 짜이란 아빠뿐, 므로꼭, 단 브르후붕안 섹수알.

꼭! 짚고 가기

인도네시아의 다양한 기념일

인도네시아에는 종교와 종족만큼이나 다양한 명절이 있습니다.

설날만 해도 '중국계 인도네시아인들의 설날(Tahun Baru Imlek 따훈 바루 임렉)'과 '이슬람교도들의 설날(Tahun Baru Islam 따훈 바루 이슬람)', 발리 힌두교의 새해 명절인 'Hari Raya Nyepi 하리 라야 녜삐'까지 총 세 번이 있으며 모두 공휴일입니다. 크리스마스(Hari Natal 하리 나딸)와 성금요일(Jumat Agung 주맛 아궁)처럼 기독교 신자들을 위한 공휴일도 있고, 불교 신자들을 위한 '석가 탄신일(Hari Waisak 하리 와이삭)'도 있습니다.

재미있는 점은 인도네시아와 한국의 광복절이 이틀 차이라는 것입니다. 네덜란드에 350여 년, 영국에 3년, 일본에 3년 동안 지배를 받아온 인도네시아는 한국 해방 후 이틀 뒤 일본으로부터 독립 선언을 합니다. 광복절에는 학교나 관공서에서 국기 게양식이 펼쳐지고 며칠 동안 각종 행사와 함께 축제 분위기가 이어집니다.

2016년 새로 생긴 공휴일도 있는데, 바로 'Hari Kesaktian Pancasila 하리 끄삭띠안 빤짜실라'입니다. Pancasila란, 인도네시아 국가 5대 원칙(신에 대한 신앙, 공정하고 문명화된 인본주의, 인도네시아의 단결과 화합, 국민협의회와 국회에 의한 민주주의, 전 인도네시아 국민을 위한 사회정의주의)을 가리키는 용어로 국민이라면 모두 이 이념을 따라야 합니다.

기타 명절

메리 크리스마스!

Selamat hari Natal!

슬라맛 하리 나딸!

인도네시아에서도 크리스마스는 공휴일입니다.

Di Indonesia juga hari Natal adalah hari libur nasional.

디 인도네시아 주가 하리 나딸 아달라 하리 리부르 나시오날.

녀삐는 힌두교 새해 명절입니다.

Hari raya Nyepi adalah hari raya tahun baru untuk agama Hindu.

하리 라야 녀삐 아달라 하리 라야 따훈 바루 운뚝 아가마 힌두.

즐거운 석가탄신일!

Selamat hari Waisak!

슬라맛 하리 와이삭!

즐거운 인도네시아 독립 기념일!

Selamat hari kemerdekaan Republik Indonesia!

슬라맛 하리 끄므르데까안 레뿌블릭 인도네시아!

즐거운 희생제!

Selamat Idul Adha!

슬라맛 이둘 앗하!

Tip. '희생제'는 이슬람력 12월 10일이며, 염소 등을 신에게 제물로 바치는 종교 축제일로, 현재까지 내려오는 이슬람교 관습입니다.

축하

생일 축하해!

Selamat ulang tahun!

슬라맛 울랑 따훈!

결혼 축하해!

Selamat menempuh hidup baru!

슬라맛 므늠뿌 히둡 바루!

취업 축하해!

Selamat dapat kerja!

슬라맛 다빳 끄르자!

대학 졸업 축하해!

Selamat wisuda!

슬라맛 위수다!

임신 축하해!

Selamat punya bayi!

슬라맛 뿌냐 바의!

애인 생긴 거 축하해!

Selamat punya pacar!

슬라맛 뿌냐 빠짜르!

취미 묻기

취미가 있나요?

Punya hobi?

뿌냐 호비?

취미가 뭐예요?

Apa hobi Anda?

아빠 호비 안다?

기분 전환할 땐 뭘 하세요?

Apa yang Anda lakukan untuk ganti suasana?

아빠 양 안다 라꾸깐 운뚝 간띠 수아사나?

한가한 시간에는 무엇을 해요?

Apa yang Anda lakukan di waktu luang?

아빠 양 안다 라꾸깐 디 왁뚜 루앙?

주말에는 주로 뭘 하세요?
(토요일, 일요일에 뭐 하세요?)

Kalau Sabtu, Minggu, Anda biasa ngapain?

깔라우 삽뚜, 밍구, 안다 비아사 응아빠인?

Tip. ngapain은 mengapakan의 자카르타 방언이지만 인도네시아 전역에서 상대에게 무엇을 하고 있는지 물을 때 자주 쓰는 구어체 표현입니다.

꼭! 짚고 가기

대명절 라마단과 르바란

인도네시아에서 가장 큰 명절은 라마단(Ramadan)과 르바란(Lebaran)입니다. 무슬림들은 회교력(이슬람력)을 기준으로 9월 한 달 동안 금식을 하는데, 이 달을 'bulan Ramadan 불란 라마단'이라고 부릅니다. 금식달이라고 해서 한 달간 아무것도 먹지 않는다는 것은 아닙니다. 해가 뜨는 순간부터 해가 지는 순간까지만 먹지 않으면 되는데 음료를 마시는 것, 성행위, 흡연, 음주 모든 것이 금지됩니다. 사실 이슬람 율법을 잘 따르는 무슬림이라면 평소에도 흡연과 음주는 하지 않습니다.

하지만 임산부나 군인 등 어쩔 수 없이 금식을 할 수 없는 이들은 금식을 미뤄도 됩니다. 시간이 흘러 여건이 될 때 금식을 어긴 날짜 수만큼 다시 이행하는 방식으로 채우면 됩니다. 무슬림이 아니더라도 금식 기간 동안 음료를 마시거나 음식을 먹는 모습을 보이는 것은 예의가 아닙니다. 따라서 문을 닫는 식당도 많고, 열었더라도 보이지 않게 커튼 등으로 가립니다.

라마단이 끝나면 회교력 기준, 열 번째 달 첫째 날에 '르바란'이라는 축제가 열리는데 'Idul Fitri 이둘 피뜨리'라고도 합니다. 금식을 무사히 마쳤다는 것을 축하하고, 마음가짐을 새로 하기 위해 고향에 가 가족들과 전통 음식을 먹고 자신의 죄에 대한 용서를 구하는 기도를 합니다. 보통 직장인은 보너스를 많이 받으며, 최대 세일 기간이기도 합니다.

음식 선물을 많이 주고받기 때문에 마트의 음식들은 순식간에 동납니다. 꼭 사야 할 음식이 있다면 미리 장을 봐 두는 것이 좋습니다.

취미 대답하기

저는 취미가 없어요.

Saya tidak punya hobi.

사야 띠닥 뿌냐 호비.

저는 취미가 다양해요.

Hobi saya bermacam-macam.

호비 사야 브르마짬마짬.

취미를 가질 시간이 없어요.

Tidak ada waktu untuk punya
hobi.

띠닥 아다 왁뚜 운뚝 뿌냐 호비.

저는 별난 취미를 가졌어요.

Saya punya hobi yang sangat
unik.

사야 뿌냐 호비 양 상앗 우닉.

요즘 취미를 찾고 있어요.

Saya lagi cari hobi belakangan
ini.

사야 라기 짜리 호비 블라깡안 이니.

스포츠

운동을 좋아해요?

Anda suka olahraga?

안다 수까 올라라가?

어떤 스포츠를 좋아하세요?

Anda suka olahraga apa?

안다 수까 올라라가 아빠?

운동은 다 좋아해요.

Saya suka semua olahraga.

사야 수까 스무아 올라라가.

저는 배드민턴 치는 것을 좋아해요.

Saya suka main bulu tangkis.

사야 수까 마인 불루 땅끼스.

저는 축구 경기를 보는 것을
좋아해요.

Saya suka nonton
pertandingan sepak bola.

사야 수까 논똔 쁘르딴딩안 세빡 볼라.

저는 헬스를 즐겨 해요.

Saya suka nge-gym.

사야 수까 응으짐.

저는 운동에 관심이 없어요.

Saya tidak ada minat untuk
olahraga.

사야 띠닥 아다 미낫 운뚝 올라라가.

악기 연주

악기를 다룰 줄 아세요?

Anda bisa main alat musik?

안다 비사 마인 알랏 무식?

기타를 칠 줄 아세요?

Anda bisa main gitar?

안다 비사 마인 기따르?

피아노를 좀 칠 줄 알아요.

Saya bisa main piano sedikit.

사야 비사 마인 삐아노 스디낏.

특별히 다룰 줄 아는 악기가 없어요.

Saya sama sekali tidak bisa main alat musik.

사야 사마 스깔리 띠닥 비사 마인 알랏 무식.

제게 한 곡 연주해 주실래요?

Anda bisa mainkan untuk saya?

안다 비사 마인깐 운뚝 사야?

저는 노래밖에 못해요.

Saya hanya bisa nyanyi.

사야 하냐 비사 냐니.

요즘, 드럼을 배우고 있어요.

Belakangan ini, saya belajar main drum.

블라깡안 이니, 사야 블라자르 마인 드럼.

인도네시아의 배드민턴 사랑

인도네시아에서 배드민턴은 최고의 스포츠입니다. 1992년 스페인 바르셀로나 올림픽에서 역사상 인도네시아가 첫 금메달을 딴 종목이 바로 배드민턴이었으며, 남녀 단식 금메달리스트 알란과 수지는 올림픽 영웅으로 칭송받았습니다.

올림픽에서 사상 첫 금메달을 배드민턴으로 획득했다는 사실은 당시 인도네시아에서 엄청난 사건이었습니다. 바르셀로나에서 배드민턴이 정식 종목으로 채택되기 전까지 인도네시아의 올림픽 메달 기록은 1988 서울 올림픽에서 획득한 양궁 은메달이 유일했기 때문입니다. 1992 바르셀로나 올림픽부터 꾸준히 인도네시아가 배드민턴 종목에서 좋은 성적을 내고 있습니다.

이토록 인기가 좋다 보니, 자녀들에게 배드민턴을 가르치려는 부모들이 많고 인도네시아 전역에 걸쳐 배드민턴 클럽들이 많이 있습니다. 특히 자카르타와 같은 대도시에는 배드민턴만 가르치는 시설들이 잘 갖춰져 있습니다. 네다섯 살 정도 된 아이들도 배드민턴을 배우러 많이 다닙니다. 배드민턴은 많은 인원이 필요하지 않고 라켓과 셔틀콕만 있으면 칠 수 있어서 누구나 큰 제약 없이 즐길 수 있습니다. 따라서 도시뿐만 아니라 시골에서도 집 앞 골목에 모여 배드민턴을 치는 아이들을 볼 수 있습니다. 심지어 아주 어린 아이들은 집 안에서 배드민턴을 치며 놀기도 합니다. 배드민턴을 향한 인도네시아인들의 열정은 이렇듯 어릴 때부터 자연스럽게 생활화되었다고 할 수 있습니다. 이렇다 보니, 배드민턴이 인도네시아의 '국민 스포츠'로 여겨지는 것은 당연합니다.

음악 감상

음악 듣는 걸 좋아해요.

Saya suka dengar musik.

사야 수까 등아르 무식.

어떤 장르의 음악을 좋아하세요?

Anda suka genre musik apa?

안다 수까 겐레 무식 아빠?

케이팝 좋아하세요?

Anda suka dengar K-pop?

안다 수까 등아르 께이뽑?

모든 장르의 음악을 다 좋아해요.

Saya suka semua genre musik.

사야 수까 스무아 겐레 무식.

발라드 듣는 것을 좋아해요.

Saya suka dengar balad.

사야 수까 등아르 발랏.

당둣 듣는 것을 좋아해요.

Saya suka dengar dangdut.

사야 수까 등아르 당둣.

좋아하는 가수는 누구예요?

Anda suka penyanyi siapa?

안다 수까 쁘냐늬 시아빠?

영화 감상

저는 영화 보는 걸 좋아해요.

Saya suka nonton film.

사야 수까 논똔 필름.

저는 보통 집에서 영화를 봐요.

Saya sering nonton film di rumah.

사야 스링 논똔 필름 디 루마.

어떤 종류의 영화를 좋아하세요?

Anda suka jenis film apa?

안다 수까 즈니스 필름 아빠?

저는 코미디 영화를 제일 좋아해요.

Saya paling suka film komedi.

사야 빨링 수까 필름 꼬메디.

이제껏 본 영화 중 가장 멋진 영화였어요.

Itu film yang paling bagus di antara yang pernah saya tonton.

이뚜 필름 양 빨링 바구스 디 안따라 양 쁘르나 사야 똔똔.

그 영화는 너무 감동적이어서 결코 잊지 못할 거예요.

Film itu sangat menyentuh hati jadi saya tidak bisa melupakannya.

필름 이뚜 상앗 므년뚜 하띠 자디 사야 띠닥 비사 믈루빠깐냐.

독서

책 읽는 거 좋아하세요?
Anda suka baca buku?
안다 수까 바짜 부꾸?

저는 소설을 즐겨 읽어요.
Saya suka baca novel.
사야 수까 바짜 노펠.

좋아하는 작가는 누구예요?
Siapa penulis kesukaan Anda?
시아빠 쁘눌리스 끄수까안 안다?

한 달에 책을 몇 권 읽어요?
Berapa buku yang Anda baca dalam sebulan?
브라빠 부꾸 양 안다 바짜 달람 스불란?

책을 많이 읽어요.
Saya banyak baca buku.
사야 바냑 바짜 부꾸.

그 책은 여러 번 읽었어요.
Saya sudah baca buku itu berulang kali.
사야 수다 바짜 부꾸 이뚜 브르울랑 깔리.

시간 날 때마다, 책을 읽어요.
Setiap ada waktu, saya baca buku.
스띠압 아다 왁뚜, 사야 바짜 부꾸.

인도네시아의 트로트 '당둣'

인도네시아의 음악 'dangdut 당둣'은 한국의 트로트와 비슷한 성격을 가지고 있습니다. 인도와 아랍, 말레이시아 음악의 영향을 받은 당둣은 트로트처럼 '꺾기(cengkok 쩽꼭)' 창법을 가미하여 부르는 점이 친숙합니다.

예전에는 주로 중장년층과 노년층에게 인기가 있었지만, 요즘은 젊은 당둣 가수들이 대거 데뷔해 다양한 음악 장르와 융합한 당둣을 선보이면서 유행에 민감한 젊은 층까지 사로잡고 있습니다.

1970년대 고향을 떠나 열심히 일했던 고단한 이슬람 노동자들로부터 발전된 당둣은 90년대에 들어 엄청난 인기를 끌기 시작했고, 2000년대부터는 조금 더 자유롭고 민주화된 분위기 속에서 화려한 춤과 함께 당둣을 부르는 가수들이 등장했습니다.

한때 하층민들의 촌스러운 음악으로 여겼던 당둣이 오늘날 청년층 사이에서도 인기를 끌며 긍정적으로 재해석되고 있습니다. 인도네시아인을 하나로 묶어 주는 대중가요 당둣의 위력은 무엇이며, 그 음악에 담긴 정서가 어떤지 궁금하신 분들은 한번 들어 보시길 추천합니다.

취미 - 기타 ①

제 취미는 노래 부르는 거예요.

Hobi saya nyanyi.

호비 사야 냐늬.

제 취미는 사진 찍는 거예요.

Hobi saya memotret.

호비 사야 므모뜨렛.

Hobi saya mengambil gambar.

호비 사야 믕암빌 감바르.

제 취미는 동전 수집이에요.

Hobi saya koleksi uang koin.

호비 사야 꼴렉시 우앙 꼬인.

제 취미는 글쓰기예요.

Hobi saya menulis.

호비 사야 므눌리스.

제 취미는 테니스 치는 거예요.

Hobi saya main tenis.

호비 사야 마인 떼니스.

제 취미는 스키 타는 거예요.

Hobi saya main ski.

호비 사야 마인 스끼.

제 취미는 요리하는 거예요.

Hobi saya memasak.

호비 사야 므마삭.

취미 - 기타 ②

제 취미는 외국어 공부하는 거예요.

Hobi saya belajar bahasa asing.

호비 사야 블라자르 바하사 아싱.

제 취미는 낚시하는 거예요.

Hobi saya mancing ikan.

호비 사야 만찡 이깐.

제 취미는 등산이에요.

Hobi saya naik gunung.

호비 사야 나익 구눙.

제 취미는 자전거 타기예요.

Hobi saya bersepeda.

호비 사야 브르스뻬다.

제 취미는 우표 수집이에요.

Hobi saya koleksi perangko.

호비 사야 꼴렉시 쁘랑꼬.

제 취미는 외국 여행이에요.

Hobi saya jalan-jalan ke luar negeri.

호비 사야 잘란잘란 끄 루아르 느그리.

좋은 취미를 가지셨네요.

Anda punya hobi yang bagus.

안다 뿌냐 호비 양 바구스.

주량

저는 술을 잘해요.

Saya kuat minum minuman alkohol.

사야 꾸앗 미눔 미누만 알꼬홀.

Tip. 술은 'minuman keras 미누만 끄라스'라고도 합니다.

저는 독한 술도 잘 마셔요.

Saya kuat minum minuman alkohol yang keras.

사야 꾸앗 미눔 미누만 알꼬홀 양 끄라스.

전 취해 본 적이 없어요.

Saya belum pernah mabuk.

사야 블룸 쁘르나 마북.

전 술이 약해요.

Saya tidak kuat minum minuman alkohol.

사야 띠닥 꾸앗 미눔 미누만 알꼬홀.

요즘, 전 술이 약해졌어요.

Belakangan, saya jadi tidak kuat minum minuman alkohol.

블라깡안, 사야 자디 띠닥 꾸앗 미눔 미누만 알꼬홀.

조금만 마셔도, 얼굴이 금방 빨개져요.

Minum sedikit saja, wajah saya langsung jadi merah.

미눔 스디낏 사자, 와자 사야 랑숭 자디 메라.

술에 취함

저는 취했어요.

Saya sudah mabuk.

사야 수다 마북.

저는 조금 취했어요.

Saya sudah sedikit mabuk.

사야 수다 스디낏 마북.

저는 취하지 않았어요.

Saya belum mabuk.

사야 블룸 마북.

전 말짱해요.

Saya baik-baik saja.

사야 바익바익 사자.

저는 취하면, 같은 말을 자꾸 반복해요.

Kalau mabuk, saya ulangi kata-kata yang sama.

깔라우 마북, 사야 울랑이 까따까따 양 사마.

이제 그만 마시는 게 어때요?

Bagaimana kalau kita sekarang berhenti minum?

바가이마나 깔라우 끼따 스까랑 브르흔띠 미눔?

속이 울렁거려요.

Rasanya mual.

라사냐 무알.

Tip. mual은 메스껍고 울렁거리는 증세를 뜻하고, 'muntah 문따'는 토하는 행위나 구토 자체를 가리킵니다.

술에 대한 충고

술은 적당히 마시는 게 좋아요.

Kalau minum minuman alkohol, lebih baik minum sedang saja.

깔라우 미눔 미누만 알꼬홀, 르비 바익 미눔 스당 사자.

취하도록 마시지 말아요.

Jangan minum sampai mabuk.

장안 미눔 삼빠이 마북.

술을 조금 줄이세요.

Kurangilah minum minuman alkohol.

꾸랑일라 미눔 미누만 알꼬홀.

음주 운전을 하지 마세요.

Jangan menyetir dalam keadaan mabuk.

장안 므녀띠르 달람 끄아다안 마북.

감기약과 술을 같이 드시면 안 돼요.

Tidak boleh minum minuman alkohol bersama obat flu.

띠닥 볼레 미눔 미누만 알꼬홀 브르사마 오밧 플루.

술을 섞어 마시는 건 좋지 않아요.

Tidak baik minum minuman alkohol yang dicampur.

띠닥 바익 미눔 미누만 알꼬홀 양 디짬뿌르.

술에 대한 기호

어떤 술을 좋아하세요?

Anda suka minuman alkohol apa?

안다 수까 미누만 알꼬홀 아빠?

전 샴페인보다 맥주가 더 좋아요.

Saya lebih suka bir daripada sampanye.

사야 르비 수까 비르 다리빠다 삼빠녀.

저는 와인을 좋아해요.

Saya suka wine.

사야 수까 와인.

어떤 와인을 좋아하세요?

Anda suka wine yang mana?

안다 수까 와인 양 마나?

Anda suka minuman anggur yang mana?

안다 수까 미누만 앙구르 양 마나?

전 맥주를 그다지 좋아하지 않아요.

Saya tidak terlalu suka bir.

사야 띠닥 뜨를랄루 수까 비르.

한국인들은 소주를 즐겨 마시죠.

Orang Korea suka minum soju.

오랑 꼬레아 수까 미눔 소주.

금주

저는 건강을 위해 금주할 거예요.

Saya mau berhenti minum minuman alkohol untuk jaga kesehatan.

사야 마우 브르흔띠 미눔 미누만 알꼬홀 운뚝 자가 끄세하딴.

전 당분간 술은 못 마셔요.

Saya tidak bisa minum minuman alkohol untuk sementara.

사야 띠닥 비사 미눔 미누만 알꼬홀 운뚝 스믄따라.

의사가 당분간 술은 마시지 말라고 했어요.

Dokter suruh saya jangan minum minuman alkohol untuk sementara.

독뜨르 수루 사야 장안 미눔 미누만 알꼬홀 운뚝 스믄따라.

저는 이제 술은 전혀 안 마셔요.

Saya sekarang sama sekali tidak minum minuman alkohol.

사야 스까랑 사마 스깔리 띠닥 미눔 미누만 알꼬홀.

술 드시지 마세요.

Tolong jangan minum minuman alkohol.

똘롱 장안 미눔 미누만 알꼬홀.

흡연 ①

저는 흡연자예요.

Saya orang yang merokok.

사야 오랑 양 므로꼭.

저는 가끔 담배를 피워요.

Saya kadang merokok.

사야 까당 므로꼭.

저는 전혀 담배를 피우지 않아요.

Saya sama sekali tidak merokok.

사야 사마 스깔리 띠닥 므로꼭.

저는 골초예요.

Saya perokok.

사야 쁘로꼭.

여기에서 담배 피워도 될까요?

Boleh merokok di sini?

볼레 므로꼭 디 시니?

Bisa merokok di sini?

비사 므로꼭 디 시니?

흡연 금지 (금연)

Dilarang merokok

딜라랑 므로꼭

흡연 ②

저는 하루에 담배를 한 갑씩 피워요.

Saya merokok satu bungkus setiap hari.

사야 므로꼭 사뚜 붕꾸스 스띠압 하리.

저는 몰래몰래 담배를 피워요.

Saya merokok sembunyi-sembunyi.

사야 므로꼭 슴부늬슴부늬.

저는 술을 마실 때만 담배를 피워요.

Saya merokok hanya waktu minum.

사야 므로꼭 하냐 왁뚜 미눔.

담배를 피운 지 10년 정도 되었어요.

Saya merokok sudah sekitar 10 tahun.

사야 므로꼭 수다 스끼따르 스뿔루 따훈.

최근에, 담배를 피우기 시작했어요.

Baru-baru ini, saya mulai merokok.

바루바루 이니, 사야 물라이 므로꼭.

Tip. 'baru-baru ini', 'akhir-akhir ini', 'belakangan ini', 모두 '최근'이라는 뜻으로 자주 쓰이므로 함께 알아 두세요.

제 애인은 담배를 피우지 않아요.

Pacar saya tidak merokok.

빠짜르 사야 띠닥 므로꼭.

담배

담뱃불 좀 빌릴 수 있을까요?

Boleh pinjam korek?

볼레 삔잠 꼬렉?

담배꽁초를 바닥에 버리지 마세요.

Jangan buang puntung rokok di jalan.

장안 부앙 뿐뚱 로꼭 디 잘란.

담배꽁초는 재떨이에 버려 주세요.

Tolong dibuang buntung rokok di asbak.

똘롱 디부앙 분뚱 로꼭 디 아스박.

전 담배 냄새가 정말 싫어요.

Saya benar-benar tidak suka bau rokok.

사야 브나르브나르 띠닥 수까 바우 로꼭.

담배 좀 꺼 주시겠어요?

Bisa matikan rokok?

비사 마띠깐 로꼭?

담배 냄새가 나면, 피우고 싶어져요.

Kalau ada bau rokok, saya jadi mau merokok.

깔라우 아다 바우 로꼭, 사야 자디 마우 므로꼭.

그는 전자 담배를 피워요.

Dia merokok elektrik.

디아 므로꼭 엘렉뜨릭.

꼭! 짚고 가기

인도네시아인과 대화할 때

어느 나라를 가든지 그 나라의 문화를 존중하는 자세로 상대방과 대화하는 것은 기본자세입니다. 인도네시아는 이슬람교가 87%로 대다수이며, 300여 종족으로 이루어진 다민족 국가입니다. 정치적 이해관계가 복잡한 나라이므로 이 나라의 정치, 종교, 종족 등에 대한 비판을 삼가야 하여야 합니다.

이슬람교도들에게 돼지고기와 술은 금기 식품이며, 도박도 금지 사항입니다. 노출이 심한 복장을 착용하거나, 과음하여 취한 모습을 보이거나, 돼지 모양의 선물은 하지 않는 것이 좋습니다. 이슬람교도들은 왼손을 화장실에서 청결하지 못한 일을 처리할 때 사용하는 것으로 생각하기 때문에 악수를 하거나 물건을 건네줄 때 반드시 오른손을 사용해야 합니다. 머리는 영혼이 드나드는 곳이라고 생각하고 있어 머리를 건드리는 행위는 실례입니다. 이슬람교도들은 하루에 5회씩 기도를 합니다. 기도시간은 법으로도 보장되어 있기 때문에 이 시간만큼은 기다려 줘야 합니다.

민족에 대한 언급도 자제하는 편이 좋습니다. 다양한 종족으로 이루어져 있는 민국 국가라 종족별로 특징도 다르기 때문입니다.

인도네시아인은 답을 할 때 부정적인 단어를 잘 사용하지 않습니다. 그래서 '나쁘다'와 같은 표현은 할 때는 우회적으로 덜 좋다(kurang bagus)로 말하여, 아니오(Tidak)는 가려서 사용합니다. 반대로 비지니스와 같이 정확한 답변이 필요할 때는 애매하게 말하더라도 상대방의 의사를 명확하게 확인해야 합니다.

금연 ①

이곳은 흡연 금지 구역입니다.

Di sini kawasan dilarang merokok.

디 시니 까와산 딜라랑 므로꼭.

지하철 안에서 담배 피우면 안 돼요.

Tidak boleh merokok di dalam MRT.

띠닥 볼레 므로꼭 디 달람 엠에르떼.

저는 건강 때문에 담배를 끊어야 해요.

Saya harus berhenti merokok untuk jaga kesehatan.

사야 하루스 브르흔띠 므로꼭 운뚝 자가 끄세하딴.

흡연은 건강에 아무런 도움도 안 돼요.

Merokok sama sekali tidak membantu untuk jaga kesehatan.

므로꼭 사마 스깔리 띠닥 믐반뚜 운뚝 자가 끄세하딴.

담배를 끊는 게 쉽지는 않죠.

Tidak mudah berhenti merokok.

띠닥 무다 브르흔띠 므로꼭.

저는 금연에 성공했어요.

Saya sudah sukses berhenti merokok.

사야 수다 숙세스 브르흔띠 므로꼭.

금연 ②

금연하세요!

Berhentilah merokok!

브르흔띨라 므로꼭!

저는 담배를 끊으려고 노력하고 있어요.

Saya lagi berusaha untuk berhenti merokok.

사야 라기 브르우사하 운뚝 브르흔띠 므로꼭.

담배 냄새를 싫어하는 사람들이 많아서, 담배를 끊으려고 해요.

Karena banyak yang tidak suka bau rokok, saya mau berhenti merokok.

까르나 바냑 양 띠닥 수까 바우 로꼭, 사야 마우 브르흔띠 므로꼭.

한국에서는 공공장소에서 흡연 시, 벌금을 물어야 합니다.

Kalau merokok di tempat umum di Korea, pasti kena denda.

깔라우 므로꼭 디 뜸빳 우뭄 디 꼬레아, 빠스띠 끄나 든다.

담배는 호흡기에 좋지 않습니다.

Merokok tidak baik untuk organ pernafasan.

므로꼭 띠닥 바익 운뚝 오르간 쁘르나파산.

반려동물 ①

인도네시아 대표 음식

\# 저는 반려동물 키우는 걸 좋아해요.

Saya suka piara hewan peliharaan.

사야 수까 삐아라 헤완 쁠리하라안.

Saya suka pelihara hewan peliharaan.

사야 수까 쁠리하라 헤완 쁠리하라안.

\# 지금 키우고 있는 반려동물이 있나요?

Apa ada hewan peliharaan yang lagi Anda piara?

아빠 아다 헤완 쁠리하라안 양 라기 안다 삐아라?

\# 전에 개를 키워 보셨어요?

Anda pernah piara anjing?

안다 쁘르나 삐아라 안징?

\# 지금 개를 키우고 있어요.

Saya lagi piara anjing.

사야 라기 삐아라 안징.

\# 지금 고양이를 키우고 있어요.

Saya lagi piara kucing.

사야 라기 삐아라 꾸찡.

\# 동물을 키우는 건 정말 어려운 일이에요.

Piara hewan adalah hal yang sangat sulit.

삐아라 헤완 아달라 할 양 상앗 술릿.

---

① 나시고렝(nasigoreng)

인도네시아에서 가장 인기 있는 대중 음식으로 신선한 야채와 계란, 칠리, 해산물 등 다양한 재료를 넣고 만든 인도네시아식 볶음밥입니다. 다양한 소스가 들어가는 이 볶음밥은 매콤함, 달콤함, 짭짤함, 새콤함이 어우러져 복합적인 맛을 냅니다. 나시(nasi)는 '쌀', 고렝(goreng)은 '볶음'을 뜻합니다.

② 미고렝(migoreng)

미고렝은 여러 가지 채소와 고기, 해산물, 달걀 등을 면과 함께 볶은 인도네시아식 볶음국수입니다. 나시고렝이 인도네시아의 대표 볶음밥이라면 미고렝은 인도네시아의 대표 볶음국수라 할 수 있습니다. '미(mie)'는 '면, 국수', '고렝(goreng)'은 '볶음'이란 의미입니다.

③ 사떼(sate)

사떼는 인도네시아의 전통 꼬치 요리입니다. 주재료가 되는 고기의 종류는 닭고기부터 쇠고기, 돼지고기, 염소고기 등으로 다양합니다. 고기를 한입 크기로 썰어 향신료를 넣은 양념에 재워 만듭니다.

④ 마르따박(martabak)

마르따박은 속재료를 채운 인도네시아식 팬케이크입니다. 마르따박에는 두 종류가 있습니다. 마르따박 마니스(martabak manis)는 초콜릿, 연유, 치즈, 견과류, 깨 등을 넣은 달콤한 팬케이크이며, 마르따박 뜰로르(martabak telor) 또는 마르따박 뜰루르(martabak telur)는 달걀, 고기, 채소 등을 넣어 만든 짭짤한 팬케이크입니다.

반려동물 ②

저는 반려동물을 무서워해요.

Saya takut dengan hewan peliharaan.

사야 따꿋 등안 헤완 쁠리하라안.

여기는 반려동물을 데려와도 되나요?

Di sini boleh bawa hewan peliharaan?

디 시니 볼레 바와 헤완 쁠리하라안?

가까운 동물 병원이 어디에 있나요?

Rumah sakit hewan yang dekat ada di mana?

루마 사낏 헤완 양 드깟 아다 디 마나?

반려동물을 키우고 싶지만 제 룸메이트가 원하지 않아요.

Saya mau piara hewan peliharaan tapi teman sekamar saya tidak mau.

사야 마우 삐아라 헤완 쁠리하라안 따삐 뜨만 스까마르 사야 띠닥 마우.

반려동물을 데리고 갈 수 있는 식당을 찾고 있어요.

Saya lagi cari restoran yang boleh bawa hewan peliharaan.

사야 라기 짜리 레스또란 양 볼레 바와 헤완 쁠리하라안.

개 키우기

저는 5년 전부터 개를 키우고 있어요.

Saya sudah 5 tahun piara anjing.

사야 수다 리마 따운 삐아라 안징.

저는 하루라는 이름의 말티즈를 키워요.

Saya piara Maltese yang namanya Haru.

사야 삐아라 말띠스 양 나마냐 하루.

저의 개는 사람을 잘 따라요.

Anjing saya penurut.

안징 사야 쁘누룻.

저는 매일 저녁 개와 함께 산책을 해요.

Saya setiap malam jalan-jalan dengan anjing saya.

사야 스띠압 말람 잘란잘란 등안 안징 사야.

저는 개 없이 못 살 것 같아요.

Kayaknya saya tidak bisa hidup tanpa anjing.

까약냐 사야 띠닥 비사 히둡 딴빠 안징.

우리 개가 아픈 것 같아요.

Kayaknya anjing saya lagi sakit.

까약냐 안징 사야 라기 사낏.

저희 개는 사납지 않아요.

Anjing saya tidak galak.

안징 사야 띠닥 갈락.

고양이 키우기

고양이는 매력적인 동물이에요.
Kucing adalah hewan yang menarik.
꾸찡 아달라 헤완 양 므나릭.

고양이를 키우는 게, 스트레스를 해소해 줘요.
Kalau pelihara kucing, bisa hilangkan stres.
깔라우 쁠리하라 꾸찡, 비사 힐랑깐 스뜨레스.

고양이들은 상자 속에 들어가는 걸 좋아해요.
Kucing suka masuk ke dalam kotak.
꾸찡 수까 마숙 끄 달람 꼬딱.

고양이를 키울 땐, 모래 상자가 꼭 필요해요.
Untuk piara kucing, harus ada kotak pasir.
운뚝 삐아라 꾸찡, 하루스 아다 꼬딱 빠시르.

우리 고양이가 어젯밤에 새끼를 낳았어요.
Semalam kucing saya melahirkan anaknya.
스말람 꾸찡 사야 믈라히르깐 아낙냐.

제 고양이는 사람을 물거나 할퀴지 않아요.
Kucing saya tidak gigit dan cakar orang.
꾸찡 사야 띠닥 기깃 단 짜까르 오랑.

기타 반려동물

저는 특이한 동물들을 키워요.
Saya piara hewan yang unik.
사야 삐아라 헤완 양 우닉.

저는 도마뱀을 키워요.
Saya piara biawak.
사야 삐아라 비아왁.

저는 앵무새를 키워요.
Saya piara burung kakak tua.
사야 삐아라 부룽 까깍 뚜아.

저는 물고기를 키워요.
Saya piara ikan.
사야 삐아라 이깐.

저는 햄스터를 키워요.
Saya piara hamster.
시야 삐아라 함스뜨르.

저는 토끼를 키워요.
Saya piara kelinci.
사야 삐아라 끌린찌.

저는 뱀을 키워요.
Saya piara ular.
사야 삐아라 울라르.

Bab 04

거울 속 내 모습!

Bab 04

Badan 바단 신체

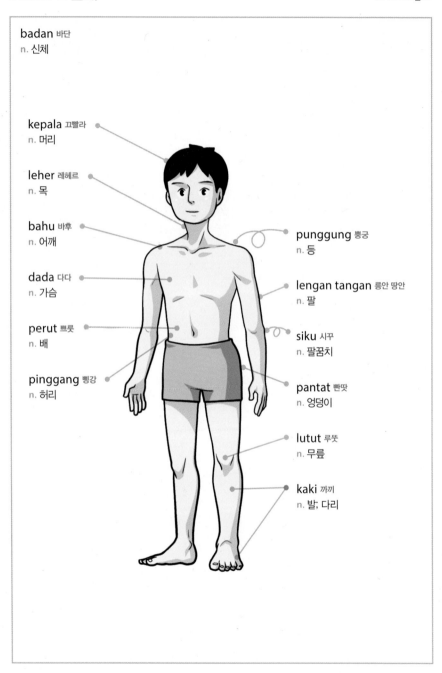

badan 바단
n. 신체

kepala 끄빨라
n. 머리

leher 레헤르
n. 목

bahu 바후
n. 어깨

dada 다다
n. 가슴

perut 쁘룻
n. 배

pinggang 삥강
n. 허리

punggung 뿡궁
n. 등

lengan tangan 릉안 땅안
n. 팔

siku 시꾸
n. 팔꿈치

pantat 빤땃
n. 엉덩이

lutut 루뚯
n. 무릎

kaki 까끼
n. 발; 다리

tangan 땅안
n. 손

kaki 까끼
n. 발; 다리

pergelangan tangan 쁘르글랑안 땅안
손목

jari tangan 자리 땅안
손가락

kuku tangan 꾸꾸 땅안
손톱

pergelangan kaki 쁘르글랑안 까끼
발목

jari kaki 자리 까끼
발가락

kuku kaki 꾸꾸 까끼
발톱

muka 무까
= wajah 와자
n. 얼굴

dahi 다히
= kening 끄닝
= jidat 지닷
n. 이마

alis mata 알리스 마따
눈썹
mata 마따
n. 눈

hidung 히둥
n. 코

mulut 물룻
n. 입
bibir 비비르
n. 입술

telinga 뜰링아
n. 귀

pipi 삐삐
n. 볼

dagu 다구
n. 턱

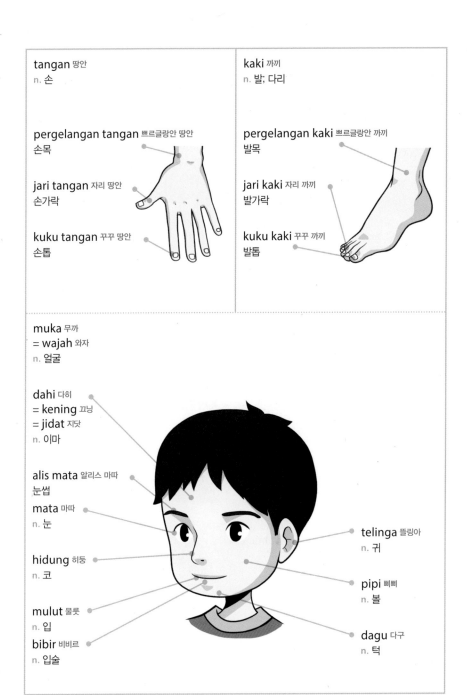

Pakaian 빠까이안 옷

pakaian 빠까이안 n. 옷	**jas** 자스 n. 정장, 양복	**jaket** 자껫 n. 재킷; 점퍼
	kemeja 끄메자 n. 와이셔츠	**dasi** 다시 n. 넥타이
sweter 스웨뜨르 n. 스웨터	**mantel** 만뜰 n. 코트	**jaket bahan kapas** 자껫 바한 까빠스 패딩 점퍼
celana 쯜라나 n. 하의; 바지	**celana pendek** 쯜라나 뻰덱 반바지	**celana jin** 쯜라나 진 청바지
blus 블루스 n. 블라우스	**baju terusan** 바주 뜨루산 원피스	**rok** 록 n. 치마
batik 바띡 n. 바띡 (인도네시아 전통 의상)	**baju tidur** 바주 띠두르 = **piyama** 삐야마 잠옷	**celana dalam** 쯜라나 달람 속옷
pakaian olahraga 빠까이안 올라라가 n. 운동복	**baju renang** 바주 르낭 = **pakaian renang** 빠까이안 르낭 n. 수영복	**jas hujan** 자스 후잔 n. 비옷

142

topi 또삐 n. 모자 	syal 샬 n. 스카프, 목도리 	jilbab 질밥 n. 질밥 (무슬림 여성들이 얼굴과 목에 두르는 천)
sarung tangan 사룽 땅안 n. 장갑 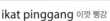	ikat pinggang 이깟 삥강 = belt 벨 n. 허리띠, 벨트 	peci 뻬찌 n. 뻬찌 (무슬림 남성들이 쓰는 모자)
sepatu 스빠뚜 n. 신발 	sepatu olahraga 스빠뚜 올라라가 운동화 	sepatu bot 스빠뚜 봇 장화
sandal 산달 n. 슬리퍼 	sepatu sandal 스빠뚜 산달 샌들 	sandal ruangan 산달 루앙안 실내화
tas 따스 n. 가방 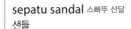	tas tangan 따스 땅안 n. 핸드백 	ransel 란셀 n. 배낭
koper 꼬뻬르 n. 여행용 가방 	dompet 돔뻿 n. 지갑 	kacamata 까짜마따 n. 안경
cincin 찐찐 n. 반지 	kalung 깔룽 n. 목걸이 	anting 안띵 n. 귀걸이

신체 특징 ①

키가 크시네요.
Badannya tinggi, ya.
바단냐 띵기, 야.

저는 한국인의 기본 체형이에요.
Bentuk badan saya standar orang Korea.
븐뚝 바단 사야 스딴다르 오랑 꼬레아.

그는 체격이 탄탄해요.
Dia punya postur tubuh tegap.
디아 뿌냐 뽀스뚜르 뚜부 뜨갑.

그는 몸에 근육이 많아요.
Dia punya banyak otot di tubuh.
디아 뿌냐 바냑 오똣 디 뚜부.

저는 큰 엉덩이를 가졌어요.
Saya punya bokong besar.
사야 뿌냐 보꽁 브사르.

그녀의 몸매는 S라인이에요.
Dia punya bentuk tubuh jam pasir.
디아 뿌냐 븐뚝 뚜부 잠 빠시르.
Dia punya bentuk tubuh S-line.
디아 뿌냐 븐뚝 뚜부 에스라인.

Tip. 'jam pasir'은 '모래시계'입니다. 잘록한 허리를 가진 몸매를 '모래시계 형태의 몸'이라고 표현합니다.

신체 특징 ②

저는 배가 많이 나왔어요.
Perut saya besar.
쁘룻 사야 브사르.
Saya punya perut buncit.
사야 뿌냐 쁘룻 분찟.

저는 허리가 길어요.
Saya punya pinggang yang panjang.
사야 뿌냐 삥강 양 빤장.

그는 눈썹이 짙어요.
Dia alis matanya tebal.
디아 알리스 마따냐 뜨발.

얼굴이 되게 작으시네요.
Wajahnya kecil sekali, ya.
와자냐 끄찔 스깔리, 야.

Tip. 인도네시아에서 '얼굴이나 머리가 작다'라는 말은 생소한 표현이며, 오히려 '뇌가 작아서 머리가 나쁘다'라는 부정적인 의미로 여길 수 있으니 주의하세요.

저는 귀가 커요.
Telinga saya besar.
뜰링아 사야 브사르.

저는 몸에 점이 많아요.
Saya punya banyak tahi lalat di tubuh.
사야 뿌냐 바냑 따히 랄랏 디 뚜부.

그는 다리가 짧아요.

Kaki dia pendek.

까끼 디아 뻰덱.

제 여동생 다리는 길고 가늘어요.

Adik perempuan saya kakinya panjang dan kecil.

아딕 쁘름뿌안 사야 까끼냐 빤장 단 끄찔.

그녀는 O자 다리예요.

Dia punya kaki berbentuk O.

디아 뿌냐 까끼 브르븐뚝 오.

저는 왕발이에요.

Kaki saya besar.

까끼 사야 브사르.

저는 발이 작아요.

Kaki saya kecil.

까끼 사야 끄찔.

저는 평발이에요.

Saya punya telapak kaki datar.

사야 뿌냐 뜰라빡 까끼 다따르.

저는 발목이 가늘어요.

Pergelangan kaki saya kecil.

쁘르글랑안 까끼 사야 끄찔.

저는 어깨가 넓어요.

Saya punya bahu yang lebar.

사야 뿌냐 바후 양 레바르.

저는 어깨가 좁아요.

Saya punya bahu yang sempit.

사야 뿌냐 바후 양 슴삣.

제 아들은 왼손잡이예요.

Anak laki-laki saya kidal.

아낙 라끼라끼 사야 끼달.

저는 손가락이 길어요.

Jari tangan saya panjang.

자리 땅안 사야 빤장.

저는 손이 커요.

Tangan saya besar.

땅안 사야 브사르.

저는 손목이 가늘어요.

Pergelangan tangan saya kecil.

쁘르글랑안 땅안 사야 끄찔.

체중

얼굴형

\# 저는 뚱뚱해요.

Saya gemuk.

사야 그묵.

Tip. gendut도 '뚱뚱하다' 또는 '배가 볼록한'이라는 뜻으로 쓰입니다.

\# 저는 비만이에요.

Saya kegemukan.

사야 끄그무깐.

Saya obesitas.

사야 오베시따스.

\# 그녀는 날씬해요.

Dia langsing.

디아 랑싱.

\# 그는 말랐어요.

Dia kurus.

디아 꾸루스.

\# 그는 뚱뚱하지도 마르지도 않았어요.

Dia tidak gemuk dan tidak kurus juga.

디아 띠닥 그묵 단 띠닥 꾸루스 주가.

\# 다이어트를 해도, 체중이 줄지 않아요.

Walau diet, berat badan saya tidak berkurang.

왈라우 디엣, 브랏 바단 사야 띠닥 브르꾸랑.

\# 저는 70킬로그램이에요.

Berat badan saya 70kg.

브랏 바단 사야 뚜주뿔루 낄로그람.

\# 얼굴 형태가 어떻게 되나요?

Bagaimana bentuk wajah Anda?

바가이마나 븐뚝 와자 안다?

\# 전 계란형 얼굴이에요.

Saya punya bentuk wajah oval.

사야 뿌냐 븐뚝 와자 오퐐.

\# 전 사각형 얼굴이에요.

Saya punya bentuk wajah persegi.

사야 뿌냐 븐뚝 와자 쁘르스기.

\# 그녀의 얼굴은 통통해요.

Dia punya bentuk wajah bulat.

디아 뿌냐 븐뚝 와자 불랏.

\# 그의 얼굴은 역삼각형이에요.

Dia punya bentuk wajah segitiga terbalik.

디아 뿌냐 븐뚝 와자 스기띠가 뜨르발릭.

\# 전 광대가 발달해 있어요.

Saya punya bentuk wajah ketupat.

사야 뿌냐 븐뚝 와자 끄뚜빳.

Saya punya bentuk wajah berlian.

사야 뿌냐 븐뚝 와자 브를리안.

146

피부 ①

피부가 진짜 좋으세요.

Anda punya kulit yang sangat bagus.

안다 뿌냐 꿀릿 양 상앗 바구스.

도자기 피부를 가지고 싶어요.

Saya mau punya kulit putih dan halus.

사야 마우 뿌냐 꿀릿 뿌띠 단 할루스.

사람들은 구릿빛 피부를 꿈꾸죠.

Orang-orang mau punya kulit sawo matang.

오랑오랑 마우 뿌냐 꿀릿 사오 마땅.

윤기 나는 피부를 가지고 계시네요.

Anda punya kulit yang bersinar.

안다 뿌냐 꿀릿 양 브르시나르.

저는 지성 피부예요.

Kulit saya berminyak.

꿀릿 사야 브르미냑.

제 피부는 민감해요.

Kulit saya sensitif.

꿀릿 사야 센시띺.

제 피부는 너무 건조해요.

Kulit saya terlalu kering.

꿀릿 사야 뜨를랄루 끄링.

고열량 식습관

'Nasi Goreng 나시 고렝(볶음밥)'과 'Mie Goreng 미 고렝(볶음면)'은 인도네시아를 대표하는 음식들입니다. goreng은 볶거나 튀기는 조리 과정을 의미하는데, 이런 요리를 대중적으로 즐기는 만큼, 길거리에서도 튀김을 파는 상인들을 자주 볼 수 있습니다. 이렇게 튀긴 음식은 'gorengan 고렝안'이라고 합니다.

인도네시아인의 식습관을 살펴보면 맵고, 짜고, 단 음식을 즐겨 먹는 것을 알 수 있습니다. 예로부터 덥고 습한 기온 때문에 음식이 상하기 쉬워 향신료를 다량 첨가해 요리한 데서 비롯된 식습관입니다. 특히 음식에 고추를 많이 넣습니다. 붉은 고추를 갈아서 만든 매콤한 소스 'sambal 삼발'은 인도네시아의 국민 소스라고 할 수 있습니다. 지역마다 맵고 단 정도는 다르지만 모든 인도네시아인들이 살면서 최고로 많이 찾는 소스임에는 의심의 여지가 없습니다.

또한 쌀밥을 주식으로 먹습니다. 인도네시아 국민의 연간 1인당 쌀 소비량은 대한민국의 두 배 정도입니다. 패스트푸드점에도 반드시 밥이 포함된 세트 메뉴가 있습니다.

고열량 식품 섭취와 더불어, 통통할수록 건강하다는 인식 탓에 인도네시아 내 비만 인구가 조금씩 늘고 있습니다. 특히 최근 소아 비만에 대한 경각심이 인식되면서, 음료의 설탕을 꿀로 대체시키고 100% 과일로 만든 음료가 인기를 끄는 등, 자녀 건강에 대한 부모들의 관심이 음료 소비 패턴에 반영되고 있습니다.

피부 ②

피부 관리를 어떻게 하세요?

Bagaimana cara merawat kulit Anda?

바가이마나 짜라 므라왓 꿀릿 안다?

피부과 자주 다니세요?

Anda sering ke klinik kulit?

안다 스링 끄 끌리닉 꿀릿?

저는 건강한 피부를 위해 물을 자주 마셔요.

Saya sering minum air putih untuk jaga kulit yang sehat.

사야 스링 미눔 아이르 뿌띠 운뚝 자가 꿀릿 양 세핫.

어떤 브랜드 화장품 사용하세요?

Anda pakai kosmetik merek apa?

안다 빠까이 꼬스메띡 메렉 아빠?

제 얼굴 피부가 좋지 않아요.

Kulit wajah saya kurang bagus.

꿀릿 와자 사야 꾸랑 바구스.

얼굴이 하얘지려면 어떻게 해야 돼요?

Bagaimana cara memutihkan wajah?

바가이마나 짜라 므무띠깐 와자?

Tip. 색상을 뜻하는 단어 앞뒤로 'me-, -kan'접사를 붙이면 '~색이 되게 하다'라는 의미가 됩니다. 예를 들어 'menghitamkan 믕히땀깐'은 '검게 만들다'입니다.

피부 상태 ①

왼뺨에 아주 큰 여드름이 났어요.

Timbul jerawat sangat besar di pipi kiri.

띰불 즈라왓 상앗 브사르 디 삐삐 끼리.

전 눈가에 주름이 있어요.

Saya ada keriput di sekitar mata.

사야 아다 끄리뿟 디 스끼따르 마따.

저는 얼굴에 작은 주근깨가 있어요.

Saya ada bintik kecil di wajah.

사야 아다 빈띡 끄찔 디 와자.

얼굴의 모공을 줄이고 싶어요.

Saya mau kecilkan pori-pori wajah.

사야 마우 끄찔깐 뽀리뽀리 와자.

전 코 쪽에 블랙헤드가 많아요.

Saya punya banyak komedo di sekitar hidung.

사야 뿌냐 바냑 꼬메도 디 스끼따르 히둥.

제 얼굴이 푸석푸석해 보여요.

Wajah saya kelihatan kusam dan kasar.

와자 사야 끌리하딴 꾸삼 단 까사르.

피부 상태 ②

제 얼굴 피부는 탄력이 부족해요.

Kulit wajah saya kurang kencang.

꿀릿 와자 사야 꾸랑 끈짱.

전 눈 밑에 다크서클이 있어요.

Saya punya lingkaran hitam di bawah mata.

사야 뿌냐 링까란 히땀 디 바와 마따.

전 얼굴에 기미가 많아요.

Saya ada banyak noda hitam di wajah.

사야 아다 바냑 노다 히땀 디 와자.

제 얼굴의 흰 반점을 없애고 싶어요.

Saya mau hilangkan belang di wajah.

사야 마우 힐랑깐 블랑 디 와자.

전 목에 쥐젖이 있어요.

Saya ada bintil di leher.

사야 아다 빈띨 디 레헤르.

전 얼굴에 사마귀가 있어요.

Saya ada kutil di wajah.

사야 아다 꾸띨 디 와자.

전 아토피성 피부염이 있어요.

Saya punya penyakit kulit dermatitis atopik.

사야 뿌냐 쁘냐낏 꿀릿 드르마띠띠스 아또삑.

꼭! 짚고 가기

생김새와 종족

아주 하얀 피부를 가진 사람부터, 흔히 'sawo matang 사오 마땅'이라고 일컫는 잘 익은 갈색 사오 열매의 색 같은 피부색을 가진 사람들, 어둡고 짙은 피부색을 가진 파푸아 사람들까지, 인도네시아인들의 생김새 또한 종족과 문화만큼이나 다양합니다. 생김새에 따라 총 4부류의 인종군이 있습니다. 첫 번째는 짧은 곱슬머리와 두꺼운 입술, 어두운 피부색이 특징인 파푸아섬에 적을 두고 사는 파푸아의 멜라네소이드(Papua Melanesoid 빠뿌아 멜라네소이드)입니다.

다음은 말라카반도의 스망(Semang)족이 속하는 니그로이드 그룹(Golongan Negroid 골롱안 니그로이드)입니다. 곱슬머리, 작은 골격, 어두운 피부색 등이 특징입니다.

세 번째, 웨도이드 그룹(Golongan Weddoid 골롱안 웨도이드)입니다. 스리랑카 웨다(Weda)족과 비슷한 점이 많아서 붙은 이름인데, 골격이 작고 잘 익은 사오 열매의 색 같은 피부색과 너풀거리는 머리카락이 특징입니다. 수마트라섬 시악(Siak) 지역의 사까이(Sakai)족과 수마트라섬 잠비(Jambi) 지역의 꾸부(Kubu)족이 이에 해당합니다.

마지막으로 가장 많은 인종군인 몽골로이드 그룹(Golongan Melayu Mongoloid 골롱안 믈라유 몽골로이드)이 있습니다. 곱슬거리거나 쭉 뻗은 머리카락과 동그스름한 얼굴형 등이 특징입니다. 이들은 원시와 후기 계열로 양분되는데, 원시 계열에는 인도네시아의 바딱(Batak)족, 또라자(Toraja)족, 다약(Dayak)족이 이에 속하며 후기 계열에는 자와(Jawa), 발리(Bali), 마두라(Madura)인 등이 포함됩니다.

눈 ①

눈이 아름다우시네요.

Mata Anda sangat indah.

마따 안다 상앗 인다.

제 눈은 작아요.

Mata saya sipit.

마따 사야 시뼷.

그녀의 눈은 짙은 갈색이에요.

Warna mata dia cokelat tua.

와르나 마따 디아 쪼끌랏 뚜아.

저는 쌍꺼풀이 있어요.

Saya ada lipatan kelopak mata.

사야 아다 리빠딴 끌로빡 마따.

Saya punya lipatan kelopak mata.

사야 뿌냐 리빠딴 끌로빡 마따.

쌍꺼풀이 있으면, 눈이 커 보여요.

Kalau punya lipatan kelopak mata, matanya kelihatan besar.

깔라우 뿌냐 리빠딴 끌로빡 마따, 마따냐 끌리하딴 브사르.

저는 움푹 들어간 눈을 가지고 있어요.

Saya punya mata cekung.

사야 뿌냐 마따 쯔꿍.

눈 ②

제가 보기에, 제 눈은 너무 작아요.

Menurut saya, mata saya sangat kecil.

므누룻 사야, 마따 사야 상앗 끄찔.

Menurut saya, mata saya kecil sekali.

므누룻 사야, 마따 사야 끄찔 스깔리.

당신 눈이 꽤 몰렸네요.

Jarak kedua mata Anda sangat sempit.

자락 끄두아 마따 안다 상앗 슴삣.

울고 났더니, 눈이 조금 부었어요.

Karena habis nangis, mata saya sedikit bengkak.

까르나 하비스 낭이스, 마따 사야 스디낏 븡깍.

어제저녁부터, 눈이 부어 있어요.

Dari semalam, mata saya bengkak.

다리 스말람, 마따 사야 븡깍.

눈꺼풀이 빨개졌어요.

Kelopak mata saya jadi merah.

끌로빡 마따 사야 자디 메라.

Tip. jadi는 '그래서', '그러므로'라는 뜻이지만, 구어체에서는 '~이(가) 되다'로도 쓰입니다. 'menjadi 믄자디'에서 'me-' 접사를 탈락시킨 경우입니다.

시력

시력이 안 좋아요.

Penglihatan saya buruk.

뻥리하딴 사야 부룩.

시력이 점점 나빠지고 있어요.

Penglihatan saya makin berkurang.

뻥리하딴 사야 마낀 브르꾸랑.

저는 근시예요.

Saya mengalami rabun jauh.

사야 믕알라미 라분 자우.

저는 난시예요.

Saya mengalami mata silinder.

사야 믕알라미 마따 실린드르.

저는 색맹이에요.

Saya buta warna.

사야 부따 와르나.

그는 시각 장애인이에요.

Dia tuna netra.

디아 뚜나 네뜨라.

Dia orang buta.

디아 오랑 부따.

꼭! 짚고 가기

무슬림 여성들의 질밥

무슬림 여성들은 이슬람교 경전 꾸란 (Koran)에 따라 머리와 얼굴 또는 몸을 가리기 위한 천을 두릅니다. 가족과 친척이 아닌 외부인에게 신체를 보이는 것을 조심해야 하기 때문입니다.

한 겹의 천으로 이루어진 가장 일반적인 머리 가리개를 히잡(Hijab)이라고 합니다. 인도네시아에서는 보통 질밥(Jilbab) 이라고 부르며 끄루둥(Kerudung)이라고 말하기도 합니다. 더 세부적으로 분류해 보면, 질밥은 전신을 덮는 천이고 끄루둥은 머리와 목 부분만 덮는 가리개입니다. 하지만 대개 인도네시아에서는 무슬림 여성들이 사용하는 머리 가리개를 질밥이라고 총칭하는 경우가 대부분입니다.

인도네시아에는 중동보다 온건한 무슬림들이 많기 때문에, 질밥도 패션 소품의 하나로 생각하여, 다양한 색과 무늬의 질밥을 기호에 따라 착용하며 장신구를 이용해 멋을 내기도 합니다. 전신을 다 덮는 천보다는 머리와 목 부분만 가릴 수 있는 천을 선호하며 젊은 여성들의 경우 청바지, 면바지, 치마 등에 자유롭게 조합해서 입습니다.

인도네시아는 신앙심의 깊이와는 상관없이 무조건 종교를 가져야 하므로 모든 무슬림들이 신실한 것은 아닙니다. 따라서 외출 시 반드시 질밥을 착용해야 하지만, 학교와 직장에서만 쓰고 친구들과 어울리는 자리에서는 벗기도 합니다. 하지만 이런 행동을 바람직하다고 여기지는 않기 때문에 눈치를 보기도 합니다. 수영복의 경우 머리카락부터 발목까지 다 가릴 수 있게 되어 있습니다.

코 ①

코가 높으시네요.

Hidung Anda mancung.

히둥 안다 만쭝.

제 코는 납작해요.

Hidung saya pesek.

히둥 사야 뻬섹.

제 코는 매부리코예요.

Hidung saya hidung elang.

히둥 사야 히둥 을랑.

제 코끝은 뭉툭해요.

Ujung hidung saya bulat.

우중 히둥 사야 불랏.

저는 크고 납작한 코를 가지고 있죠.

Saya punya hidung yang pesek dan besar.

사야 뿌냐 히둥 양 뻬섹 단 브사르.

코끝이 날카로우시네요.

Ujung hidung Anda runcing.

우중 히둥 안다 룬찡.

저는 코에 피어싱을 할 생각이 있어요.

Saya ada rencana pasang tindik di hidung.

사야 아다 른짜나 빠상 띤딕 디 히둥.

코 ②

코 성형수술을 하고 싶어요.

Saya mau operasi plastik hidung.

사야 마우 오쁘라시 쁠라스띡 히둥.

코를 높이고 싶어요.

Saya mau memancungkan hidung.

사야 마우 므만쭝깐 히둥.

저는 제 낮은 코가 콤플렉스예요.

Saya minder punya hidung pesek.

사야 민드르 뿌냐 히둥 뻬섹.

저는 콧볼이 넓어요.

Sayap hidung saya lebar.

사얍 히둥 사야 레바르.

코 성형수술 부작용이 무서워서, 수술을 하기 싫어요.

Soalnya takut dengan efek sampingnya operasi plastik, saya tidak mau operasi.

소알냐 따꿋 등안 에펙 삼삥냐 오쁘라시 쁠라스띡, 사야 띠닥 마우 오쁘라시.

Tip. soalnya는 구어체로 '~때문에', '~라서'라는 뜻으로 karena와 비슷하게 쓰입니다.

한국은, 성형수술을 하는 사람이 많아요.

Di Korea, banyak yang operasi plastik.

디 꼬레아, 바냑 양 오쁘라시 쁠라스띡.

귀

그는 귀가 커요.

Telinga dia besar.

뜰링아 디아 브사르.

저는 귀가 작아요.

Telinga saya kecil.

뜰링아 사야 끄찔.

저는 귀가 밝아요.

Telinga saya bisa dengar
dengan baik.

뜰링아 사야 비사 등아르 등안 바익.

저는 귀가 잘 안 들려요.

Telinga saya tidak bisa dengar
dengan baik.

뜰링아 사야 띠닥 비사 등아르 등안 바익.

귀가 윙윙대요.

Telinga saya berdenging.

뜰링아 사야 브르등잉.

저는 귀를 뚫었어요.

Saya sudah tindik telinga.

사야 수다 띤딕 뜰링아.

꼭! 짚고 가기

인도네시아 학생들의 교복

인도네시아 학생들은 교복을 입습니다. 초등학생, 중학생, 고등학생이 각각 입어야 하는 디자인이 정해져 있어 모든 학교가 통일된 교복을 입습니다. 이처럼 인도네시아 교육부가 지정한 틀 안에서 학교마다 약간씩의 차이를 두는데 사실 두드러진 차이는 없습니다.

초등학교 교복은 빨간색, 중학교는 남색, 고등학교는 회색으로, 교복 색상으로 나이를 짐작할 수 있으며 모두 넥타이와 모자를 착용합니다. 일반적인 공립 학교의 경우 디자인에 대한 큰 차이 없이 저렴하게 구입할 수 있지만, 사립 학교는 세부적으로 디자인에 변화를 주어 더 비싸게 판매하기도 합니다. 인도네시아는 사계절이 뚜렷하지 않아 춘추복이나 동복이 필요 없고 물가를 고려하더라도 비싼 편이 아니어서 부담이 적습니다.

교복의 색상이 지닌 의미를 살펴보면, 빨간색은 에너지와 활기를, 남색은 자신감을 기반으로 한 타인과의 소통을 뜻한다고 합니다. 마지막으로 고등학교 교복이 회색인 이유는 성숙함의 표현이라고 합니다.

입 & 입술

그는 입이 작아요.
Bibir dia kecil.
비비르 디아 끄찔.

그는 입냄새가 심해요.
Bau mulut dia parah.
바우 물룻 디아 빠라.

제 입술은 예뻐요.
Bibir saya cantik.
비비르 사야 짠띡.

전 입술이 건조하고 거칠어요.
Bibir saya kering dan kasar.
비비르 사야 끄링 단 까사르.

검은 입술을 붉게 하는 방법이
뭔가요?
Bagaimana cara merahkan bibir
hitam?
바가이마나 짜라 메라깐 비비르 히땀?

입술에 물집이 났어요.
Ada sariawan di bibir.
아다 사리아완 디 비비르.

구강

잇몸이 부어 있네요.
Gusi Anda lagi bengkak, ya.
구시 안다 라기 븡깍, 야.

전 웃을 때, 잇몸이 보여요.
Waktu saya senyum, kelihatan
gusi.
왁뚜 사야 스늄, 끌리하딴 구시.

가글로 박테리아를 제거해요.
Saya hilangkan bakteri dengan
berkumur.
사야 힐랑깐 박떼리 등안 브르꾸무르.

전 식사 후, 입을 헹궈요.
Habis makan, saya kumur
mulut.
하비스 마깐, 사야 꾸무르 물룻.

혓바늘이 돋았어요.
Ada sariawan lidah.
아다 사리아완 리다.

잇몸에 염증이 났어요.
Ada radang di gusi.
아다 라당 디 구시.

치아 ①

이가 아파요.

Saya sakit gigi.

사야 사낏 기기.

어금니가 흔들려요.

Geraham saya goyang.

그라함 사야 고양.

앞니에 충치가 있어요.

Ada gigi berlubang di gigi seri.

아다 기기 브를루방 디 기기 스리.

식사 후에 양치는 필수죠.

Wajib gosok gigi, habis makan.

와집 고속 기기, 하비스 마깐

이가 깨졌어요.

Gigi saya patah.

기기 사야 빠따.

사랑니를 뽑아야만 할까요?

Apa harus cabut geraham bungsu?

아빠 하루스 짜붓 그라함 붕수?

유치가 안 빠졌어요.

Gigi susu saya belum copot.

기기 수수 사야 블룸 쪼뽓.

치아 ②

사랑니가 났어요.

Geraham bungsu saya tumbuh.

그라함 붕수 사야 뚬부.

치아가 고르시네요.

Gigi Anda rapi.

기기 안다 라삐.

찬 것을 마시면, 이가 시려요.

Kalau minum yang dingin, gigi saya ngilu.

깔라우 미눔 양 딩인, 기기 사야 응일루.

스케일링을 하고 싶어요.

Saya mau bersihkan karang gigi.

사야 마우 브르시깐 까랑 기기.

치아가 하얗네요.

Gigi Anda putih.

기기 안다 뿌띠.

저는 치아 교정기를 착용하고 있어요.

Saya lagi pakai behel.

사야 라기 빠까이 베흘.

Saya lagi pakai kawat gigi.

사야 라기 빠까이 까왓 기기.

외모 ①

그는 매우 잘생겼어요.

Dia sangat ganteng.

디아 상앗 간뜽.

Dia sangat tampan.

디아 상앗 땀빤.

데위는 귀여운 여자예요.

Dewi manis.

데위 마니스.

그녀는 정말 예뻐요.

Dia sangat cantik.

디아 상앗 짠띡.

당신은 정말 깜찍해요.

Anda sangat lucu.

안다 상앗 루쭈.

Anda sangat unyu. (은어)

안다 상앗 우뉴.

너 멋있다!

Kamu keren!

까무 끄렌!

그녀는 정말 아름다워요.

Dia sangat indah.

디아 상앗 인다.

외모 ②

저는 못생겼어요.

Wajah saya jelek.

와자 사야 즐렉.

Tip. '못생긴'을 의미하는 jelek은 '좋지 않은', '나쁜'의 뜻으로도 쓰입니다.

저는 외모가 콤플렉스예요.

Saya minder dengan penampilan saya.

사야 민드르 등안 쁘남삘란 사야.

외모만 보고 사람을 판단하면 안 되죠.

Tidak boleh menilai orang dari penampilan.

띠닥 볼레 므닐라이 오랑 다리 쁘남삘란.

우리 딸은 못생기고 뚱뚱해요.

Anak perempuan saya wajahnya jelek dan gemuk.

아낙 쁘름뿌안 사야 와자냐 즐렉 단 그묵.

제 남편은 못생겼지만 저는 그를 사랑해요.

Wajah suami saya jelek tapi aku cinta dia.

와자 수아미 사야 즐렉 따삐 아꾸 찐따 디아.

그는 못생겼지만 정말 착해요.

Wajah dia jelek tapi sangat ramah.

와자 디아 즐렉 따삐 상앗 라마.

닮았다고 말할 때

제 얼굴은 어머니를 닮았어요.

Wajah saya mirip ibu saya.

와자 사야 미립 이부 사야.

저는 엄마의 외모와 아빠의 성격을 닮았어요.

Penampilan saya mirip dengan ibu tetapi sifat saya mirip dengan ayah.

쁘남삘란 사야 미립 등안 이부 뜨따삐 시팟 사야 미립 등안 아야.

부부는 점점 닮아 가요.

Suami istri makin lama makin mirip.

수아미 이스뜨리 마낀 라마 마낀 미립.

저 여자는 바비 인형을 닮았어요.

Wajah cewek itu mirip boneka barbie.

와자 쩨웩 이뚜 미립 보네까 바르비.

연예인 닮았다는 얘기 자주 듣지 않아요?

Anda sering dengar Anda mirip artis, kan?

안다 스링 등아르 안다 미립 아르띠스, 깐?

제가 아는 사람이랑 닮았네요.

Anda mirip orang yang saya kenal.

안다 미립 오랑 양 사야 끄날.

헤어스타일

헤어스타일을 바꾸고 싶어요.

Saya mau ubah gaya rambut saya.

사야 마우 우바 가야 람붓 사야.

헤어스타일이 멋져요.

Gaya rambut Anda bagus.

가야 람붓 안다 바구스.

Gaya rambut Anda keren.

가야 람붓 안다 끄렌.

저도 이 헤어스타일을 하고 싶어요.

Saya juga mau gaya rambutnya kayak ini.

사야 주가 마우 가야 람붓냐 까약 이니.

전 백발이에요.

Rambut saya beruban.

람붓 사야 브르우반.

전 새치가 있어요.

Saya punya uban prematur.

사야 뿌냐 우반 쁘레마뚜르.

그는 대머리예요.

Dia botak.

디아 보딱.

수염

저는 턱수염을 길러요.

Saya pelihara jenggot.

사야 쁠리하라 젱곳.

콧수염이 있으면, 섹시해 보여요.

Kalau berkumis, kelihatan seksi.

깔라우 브르꾸미스, 끌리하딴 섹시.

전 콧수염과 턱수염이 나지 않아요.

Saya tidak tumbuh kumis dan jenggot.

사야 띠닥 뚬부 꾸미스 단 젱곳.

콧수염을 깎는 게 나을 것 같아요.

Lebih baik cukur kumis.

르비 바익 쭈꾸르 꾸미스.

콧수염을 기르는 건 지저분해 보여요.

Berkumis kelihatan kotor.

브르꾸미스 끌리하딴 꼬또르.

한국인들은 거의 콧수염과 턱수염을 기르지 않아요.

Hampir semua orang Korea tidak pelihara kumis dan jenggot.

함삐르 스무아 오랑 꼬레아 띠닥 쁠리하라 꾸미스 단 젱곳.

옷 취향 ①

저는 제 취향대로 옷을 입어요.

Saya berpakaian sesuai dengan selera saya.

사야 브르빠까이안 스수아이 등안 슬레라 사야.

검은색 옷 입는 걸 좋아해요.

Saya suka berpakaian yang berwarna hitam.

사야 수까 브르빠까이안 양 브르와르나 히땀.

저는 정장 입는 걸 좋아해요.

Saya suka berpakaian formal.

사야 수까 브르빠까이안 뽀르말.

저는 청바지를 자주 입어요.

Saya sering pakai celana jeans.

사야 스링 빠까이 쫄라나 진스.

저는 치마를 자주 입어요.

Saya sering pakai rok.

사야 스링 빠까이 록.

평소에 원피스를 잘 입지는 않아요.

Biasanya saya tidak sering pakai baju terusan.

비아사냐 사야 띠닥 스링 빠까이 바주 뜨루산.

콕! 짚고 가기

인도네시아 여성들의 화장법

인도네시아 여성들은 개인 취향의 차이는 있지만 대체로 화려한 메이크업을 선호하는 편입니다.

덥고 습한 날씨 탓에 조금 더 산뜻해 보일 수 있는 매트한 피부 표현을 좋아하며, 얼굴 윤곽을 또렷하게 하는 하이라이팅과 컨투어링 메이크업을 선호하는 경향이 있습니다.

눈썹은 짙은 색과 눈썹 산의 각을 살린 방식을 선호합니다. 눈 화장도 짙은 스모키 화장을 즐겨 하며 입술도 전체적으로 색을 골고루 펴 바르는 편입니다.

또한 미백에 대한 관심이 대단하여 관련 제품의 판매량이 많습니다. 단, 부자연스럽게 하얀 얼굴보다는 깨끗하고 건강한 피부 표현을 중시하는 경향도 있어 인도네시아인의 피부색에 맞는 다양한 색상의 파운데이션을 출시하는 화장품 브랜드들이 인기를 끌고 있습니다.

옷 취향 ②

저는 흰색 무지 티셔츠를 자주
입어요.

Saya sering pakai kaos polos
yang berwarna putih.

사야 스링 빠까이 까오스 뽈로스 양
브르와르나 뿌띠.

그녀는 무슬림 옷만 입고 다녀요.

Dia selalu pakai baju Muslim.

디아 슬랄루 빠까이 바주 무슬림.

인도네시아인들은 어두운 색 옷을
주로 입어요.

Orang Indonesia biasanya
sering pakai yang berwarna
gelap.

오랑 인도네시아 비아사냐 스링 빠까이 양
브르와르나 글랍.

제게 어울리는 옷 스타일을 찾고
싶어요.

Saya mau cari gaya berpakaian
yang cocok dengan saya.

사야 마우 짜리 가야 브르빠까이안 양 쪼쪽
등안 사야.

저는 헐렁한 옷 입는 것을 좋아해요.

Saya suka berpakaian longgar.

사야 수까 브르빠까이안 롱가르.

화장 ①

전 화장하는 것을 좋아해요.

Saya suka make up.

사야 수까 메이끄 업.

무슬림 여성들은 할랄 화장품을 써야
돼요.

Wanita Muslim harus pakai
kosmetik Halal.

와니따 무슬림 하루스 빠까이 꼬스메띡 할랄.

외출할 때는, 선크림을 꼭 사용해야
돼요.

Kalau mau keluar, wajib pakai
sunblock.

깔라우 마우 끌루아르, 와집 빠까이 썬블록.

전 한국 비비크림 사용하는 걸 너무
좋아해요.

Saya sangat suka pakai BB
cream Korea.

사야 상앗 수까 빠까이 비비 크림 꼬레아.

전 자연스러운 화장을 좋아해요.

Saya suka make up natural.

사야 수까 메이끄 업 나뚜랄.

천연 성분으로 만들어진 제품을 써요.

Saya pakai produk yang terbuat
dari bahan alami.

사야 빠까이 쁘로둑 양 뜨르부앗 다리 바한
알라미.

화장 ②

얼굴에 파우더를 발랐어요.

Saya sudah pakai bedak di wajah.

사야 수다 빠까이 브닥 디 와자.

전 매일 마스카라를 해요.

Saya setiap hari pakai maskara.

사야 스띠압 하리 빠까이 마스까라.

아이섀도를 사용해 보세요.

Coba pakai perona mata.

쪼바 빠까이 쁘로나 마따.

전 중학교 때부터 화장을 시작했어요.

Saya mulai make up dari waktu SMP.

사야 물라이 메이끄 업 다리 왁뚜 에스엠뻬.

Tip. SMP는 'Sekolah Menengah Pertama 스꼴라 므능아 쁘르따마'로 '중학교'입니다.

인도네시아인들은 주로 두꺼운 화장을 좋아해요.

Orang Indonesia biasanya suka make up tebal.

오랑 인도네시아 비아사냐 수까 메이끄 업 뜨발.

화장 ③

화장은 쉬워요.

Make up itu mudah.

메이끄 업 이뚜 무다.

저는 민감성 피부라 거의 화장을 안 해요.

Saya jarang make up karena kulit saya sensitif.

사야 자랑 메이끄 업 까르나 꿀릿 사야 센시띺.

저는 자기 전에 항상 마스크팩을 해요.

Saya selalu pakai masker wajah sebelum tidur.

사야 슬랄루 빠까이 마스끄르 와자 스블룸 띠두르.

피부가 촉촉해야 화장이 잘 돼요.

Kalau kulitnya lembab, hasil make-upnya bagus.

깔라우 꿀릿냐 름밥, 하실 메이끄업냐 바구스.

인도네시아에서 인기 있는 화장품 좀 추천해 주세요.

Tolong rekomendasikan kosmetik yang populer di Indonesia.

똘롱 레꼬멘다시깐 꼬스메띡 양 뽀뿔레르 디 인도네시아.

Bab 05

어디서든 당당하게!

Bab 05

restoran 레스또란 = rumah makan 루마 마깐 = warung 와룽 n. 음식점, 식당 	makanan 마까난 n. 음식 	menu 메누 n. 메뉴, 식단
	memesan 므므산 = mereservasi 므레스르파시 v. 예약하다; 주문하다	merekomendasi 므레꼬멘다시 v. 추천하다
	membawa 음바와 v. 가져가다 	bon 본 = bill 빌 n. 계산서
daging ayam 다깅 아얌 n. 닭고기 	daging sapi 다깅 사삐 n. 소고기 	daging babi 다깅 바비 = daging b2 다깅 베두아 n. 돼지고기
nasi goreng 나시 고렝 볶음밥 	mie rebus 미 르부스 n. (국물이 있는) 국수; 삶은 면 	martabak 마르따박 n. 마르따박 빵
makanan laut 마까난 라웃 n. 해산물 	ikan 이깐 n. 물고기; 생선 	udang 우당 n. 새우
cabai 짜바이 n. 고추 	kangkung 깡꿍 n. 깡꿍(공심채, 시금치류의 채소) 	ketumbar 끄뚬바르 n. 고수

roti 로띠 n. 빵	kue 꾸에 n. 쿠키, 과자; 케이크	cokelat 쪼끌랏 n. 초콜릿; 갈색 a. 갈색의
	es krim 에스 끄림 n. 아이스크림	permen 뻐르멘 n. 사탕
rasa 라사 n. 맛 enak 에낙 a. 맛있는	asin 아신 a. 짠	manis 마니스 a. 달달한, 달콤한, 단맛의
pedas 쁘다스 a. 매운	asam 아삼 a. 신맛의	pahit 빠힛 a. 쓴맛의
garam 가람 n. 소금	gula 굴라 n. 설탕	lada 라다 n. 후추
kafe 까페 n. 카페	kopi 꼬삐 n. 커피	teh 떼 n. 차
minuman 미누만 n. 음료	air putih 아이르 뿌띠 n. 생수, (깨끗한) 물	jus 주스 n. 주스, 과즙

Rumah Sakit & Apotek 루마 사낏 단 아뽀떽 병원 & 약국

rumah sakit 루마 사낏 n. 병원 	dokter 독뜨르 n. 의사 	suster 수스뜨르 n. 간호사
	pasien 빠시엔 = penderita sakit 쁜드리따 사낏 n. 환자 	memeriksa 므므릭사 v. 검사하다, 진찰하다, 진료하다
	gejala 그잘라 n. 증상 	sakit 사낏 a. 아픈
	terluka 뜨를루까 v. 다치다; 상처 입다 	luka 루까 n. 상처
apotek 아뽀떽 n. 약국 	obat 오밧 n. 약 	obat penghilang rasa sakit 오밧 쁭힐랑 라사 사낏 진통제
	obat penurun panas 오밧 쁘누룬 빠나스 = obat pereda demam 오밧 쁘르다 드맘 해열제 	obat pencernaan 오밧 쁜쯔르나안 소화제
	obat tidur 오밧 띠두르 수면제 	plester 쁠레스뜨르 n. 반창고, 밴드

Bank 방 은행

bank 방 n. 은행 	**uang** 우앙 n. 돈 **uang tunai** 우앙 뚜나이 n. 현금 	**uang kecil** 우앙 끄찔 n. 잔돈, 거스름돈
	buku tabungan 부꾸 따붕안 저축 통장 	**rekening** 레끄닝 n. 계좌
	penyetoran 쁘녜또란 n. 입금 	**penarikan** 쁘나리깐 n. 출금
	transfer 뜨란스프르 n. 송금, 계좌 이체 	**bunga** 붕아 n. 이자; 꽃
	meminjam 므민잠 v. 빌리다 	**menukar uang** 므누까르 우앙 v. 환전하다
	kartu kredit 까르뚜 끄레딧 신용카드 	**ATM** 아떼엠 = Anjungan Tunai Mandiri 안중안 뚜나이 만디리 현금인출기
	internet banking 인뜨르넷 뱅낑 인터넷 뱅킹 	**kata sandi** 까따 산디 = password 빠스월 n. 비밀번호

음식점 추천

이 근처에 맛있게 하는 음식점 있나요?

Ada restoran enak dekat sini?

아다 레스또란 에낙 드깟 시니?

Ada tempat makan enak di sekitar sini?

아다 뜸빳 마깐 에낙 디 스끼따르 시니?

이 근처에 한국 식당이 있나요?

Ada restoran Korea di sekitar sini?

아다 레스또란 꼬레아 디 스끼따르 시니?

유명한 음식점을 추천해 주시겠어요?

Bisa rekomendasi restoran terkenal kepada saya?

비사 레꼬멘다시 레스또란 뜨르끄날 끄빠다 사야?

이탈리안 레스토랑이 좋아요.

Saya suka restoran Italia.

사야 수까 레스또란 이딸리아.

인도네시아 음식점이 좋아요.

Saya suka restoran Indonesia.

사야 수까 레스또란 인도네시아.

음식점 많은 곳이 어디인가요?

Di mana daerah yang ada banyak restoran?

디 마나 다에라 양 아다 바냑 레스또란?

음식점 예약 ①

오늘 저녁 7시 예약하고 싶은데요.

Saya mau pesan tempat untuk jam 7 malam.

사야 마우 쁘산 뜸빳 운뚝 잠 뚜주 말람.

Saya mau reservasi tempat untuk jam 7 malam.

사야 마우 레스르퐈시 뜸빳 운뚝 잠 뚜주 말람.

Saya mau booking tempat untuk jam 7 malam.

사야 마우 부낑 뜸빳 운뚝 잠 뚜주 말람.

예약하셨습니까?

Sudah reservasi?

수다 레스르퐈시?

점심 1시에 예약했습니다.

Saya sudah reservasi untuk jam 1 siang.

사야 수다 레스르퐈시 운뚝 잠 사뚜 시앙.

예약을 변경할 수 있나요?

Boleh saya ubah reservasinya?

볼레 사야 우바 레스르퐈시냐?

예약을 취소해 주세요.

Tolong dibatalkan reservasinya.

똘롱 디바딸깐 레스르퐈시냐.

168

음식점 예약 ②

몇 분이신가요?

Untuk berapa orang?

운뚝 브라빠 오랑?

네 명이요.

Untuk 4 orang.

운뚝 음빳 오랑.

금연석으로 부탁합니다.

Minta tempat duduk yang bebas rokok.

민따 뜸빳 두둑 양 베바스 로꼭.

흡연석으로 부탁합니다.

Minta tempat duduk yang boleh merokok.

민따 뜸빳 두둑 양 볼레 므로꼭.

창가 쪽 테이블로 해 주세요.

Minta tempat duduk dekat jendela.

민따 뜸빳 두둑 드깟 즌델라.

테라스에 앉고 싶어요.

Saya mau duduk di teras.

사야 마우 두둑 디 떼라스.

꼭! 짚고 가기

노상 식당 '와룽'

인도네시아에는 노상 식당이 아주 많습니다. 흔히 와룽(Warung)이라고 불리는 이 간이음식점은 아주 저렴한 가격으로 인도네시아 현지 음식과 음료를 판매하여 주머니 사정이 가벼운 서민들이 많이 찾습니다.

인도네시아 대표 음식으로 잘 알려진 Nasi Goreng 나시 고렝(볶음밥)과 Mie Goreng 미 고렝(볶음면)을 비롯해 Mie Ayam 미 아얌(닭고기 국수), Bubur Ayam 부부르 아얌(닭죽), Indomie 인도미(인도네시아 라면), Roti Bakar 로띠 바까르(토스트), Gorengan 고렝안(튀김류) 등 한국인의 입맛에도 잘 맞는 짭짤하고 달콤한 음식들이 준비되어 있습니다.

어느 음식에든 곁들일 수 있도록 항시 구비되어 있는 매콤한 Sambal 삼발 소스와 달착지근한 Kecap Manis 께짬 마니스 소스와 함께 먹으면 인도네시아 본토의 맛을 느낄 수 있습니다.

보통 손님이 직원을 불러 원하는 메뉴를 주문하는 우리나라의 주문 방식과는 달리, 인도네시아 와룽에는 전 메뉴가 적힌 주문서가 놓여 있습니다. 먹고 싶은 음식 옆에 숫자를 기입해 직원에게 전달하면 주문이 완료됩니다.

또한 인도네시아에도 '반찬'의 개념이 있습니다. 흰밥과 함께 구미를 당기는 여러 가지 반찬들이 주문서에 적혀 있고, 그 옆에 수량을 기입할 수 있으므로 기호에 따라 주문서에 적으면 됩니다.

예약 없이 갔을 때

예약하지 않았어요.

Saya belum reservasi.

사야 블룸 레스르퐈시.

자리 있어요?

Ada tempat duduk kosong?

아다 뜸빳 두둑 꼬송?

두 명이 식사 가능할까요?

Ada tempat duduk kosong untuk dua orang?

아다 뜸빳 두둑 꼬송 운뚝 두아 오랑?

죄송하지만, 지금은 자리가 다 찼습니다.

Maaf, sekarang tempat duduknya sudah penuh.

마앞, 스까랑 뜸빳 두둑냐 수다 쁘누.

오래 기다려야 하나요?

Harus tunggu lama?

하루스 뚱구 라마?

30분 정도 기다리셔야 합니다. 기다리시겠어요?

Harus menunggu sekitar 30 menit. Mau ditunggu?

하루스 므눙구 스끼따르 띠가 쁠루 므닛. 마우 디뚱구?

네, 기다릴게요.

Iya, saya tunggu.

이야, 사야 뚱구.

메뉴 보기

메뉴판 좀 주세요.

Minta daftar menu.

민따 다프따르 메누.

영어 메뉴판이 있나요?

Ada daftar menu berbahasa Inggris?

아다 다프따르 메누 브르바하사 잉그리스?

여기에서 제일 맛있는 메뉴 하나 추천해 주세요.

Tolong rekomendasi masakan yang paling enak di sini.

똘롱 레꼬멘다시 마사깐 양 빨링 에낙 디 시니.

여기에서 가장 인기 있는 메뉴는 뭐예요?

Menu apa yang paling digemari di sini?

메누 이빠 양 빨링 디그마리 디 시니?

이 음식은 재료가 무엇인가요?

Makanan ini bahannya apa?

마까난 이니 바한냐 아빠?

이것은 양이 많나요?

Ini porsinya besar?

이니 뽀르시냐 브사르?

Tip. porsi는 '~사발', '~접시'와 같이 음식의 양을 나타내는 수량사로 쓰이고, 보통 몇 인분인지 이야기할 때도 사용합니다.

음료 주문하기

차를 즐기는 인도네시아인

음료는 무엇으로 하시겠어요?

Minumannya mau apa?

미누만냐 마우 아빠?

사과 주스 주세요.

Minta jus apel.

민따 주스 아쁠.

오렌지 주스 주세요.

Minta jus oren.

민따 주스 오렌.

콜라 주세요.

Minta cola.

민따 꼴라.

물 한 병 주세요.

Minta air mineral.

민따 아이르 미네랄.

Minta air putih.

민따 아이르 뿌띠.

Minta aqua.

민따 아꾸아.

따뜻한 차 한 잔 주세요.

Minta teh hangat.

민따 떼 항앗.

빈땅 맥주 한 병 주세요.

Minta bir bintang satu.

민따 비르 빈땅 사뚜.

중국인들이 차를 즐겨 마신다는 사실은 이미 다 알고 계실 텐데요. 인도네시아 사람들도 차를 아주 좋아합니다. 마트에만 가도 수십 가지 브랜드의 차가 진열되어 있으며 차를 이용한 음료 또한 발달하였습니다.

인도네시아가 350년간 네덜란드의 통치를 받으면서, 처음 자와(Jawa) 지역에서 네덜란드 이주민들에 의해 시작된 차 농장 사업이 수마트라(Sumatra)와 술라웨시(Sulawesi)까지 확장되었습니다.

이러한 역사적 배경과 함께 인도네시아의 수도 시스템도 차 보급에 어느 정도의 영향을 미쳤습니다.

정수 과정을 제대로 거치지 않은 생활 폐수가 강으로 그대로 유입된다거나 수돗물에 석회질이 다량 함유되어 있는 등의 문제로, 생수를 사서 마시거나 적어도 수돗물을 끓여서 마시는 경우가 많습니다. 이러한 환경에서 자연스레 차 문화가 발달하게 된 것입니다.

습한 기후와 높은 온도는 차 생산에 있어 중요한 요소인데, 인도네시아는 이를 다 갖추고 있습니다.

인도네시아인들이 자주 마시는 차는 녹차와 홍차이며, 크게 분류하면 설탕을 넣어 달콤하게 만든 'Teh Manis 떼 마니스'와 설탕을 넣지 않아 살짝 쓴맛이 도는 'Teh Tawar 떼 따와르'로 나뉩니다.

밀크티와 비슷한 맛을 가진 'Teh Tarik 떼 따릭'도 현지인들이 즐겨 찾는 음료입니다.

메뉴 고르기

주문하시겠어요?
Mau pesan?
마우 쁘산?

무엇을 드시겠어요?
Mau makan apa?
마우 마깐 아빠?

저는 이것을 먹을게요.
Saya mau makan ini.
사야 마우 마깐 이니.

저도 같은 걸로 할게요.
Saya juga mau yang sama.
사야 주가 마우 양 사마.

나시고랭 두 개와 깡꿍 하나 주세요.
Minta nasi gorengnya 2 dan kangkungnya 1.
민따 나시 고렝냐 두아 단 깡꿍냐 사뚜.

스테이크 2인분 주세요.
Minta steak 2 porsi.
민따 스떼익 두아 뽀르시.

가벼운 음식으로 주세요.
Minta makanan ringan.
민따 마까난 링안.

주문 선택 사항

양고기와 닭고기가 있습니다. 무엇으로 하시겠어요?
Ada daging kambing dan daging ayam.
Mau pilih yang mana?
아다 다깅 깜빙 단 다깅 아얌.
마우 삘리 양 마나?

스테이크는 어떻게 해 드릴까요?
Mau steaknya bagaimana?
마우 스떼익냐 바가이마나?

미디엄으로 부탁해요.
Minta dimasak medium.
민따 디마삭 메디움.
Minta dimasak setengah matang.
민따 디마삭 스뜽아 마땅.

차가운 걸로 주세요.
Minta yang dingin.
민따 양 딩인.

따뜻한 걸로 주세요.
Minta yang hangat.
민따 양 항앗.

토마토는 빼 주세요.
Jangan pakai tomat.
장안 빠까이 또맛.

디저트 주문하기

디저트로 무엇이 있나요?

Ada makanan penutup apa?

아다 마까난 쁘누뚭 아빠?

초콜릿 케이크 주세요.

Minta kue cokelat.

민따 꾸에 쪼끌랏.

망고 아이스크림 주세요.

Minta es krim mangga.

민따 에스 끄림 망가.

아메리카노 주세요.

Minta kopi amerikano.

민따 꼬삐 아메리까노.

Minta kopi hitam.

민따 꼬삐 히땀.

바닐라 푸딩 주세요.

Minta puding vanila.

민따 뿌딩 퐈닐라.

필요 없어요.

Tidak perlu.

띠닥 쁘를루.

Tidak usah.

띠닥 우사.

Tip. usah는 perlu와 함께 '필요한'이라는 뜻이지만 perlu와 달리 보통 부정문에 씁니다.
즉, '필요하다'가 아닌 '필요 없다'의 형태로 사용합니다.

포장 & 배달

여기서 드십니까 포장이십니까?

Makan di sini atau dibungkus?

마깐 디 시니 아따우 디붕꾸스?

Makan di sini atau dibawa pulang?

마깐 디 시니 아따우 디바와 뿔랑?

포장해 주세요.

Tolong dibungkus.

똘롱 디붕꾸스.

가져갈 거예요.

Mau dibawa pulang.

마우 디바와 뿔랑.

배달해 주세요.

Tolong diantar.

똘롱 디안따르.

여기가 주소예요.

Ini alamatnya.

이니 알라맛냐.

이게 제 휴대폰 번호예요.

Ini nomor HP saya.

이니 노모르 하뻬 사야.

불만 사항

음식은 언제 나오죠?

Kapan makanannya keluar?

까빤 마까난냐 끌루아르?

주문한 지 벌써 1시간이 지났는데요.

Sudah lewat 1 jam habis pesan.

수다 레왓 사뚜 잠 하비스 쁘산.

이건 제가 주문한 음식이 아니에요.

Ini bukan pesanan saya.

이니 부깐 쁘사난 사야.

고기가 덜 익었어요.

Dagingnya belum matang.

다깅냐 블룸 마땅.

여기를 좀 치워 주세요.

Tolong bersih-bersih di sini.

똘롱 브르시브르시 디 시니.

Tolong bersihkan sini.

똘롱 브르시깐 시니.

이 음식이 상한 것 같아요.

Makanan ini kayaknya sudah basi.

마까난 이니 까약냐 수다 바시.

숟가락이 더러워요. 바꿔 주세요.

Sendoknya kotor.
Tolong diganti.

센독냐 꼬또르. 똘롱 디간띠.

요청 사항 ①

소금 좀 주세요.

Minta garam.

민따 가람.

빵 좀 더 주세요.

Minta rotinya lagi.

민따 로띠냐 라기.

앞 접시 좀 주세요.

Minta piring kecil.

민따 삐링 끄찔.

후추 좀 가져다주시겠어요?

Boleh minta lada?

볼레 민따 라다?

포크 좀 바꿔 주세요.

Tolong diganti garpunya.

똘롱 디간띠 가르뿌냐.

주문을 취소할 수 있나요?

Bisa dibatalkan pesanannya?

비사 디바딸깐 쁘사난냐?

남은 음식은 포장 가능한가요?

Boleh dibungkus sisa makanannya?

볼레 디붕꾸스 시사 마까난냐?

저쪽 자리로 옮기고 싶어요.

Saya mau pindah ke meja sebelah sana.

사야 마우 삔다 끄 메자 스블라 사나.

174

요청 사항 ②

이거 하나 더 주세요.

Minta ini satu lagi.

민따 이니 사뚜 라기.

너무 맵지 않게 해 주세요.

Tolong jangan terlalu pedas.

똘롱 장안 뜨를랄루 쁘다스.

얼음을 넣어서 주세요. (음료 주문 시)

Tolong pakai es.

똘롱 빠까이 에스.

Tip. 음료에 얼음을 넣어 달라고 할 때,
'집어넣다'라는 뜻의 (me)masukkan보다는
pakai를 주로 씁니다.

메뉴판 좀 다시 주세요.

Minta daftar menunya lagi.

민따 다프따르 메누냐 라기.

후추 주세요.

Minta merica.

민따 므리짜.

재떨이 주세요.

Minta asbak.

민따 아스박.

이거 하나 포장해 주세요.

Tolong dibungkus yang ini.

똘롱 디붕꾸스 양 이니.

음식 배달 서비스

인도네시아에서는 애플리케이션을 기반으로 한 차량 공유 서비스를 많이 사용합니다. 가장 잘 알려진 브랜드는 'GO JEK(고젝)'과 'Grab(그랩)'인데, 고젝은 오토바이 택시 예약 외에도 아주 다양한 서비스를 제공합니다. 그중 하나가 바로 'Go-Food(고푸드)'입니다.

'배달 대행 서비스라고 생각해도 무방한 이 시스템은 음식점 근처에 있는 고젝 드라이버와 고객을 연결해 주고, 고객이 사전에 주문한 음식점의 메뉴를 고젝 드라이버가 픽업해서 배달해 주는 식으로 진행됩니다.

고젝 드라이버와 연결이 되면 기사가 확인차 먼저 고객에게 전화를 걸거나 문자 메시지를 보냅니다. 보통 기다리라는 내용이니 당황할 필요는 없습니다. 식당에 도착해서도 만약 고객이 주문한 음식이 다 소진되었다면 주문 내용을 변경할 것인지 취소할 것인지 물어보기 위해 전화를 겁니다. 이때 자신의 의사를 정확히 말해야 착오가 생기지 않습니다. 고객과 음식점 사이의 거리가 먼 경우에도 거리당 부과되는 가격이 정해져 있어 추가 요금을 내면 주문할 수 있습니다.

주문 가능한 음식의 종류는 길거리 음식부터 빵, 국물 요리까지 다양합니다. 이와 비슷한 서비스로 Go-Mart(고마트)가 있습니다. 마트에서 사고 싶은 물건들을 애플리케이션 장바구니에 담은 후 주문 버튼을 누르면, 해당 마트 근처에 있는 고젝 드라이버가 주문을 받고 물건을 배달해 줍니다. 현장에 물건이 없는 경우 기사가 직접 해당 물건의 가격을 주문서에서 뺄 수도 있습니다.

음식 평가 ①

정말 맛있었어요!

Enak sekali!

에낙 스깔리!

음식이 제 입에 딱 맞아요.

Makanannya pas di lidah saya.

마까난냐 빠스 디 리다 사야.

생선이 좀 짜네요.

Ikannya agak asin.

이깐냐 아각 아신.

이건 너무 느끼해요.

Ini sangat berminyak.

이니 상앗 브르미냑.

이건 너무 달아요.

Ini terlalu manis.

이니 뜨를랄루 마니스.

Ini kemanisan.

이니 끄마니산.

이건 너무 매워요.

Ini terlalu pedas.

이니 뜨를랄루 쁘다스.

풍미가 좋네요.

Aromanya enak.

아로마냐 에낙.

음식 평가 ②

면이 쫄깃해요.

Mienya kenyal.

미냐 끄냘.

소스가 달콤해요.

Sausnya manis.

사우스냐 마니스.

수프가 싱거워요.

Supnya hambar.

숩냐 함바르.

향신료가 저한테 맞지 않아요.

Rempahnya tidak cocok buat saya.

름빠냐 띠닥 쪼쪽 부앗 사야.

고기가 연해요.

Dagingnya lembut.

다깅냐 름붓.

고기가 탔어요.

Dagingnya hangus.

다깅냐 항우스.

채소가 신선해요.

Sayurnya segar.

사유르냐 스가르.

계산

계산서 주세요.
Minta bon.
민따 본.
Minta bill.
민따 빌.

영수증 주세요.
Minta bukti pembayarannya.
민따 북띠 쁨바야란냐.
Minta nota.
민따 노따.

전부 합쳐 3만 루피아입니다.
Totalnya Rp 30.000.
또딸냐 띠가 뿔루 리부 루삐아.

카드 결제 가능한가요?
Boleh bayar pakai kartu kredit?
볼레 바야르 빠까이 까르뚜 끄레딧?

각자 나눠서 계산할게요.
Mau dibayar masing-masing.
마우 디바야르 마싱마싱.

오늘 저녁 식사는 내가 살게요.
Makanan malam ini saya yang traktir.
마까난 말람 이니 사야 양 뜨락띠르.
Tip.traktir는 '한턱내다'입니다.

잔돈은 가지세요.
Ambil saja kembaliannya.
암빌 사자 끔발리안냐.

음식점 – 기타

젓가락 사용할 줄 알아요?
Bisa pakai sumpit?
비사 빠까이 숨삣?

오늘 저녁에 한국 식당에 가는 게 어때요?
Bagaimana kalau nanti malam kita ke restoran Korea?
바가이마나 깔라우 난띠 말람 끼따 끄 레스또란 꼬레아?

김치 드셔 보셨어요?
Pernah makan kimchi?
쁘르나 마깐 김치?

저는 매운 음식을 못 먹어요.
Saya tidak bisa makan yang pedas.
사야 띠닥 비사 마깐 양 쁘다스.

빠당 음식점에 가고 싶어요.
Saya mau ke restoran Padang.
사야 마우 끄 레스또란 빠당.

저는 다이어트 중이에요.
Saya lagi diet.
사야 라기 디엣.

야외 식당에 가 보는 게 어때요?
Bagaimana kalau kita coba ke restoran outdoor?
바가이마나 깔라우 끼따 쪼바 끄 레스또란 아웃도르?

패스트푸드점에서

치즈버거 세트 하나 주세요.
Minta paket cheese burger 1.
민따 빠껫 치스 부르그르 사뚜.

이 세트 메뉴로 할게요.
Saya mau paket ini.
사야 마우 빠껫 이니.

양파는 빼 주세요.
Tolong jangan pakai bawang bombay.
똘롱 장안 빠까이 바왕 봄바이.

이거 리필할 수 있나요?
Ini bisa isi ulang?
이니 비사 이시 울랑?

아이스크림 하나 주세요.
Minta es krimnya 1.
민따 에스 끄림냐 사뚜.

여기서 드시나요 가져가시나요?
Mau makan di sini atau dibawa pulang?
마우 마깐 디 시니 아따우 디바와 뿔랑?
Mau makan di sini atau take out?
마우 마깐 디 시니 아따우 떼익 아웃?

가져갈게요.
Mau take out.
마우 떼익 아웃.

카페에서

뭘 드시겠어요?
Mau minum apa?
마우 미눔 아빠?

커피 할래요?
Mau minum kopi?
마우 미눔 꼬삐?

뜨거운 것으로 드릴까요 차가운 것으로 드릴까요?
Mau yang panas atau yang dingin?
마우 양 빠나스 아따우 양 딩인?

디카페인 있어요?
Ada non-kafein?
아다 논까페인?

테이크아웃할게요.
Saya mau take out.
사야 마우 떼익 아웃.

크림은 얹지 마세요.
Jangan pakai krim.
장안 빠까이 끄림.

샷 추가해 주세요.
Tolong ditambahkan shotnya.
똘롱 디땀바깐 숏냐.

휴지 좀 더 주세요.
Minta tisunya lagi.
민따 띠수냐 라기.

빵집에서

식빵 하나 주세요.

Minta roti tawar 1 bungkus.

민따 로띠 따와르 사뚜 붕꾸스.

(밀)빵 있나요?

Ada roti gandum?

아다 로띠 간둠?

치즈가 들어간 빵이 있나요?

Ada roti yang isinya keju?

아다 로띠 양 이시냐 께주?

소시지빵 있나요?

Ada roti sosis?

아다 로띠 소시스?

카스텔라 있나요?

Ada kue kastera?

아다 꾸에 까스떼라?

오븐에서 바로 나온 빵이 있나요?

Ada roti yang baru saja keluar dari pemanggangan?

아다 로띠 양 바루 사자 끌루아르 다리 쁘망강안?

이 빵은 재료가 뭐예요?

Roti ini bahannya apa?

로띠 이니 바한냐 아빠?

꼭! 짚고 가기

인도네시아의 커피 사랑

세계에서 가장 비싼 커피로 알려진 'Kopi Luwak 꼬삐 루왁(루왁 커피)'이 인도네시아의 특산품이라는 사실을 아시나요? 사실 루왁 커피의 탄생 배경은 네덜란드 식민 통치와 관련이 있습니다.

18세기 초 네덜란드는 인도네시아에 상업 작물 농장을 설립하였습니다. 주로 인도네시아 현지인들이 고된 농장일을 도맡았지만 정작 네덜란드인들은 인도네시아 노동자들이 커피 열매를 수확해 마시는 것을 금지했습니다. 하지만 자신들이 재배한 커피를 맛보고 싶었던 노동자들은 사향고양이가 소화되지 않은 커피콩을 배설한다는 것을 알게 되었고, 이를 모아 커피로 내린 것이 현재 널리 알려진 루왁 커피의 시초입니다. 연간 400~500kg만 생산되는 희소성으로 인해 값이 비쌉니다.

아시아 최대 커피 생산국답게 인도네시아인들은 커피를 즐겨 마십니다. 특히 서민들은 'kopi tubruk 꼬삐 뚜브룩'을 즐겨 마시는데, 체에 거르지 않은 커피 가루에 뜨거운 물을 부어 그대로 마시는 커피입니다. 설탕과 연유를 넣어 달게 만든 'kopi susu 꼬삐 수수'도 있습니다. 커피에 연유와 달걀노른자를 풀어 넣은 Aceh 아쩨 지역의 'kopi telur kocok 꼬삐 뜰루르 꼬쪽'도 유명합니다. 생각보다 비리지 않고 고소해 한번쯤 시도해 보아도 좋을 것 같습니다.

참고로 '커피를 마시다'는 인도네시아어로 'minum kopi 미눔 꼬삐'이며 일상생활에서는 'ngopi 응오삐(mengopi)'라는 표현을 많이 씁니다.

쇼핑하기

\# 쇼핑하러 갈래요?

Mau belanja bersama?

마우 블란자 브르사마?

Mau shopping bersama?

마우 쇼삥 브르사마?

\# 쇼핑하러 가자!

Ayo kita pergi belanja!

아요 끼따 쁘르기 블란자!

\# 제일 가까운 백화점이 어디예요?

Di mana mall yang paling dekat dari sini?

디 마나 몰 양 빨링 드깟 다리 시니?

\# 여기에서 제일 좋은 백화점이 어디예요?

Di mana mall yang paling bagus di sini?

디 마나 몰 양 빨링 바구스 디 시니?

\# 저는 백화점에서 쇼핑하는 걸 좋아해요.

Saya suka belanja di mall.

사야 수까 블란자 디 몰.

\# 자카르타에는 쇼핑몰이 많아요.

Di Jakarta ada banyak mall.

디 자까르따 아다 바냑 몰.

\# 저는 벼룩시장에서 옷을 자주 사요.

Saya sering belanja di pasar loak.

사야 스링 블란자 디 빠사르 로악.

옷 가게 ①

\# 저는 무지 티를 찾고 있어요.

Saya lagi cari kaos polos.

사야 라기 짜리 까오스 뽈로스.

\# 저는 셔츠를 찾고 있어요.

Saya lagi cari kemeja.

사야 라기 짜리 끄메자.

\# 저는 청바지를 찾고 있어요.

Saya lagi cari celana jins.

사야 라기 짜리 쫄라나 진스.

\# 저는 치마를 찾고 있어요.

Saya lagi cari rok.

사야 라기 짜리 록.

\# 재질이 뭐예요?

Apa bahannya?

아빠 비한나?

\# 잠깐 둘러보는 중이에요.

Hanya lihat-lihat saja.

하냐 리핫리핫 사자.

\# 이 옷은 너무 커요.

Baju ini kebesaran.

바주 이니 끄브사란.

\# 이 옷은 너무 작아요.

Baju ini kekecilan.

바주 이니 끄끄찔란.

옷 가게 ②

사이즈가 어떻게 되시죠?

Ukurannya berapa?

우꾸란냐 브라빠?

더 작은 사이즈로 주세요.

Minta ukuran yang lebih kecil.

민따 우꾸란 양 르비 끄찔.

더 큰 사이즈로 주세요.

Minta ukuran yang lebih besar.

민따 우꾸란 양 르비 브사르.

입어 봐도 돼요?

Boleh dicoba?

볼레 디쪼바?

탈의실이 어디인가요?

Di mana kamar pasnya?

디 마나 까마르 빠스냐?

이거 물세탁 가능해요?

Ini boleh dicuci dengan air?

이니 볼레 디쭈찌 등안 아이르?

다른 색상은 없나요?

Tidak ada warna lain?

띠닥 아다 와르나 라인?

액세서리 가게

저는 팔찌를 찾고 있어요.

Saya lagi cari gelang.

사야 라기 짜리 글랑.

저는 목걸이를 찾고 있어요.

Saya lagi cari kalung.

사야 라기 짜리 깔룽.

저는 반지를 찾고 있어요.

Saya lagi cari cincin.

사야 라기 짜리 찐찐.

남자 귀걸이 있나요?

Ada anting buat cowok?

아다 안띵 부앗 쪼옥?

가는 머리끈 있어요?

Ada ikat rambut yang tipis?

아다 이깟 람붓 양 띠삐스?

리본 머리띠 있어요?

Ada bando pita?

아다 반도 삐따?

저는 심플한 머리핀을 찾고 있어요.

Saya lagi cari jepitan rambut yang sederhana.

사야 라기 짜리 즈삐딴 람붓 양 스드르하나.

Tip. '간단한', '심플한'이라는 표현을 'simpel 심쁠'
이라고도 자주 씁니다.

화장품 가게 ①

전 민감성 피부예요.
Kulit saya sensitif.
꿀릿 사야 센시띺.

전 건성 피부예요.
Kulit saya kering.
꿀릿 사야 끄링.

전 지성 피부예요.
Kulit saya berminyak.
꿀릿 사야 브르미냑.

천연 화장품 있나요?
Ada kosmetik organik?
아다 꼬스메띡 오르가닉?

저는 유기농 화장품만 써요.
Saya hanya pakai kosmetik organik.
사야 하냐 빠까이 꼬스메띡 오르가닉.

저는 향수를 찾고 있어요.
Saya lagi cari parfum.
사야 라기 짜리 빠르품.

저는 마스크팩을 찾고 있어요.
Saya lagi cari masker wajah.
사야 라기 짜리 마스끄르 와자.

화장품 가게 ②

분홍색 블러셔 하나 주세요.
Minta perona pipi yang pink.
민따 쁘로나 삐삐 양 삥.

선크림 하나 주세요.
Minta sunblock.
민따 썬블록.

비비크림 하나 주세요.
Minta BB cream.
민따 비비 끄림.

씨씨크림도 있나요?
Ada CC cream juga?
아다 씨씨 끄림 주가?

짙은 갈색 아이브로우 하나 주세요.
Minta pensil alis yang cokelat tua.
민따 뻰실 알리스 양 쪼끌랏 뚜아.

짙은 분홍색 립스틱 하나 주세요.
Minta lipstik yang pink tua.
민따 립스띡 양 삥 뚜아.

화장품 가게 ③

얼굴 수분크림 하나 주세요.

Minta pelembab wajah.

민따 쁠름밥 와자.

제 입술색에 어울리는 립틴트 하나 추천해 주세요.

Tolong rekomendasi liptint yang cocok buat warna bibir saya.

똘롱 레꼬멘다시 립띤 양 쪼쪽 부앗 와르나 비비르 사야.

여기에서 제일 잘 나가는 매니큐어가 어떤 거예요?

Kutek apa yang paling laris di sini?

꾸뗵 아빠 양 빨링 라리스 디 시니?

이것보다 더 진한 색 없어요?

Tidak ada warna yang lebih tua dari ini?

띠닥 아다 와르나 양 르비 뚜아 다리 이니?

이것보다 더 연한 색 주세요.

Minta yang warnanya lebih muda dari ini.

민따 양 와르나냐 르비 무다 다리 이니.

더 싼 거 있나요?

Ada yang lebih murah?

아다 양 르비 무라?

인도네시아 화장품 브랜드

해외 화장품 브랜드를 선호하는 인도네시아인들도 있지만, 현지인들의 기호와 특성에 맞는 할랄(Halal) 화장품을 유통하는 현지 브랜드를 사랑하는 이들이 매우 많습니다.

예를 들어 인도네시아 여성이라면 한 번쯤 사용해 보았을 'Wardah 와르다' 브랜드는 CC크림부터 아이라이너, 아이섀도, 스킨케어 제품까지 다양한 종류의 화장품을 생산합니다.

인도네시아 여성들에게 가장 인기가 많은 Wardah 제품은 오래 지속되는 것으로 유명한 'EyeXpert Optimum Hi-Black Liner(아이엑스퍼트 하이블랙 라이너)'라는 아이라이너입니다. 덥고 습한 국가이다 보니 메이크업 지속력이 높을수록 좋은 평가를 받습니다.

립 제품 또한 촉촉한 제형보다는 매트하고 보송보송한 느낌을 주는 제품이 잘 팔립니다. 'Polka 폴카'의 'Matteness Lip Lacquer(매트니스 립 라커)'와 'Purbasari 뿌르바사리'의 다양한 색 매트 립스틱, 'Rollover Reaction (롤오버 리액션)'의 부드러운 립크림 등이 유명합니다.

인도네시아 여성들이 현지 브랜드를 많이 찾는 이유는 캐러멜 빛깔이 도는 현지인들의 피부를 더욱 돋보이게 해 주는 색상의 립 제품과 파운데이션을 출시하기 때문입니다. 우수한 메이크업 지속력과 합리적인 가격도 인기의 비결입니다.

전자 기기 매장 ①

신상 노트북 있나요?

Ada laptop keluaran terbaru?

아다 랩똡 끌루아란 뜨르바루?

저는 액션캠을 찾고 있어요.

Saya lagi cari kamera aksi.

사야 라기 짜리 까메라 악시.

LED 모니터 있나요?

Ada monitor LED?

아다 모니또르 엘에데?

한국에서 만든 냉장고 있나요?

Ada kulkas buatan Korea?

아다 꿀까스 부아딴 꼬레아?

제일 싼 세탁기 좀 보여 주세요.

Tolong tunjukkan mesin cuci yang paling murah.

똘롱 뚠죽깐 므신 쭈찌 양 빨링 무라.

제일 잘 팔리는 청소기가 어떤 거예요?

Penghisap debu apa yang paling laris?

쁭히삽 드부 아빠 양 빨링 라리스?

저는 저렴한 인덕션을 찾고 있어요.

Saya lagi cari kompor induksi yang murah.

사야 라기 짜리 꼼뽀르 인둑시 양 무라.

전자 기기 매장 ②

여기에서 제일 좋은 에어컨을 보여 주세요.

Tolong tunjukkan AC yang paling bagus di sini.

똘롱 뚠죽깐 아쎄 양 빨링 바구스 디 시니.

전기 포트 있어요?

Ada pemanas air elektrik?

아다 쁘마나스 아이르 엘렉뜨릭?

저는 자동 커피머신을 찾고 있어요.

Saya lagi cari mesin kopi otomatis.

사야 라기 짜리 므신 꼬삐 오또마띠스.

작은 정수기 있나요?

Ada dispenser yang kecil?

아다 디스뻰스르 양 끄찔?

저는 믹서기를 찾고 있어요.

Saya lagi cari blender.

사야 라기 짜리 블렌드르.

전자 담배 있어요?

Ada rokok elektrik?

아다 로꼭 엘렉뜨릭?

이거 할인되나요?

Ini bisa didiskon?

이니 비사 디디스꼰?

휴대폰 선불 요금 충전소

백만 루피아 충전해 주세요.

Tolong diisi pulsa 1 juta rupiah.

똘롱 디이시 뿔사 사뚜 주따 루삐아.

몇 루피아까지 요금 충전할 수 있어요?

Bisa isi pulsa maksimal sampai berapa rupiah?

비사 이시 뿔사 막시말 삼빠이 브라빠 루삐아?

인터넷 패키지 몇 기가 충전할 거예요?

Mau beli berapa giga untuk paket internet?

마우 블리 브라빠 기가 운뚝 빠껫 인뜨르넷?

저는 인터넷 패키지 10기가 충전하고 싶은데요. 얼마예요?

Saya mau beli 10 giga untuk paket internet. Berapa harganya?

사야 마우 블리 스뿔루 기가 운뚝 빠껫 인뜨르넷. 브라빠 하르가냐?

이 정도 충전하면 인터넷 얼마나 쓸 수 있어요?

Kalau beli paket internet segini, bisa pakai berapa lama?

깔라우 블리 빠껫 인뜨르넷 스기니, 비사 빠까이 브라빠 라마?

충전된 건지 확인 좀 해 주세요.

Tolong dicek apa sudah diisi.

똘롱 디쩩 아빠 수다 디이시.

콕! 짚고 가기

휴대폰 요금 선불 충전소

인도네시아에서 휴대폰을 사용하기는 매우 쉽습니다. 유심칩 교체만으로 인도네시아 통신사의 새 번호를 얻을 수 있으니까요.

처음 인도네시아에 도착해서 해야 할 일은 유심의 종류와 통신사를 선택하는 것입니다. 가장 유명한 통신사 세 곳은 'Telkomsel 뗄꼼셀', 'XL 엑스엘', 'Indosat 인도삿'인데, 통신사마다 인터넷 가격이 다르니 꼼꼼히 따져보고 사야 합니다. 휴대폰 인터넷 요금 충전은 용량에 따라 요금이 나뉘며, 패키지로 구입할 경우 더 저렴합니다.

공항이나 대형 쇼핑몰보다는 길거리에 있는 작은 휴대폰 충전소에서 충전하는 것이 경제적입니다. 충전소까지 가기 어려운 상황이라면 통신사에서 일러 준 고유 번호로 전화를 걸어 패키지를 직접 선택할 수도 있습니다.

인터넷 요금 충전과 전화 요금 충전은 별개입니다. 인터넷 패키지 구입은 'beli(=membeli) paket internet 블리 빠껫 인뜨르넷', 전화 요금 충전은 'isi(=mengisi) pulsa 이시 뿔사'라고 합니다. 전화 요금 충전은 앞서 언급한 충전소에서도 가능하고 편의점에서도 할 수 있습니다.

재래시장

재래시장 가는 게 어때요?

Bagaimana kalau kita ke pasar tradisional?

바가이마나 깔라우 끼따 끄 빠사르 뜨라디시오날?

저는 재래시장 구경 가는 걸 좋아해요.

Saya suka pergi lihat-lihat pasar tradisional.

사야 수까 쁘르기 리핫리핫 빠사르 뜨라디시오날.

인도네시아는 자주 야시장이 서요.

Di Indonesia sering buka pasar malam.

디 인도네시아 스링 부까 빠사르 말람.

시장에서 파는 과일이, 신선하고 맛도 좋아요.

Buah yang dijual di pasar, segar dan rasanya enak juga.

부아 양 디주알 디 빠사르, 스가르 단 라사냐 에낙 주가.

시장에서 파는 물건은 흥정할 수 있어요.

Barang yang dijual di pasar bisa ditawar.

바랑 양 디주알 디 빠사르 비사 디따와르.

식료품점 & 마트 ①

청과물 코너는 어디인가요?

Di mana bagian buah-buahan dan sayur-sayuran?

디 마나 바기안 부아부아한 단 사유르사유란?

우유 살 땐, 유통기한을 확인하세요.

Waktu beli susu, tolong dicek masa kedaluwarsa.

왁뚜 블리 수수, 똘롱 디쩩 마사 끄달루와르사.

Tip. '유통기한'은 'masa berlaku 마사 브르라꾸'로도 씁니다.

저는 맨날 인스턴트식품만 사요.

Saya selalu beli makanan instan.

사야 슬랄루 블리 마까난 인스딴.

계산대는 어디예요?

Di mana kasirnya?

디 마나 까시르냐?

비닐봉지 주세요.

Minta kantong plastik.

민따 깐똥 쁠라스띡.

종이봉투 주세요.

Minta kantong kertas.

민따 깐똥 끄르따스.

식료품점 & 마트 ②

카트 어디에 있나요?

Di mana dorongannya?
디 마나 도롱안냐?

Di mana trolinya?
디 마나 뜨롤리냐?

육류 코너는 어디인가요?

Di mana bagian daging?
디 마나 바기안 다깅?

어류 코너는 어디인가요?

Di mana bagian ikan?
디 마나 바기안 이깐?

배달해 주나요?

Bisa diantar?
비사 디안따르?

재고 있나요?

Masih ada stok?
마시 아다 스똑?

재고가 다 떨어졌네요.

Stoknya sudah habis.
스똑냐 수다 하비스.

인도네시아의 재래시장

대부분의 인도네시아 국민들은 싸고 질 좋은 상품을 구매하기 위해 발품 팔기를 주저하지 않으며, 곳곳에 대형 쇼핑몰과 마트들이 생겨나도 재래시장의 입지는 견고합니다.

보통 동네의 작은 재래시장의 경우 새벽 일찍 문을 열고 오후 3~4시가 넘어가면 문을 닫기 때문에, 싱싱하고 저렴한 시장 물건을 구입하려면 부지런히 움직여야 합니다.

자카르타에서는 'Tanah Abang 따나아방' 시장이 유명합니다. 이곳은 동남아시아 최대 의류 시장으로 일주일 내내 이른 새벽부터 오후 4시까지 문을 열며, 오후 3시부터는 문 닫을 준비를 하는 점포들이 많기 때문에 일찍 가야 합니다.

인도네시아 특별 자치구 족자카르타(Yogyakarta)의 재래시장 'Pasar Beringharjo 빠사르 브링하르조'도 유명합니다. 족자카르타의 가장 큰 시장이며 온갖 종류의 'Batik 바띡(인도네시아 전통 천)'과 족자카르타 전통 음식을 판매합니다.

반자르마신 시(Kota Banjarmasin 꼬따 반자르마신)에 가면 수상 시장이 있습니다. 이 도시는 아주 많은 강줄기가 흐르는 것으로 유명한데, 꾸인강(Sungai Kuin 숭아이 꾸인)의 'Pasar Terapung 빠사르 뜨라뿡'은 아주 유명합니다.

'Jukung 주꿍'이라고 불리는 나무 쪽배 위에서 장사하는 이들을 보기 위해 관광객들이 몰리곤 합니다.

과일 가게

이 과일 신선한가요?
Buah ini segar?
부아 이니 스가르?

이거 킬로당 얼마예요?
Ini berapa harganya per kilo?
이니 브라빠 하르가냐 쁘르 낄로?

과일 좀 잘라 주시겠어요?
Bisa dipotong buahnya?
비사 디뽀똥 부아냐?

어떤 종류의 망고가 달아요?
Jenis mangga apa yang manis?
즈니스 망가 아빠 양 마니스?

최상급 두리안으로 주세요.
Minta durian yang paling bagus.
민따 두리안 양 빨링 바구스.

어떤 게 잘 익은 거예요?
Mana yang sudah matang?
마나 양 수다 마땅?

이 과일은 씨까지 먹어도 돼요?
Buah ini boleh dimakan sampai bijinya?
부아 이니 볼레 디마깐 삼빠이 비지냐?

구입 결정

좋아요. 이걸로 살게요.
Baiklah. Saya mau beli yang ini.
바익라. 사야 마우 블리 양 이니.

같은 제품으로 3개 주세요.
Minta 3 yang modelnya sama.
민따 띠가 양 모델냐 사마.

좀 더 생각해 보고, 결정할게요.
Saya pikir-pikir dulu, nanti putuskannya.
사야 삐끼르삐끼르 둘루, 난띠 뿌뚜스깐냐.

다른 가게 좀 둘러보다 올게요.
Saya lihat-lihat di toko lain dulu, nanti balik lagi, ya.
사야 리핫리핫 디 또꼬 라인 둘루, 난띠 발릭 라기, 야.

다음에 올게요.
Nanti saya datang lagi, ya.
난띠 사야 다땅 라기, 야.

이걸로 배달해 주세요.
Tolong yang ini diantar, ya.
똘롱 양 이니 디안따르, 야.

사고 싶은 게 없어요.
Tidak ada yang mau saya beli.
띠닥 아다 양 마우 사야 블리.

할인 ①

할인해 주세요.

Minta diskon.

민따 디스꼰.

Minta potongan harga.

민따 뽀똥안 하르가.

Tolong kasih diskon.

똘롱 까시 디스꼰.

이거 현재 세일 중이에요.

Yang ini lagi ada obral.

양 이니 라기 아다 오브랄.

Yang ini lagi ada diskon.

양 이니 라기 아다 디스꼰.

몇 퍼센트 할인해요?

Diskonnya berapa persen?

디스꼰냐 브라빠 쁘르센?

5만 루피아 할인해 주세요.

Kurangi Rp 50.000, ya.

꾸랑이 리마 뿔루 리부, 야.

두 개를 사시면, 20% 할인해
드립니다.

Kalau beli 2, ada diskon 20%.

깔라우 블리 두아, 아다 디스꼰 두아 뿔루
쁘르센.

할인 ②

언제까지 세일인가요?

Sampai kapan ada obral?

삼빠이 까빤 아다 오브랄?

세일 전 가격이 얼마였어요?

Berapa harga sebelum diskon?

브라빠 하르가 스블룸 디스꼰?

현금으로 사면 더 할인해 줘요?

**Ada diskon lebih kalau bayar
tunai?**

아다 디스꼰 르비 깔라우 바야르 뚜나이?

깎아 주시면 살게요.

**Kalau dikasih diskon, saya mau
beli.**

깔라우 디까시 디스꼰, 사야 마우 블리.

최고 얼마까지 할인해 줄 수 있어요?

**Bisa kasih diskon sampai
berapa?**

비사 까시 디스꼰 삼빠이 브라빠?

계산하기

전부 얼마인가요?

Totalnya berapa?

또딸냐 브라빠?

어떻게 계산하시겠어요?

Mau bayar pakai apa?

마우 바야르 빠까이 아빠?

신용카드로 결제할게요.

Mau bayar pakai kartu kredit.

마우 바야르 빠까이 까르뚜 끄레딧.

현금으로 할게요.

Mau bayar pakai tunai.

마우 바야르 빠까이 뚜나이.

영수증 드릴까요?

Mau bukti pembayarannya?

마우 북띠 쁨바야란냐?

영수증은 버려 주세요.

Tolong bukti pembayarannya dibuang.

똘롱 북띠 쁨바야란냐 디부앙.

합계가 틀려요.

Jumlah totalnya salah.

줌라 또딸냐 살라.

받은 거스름돈이 모자랍니다.

Uang kembaliannya kurang.

우앙 끔발리안냐 꾸랑.

할부 구매

할부로 하시겠습니까 일시불로 하시겠습니까?

Mau cicilan atau debet?

마우 찌찔란 아따우 데벳?

몇 개월 할부해 드려요?

Mau cicilan untuk berapa bulan?

마우 찌찔란 운뚝 브라빠 불란?

3개월 할부해 주세요.

Minta cicilan untuk 3 bulan.

민따 찌찔란 운뚝 띠가 불란.

일시불로 해 주세요.

Minta debet.

민따 데벳.

무이자 할부는 몇 개월이에요?

Berapa bulan cicilan tanpa bunganya?

브라빠 불란 찌찔란 딴빠 붕아냐?

여기 서명해 주세요.

Tolong tanda tangan di sini.

똘롱 딴다 땅안 디 시니.

190

환불 & 교환

환불 가능한가요?

Bisa minta pengembalian uang?

비사 민따 뼁음발리안 우앙?

환불 가능한 기간은 언제까지예요?

Sampai kapan bisa minta pengembalian uang?

삼빠이 까빤 비사 민따 뼁음발리안 우앙?

일주일 안에 환불 가능합니다.

Dalam seminggu bisa minta pengembalian uang.

달람 스밍구 비사 민따 뼁음발리안 우앙.

이걸 교환하고 싶어요.

Saya mau tukar ini.

사야 마우 뚜까르 이니.

더 작은 치수로 바꾸고 싶어요.

Saya mau tukar dengan ukuran yang lebih kecil.

사야 마우 뚜까르 등안 우꾸란 양 르비 끄찔.

다른 색으로 교환하고 싶어요.

Saya mau tukar dengan warna lain.

사야 마우 뚜까르 등안 와르나 라인.

어제 여기에서 샀어요.

Saya beli ini baru kemarin di sini.

사야 블리 이니 바루 끄마린 디 시니.

인도네시아의 쇼핑몰

'인도네시아' 하면 우리나라의 여행 다큐멘터리에서 주로 보여 주는 자연 그대로의 모습을 떠올리곤 합니다.

하지만 경제·산업 중심지 자카르타에 한 번이라도 방문한 적이 있다면 울창한 숲보다는 빽빽한 빌딩 숲의 이미지가 떠오를 것입니다. 2000년대 중반부터 도시화가 빠르게 진행되면서, 수도를 중심으로 대형 고급 쇼핑몰들이 우후죽순 생겨났습니다. 쇼핑뿐만 아니라 문화, 외식 트렌드를 선도하는 복합 쇼핑몰들이 인기를 끌면서 소비력 있는 중산층 시민들은 쇼핑몰로 모여들었습니다.

자카르타에서 가장 유명한 쇼핑몰을 몇 개 뽑아 보자면, 첫 번째로 'Pondok Indah Mall(PIM) 뽄독 인다 몰(삠)'이 있습니다. 자카르타 시민들이 가장 많이 방문하는 'mall 몰(쇼핑몰)' 중 하나며 규모가 큽니다. 몰 전반에 걸쳐 가격대가 다양한 상품들이 있으며 자카르타 중산층 소비자들이 주로 방문하는 곳입니다.

두 번째로, 아시아에서 가장 큰 몰 중 하나로 손꼽히는 'Grand Indonesia 그랜드 인도네시아'가 있습니다. 자카르타 중심지에 위치하며 다양한 해외 브랜드와 인도네시아 전통 브랜드들이 입점해 있습니다.

다음은, 상류층을 위한 시설이 잘 갖춰져 있는 'Plaza Senayan 플라자 스나얀'입니다.

복합 쇼핑몰에서는 다양한 공연과 전시회도 펼쳐집니다. 그야말로 문화 시설과 외식 공간, 쇼핑센터를 합친 인도네시아인들의 복합 공간입니다.

진료 예약 & 접수 ①

\# 진료받으려고 왔어요.

Saya datang untuk diperiksa.

사야 다땅 운뚝 디쁘릭사.

\# 진료 예약하고 싶어요.

Saya mau reservasi.

사야 마우 레스르퐈시.

\# 월요일 아침 10시로 진료 예약하고 싶어요.

Saya mau reservasi untuk hari Senin jam 10 pagi.

사야 마우 레스르퐈시 운뚝 하리 스닌 잠 스뿔루 빠기.

\# 죄송하지만, 스케줄이 이미 꽉 찼어요.

Maaf, jadwalnya sudah penuh.

마앞, 자드왈냐 수다 쁘누.

\# 그날은 쉽니다.

Hari itu libur.

하리 이뚜 리부르.

\# 그날은 휴진입니다.

Hari itu tidak ada jadwal praktik.

하리 이뚜 띠닥 아다 자드왈 쁘락띡.

\# 종합 검진을 받고 싶어요.

Saya mau general check-up.

사야 마우 제네랄 쩩업.

진료 예약 & 접수 ②

\# 예약하셨어요?

Sudah revervasi?

수다 레스르퐈시?

\# 전화로 예약했어요.

Saya sudah reservasi lewat telepon.

사야 수다 레스르퐈시 레왓 뗄레뽄.

\# 아직이요.

Belum.

블룸.

\# 네, 이미요.

Iya, sudah.

이야, 수다.

\# 보험증이 있나요?

Ada kartu asuransinya?

아다 까르뚜 아수란시냐?

\# 얼마나 기다려야 해요?

Harus menunggu berapa lama?

하루스 므눙구 브라빠 라마?

\# 언제 진료받을 수 있을까요?

Kapan bisa diperiksa?

까빤 비사 디쁘릭사?

\# 곧 호출될 거예요.

Sebentar lagi akan dipanggil.

스븐따르 라기 아깐 디빵길.

진찰실 ①

어디가 아프세요?

Bagian mana yang sakit?

바기안 마나 양 사낏?

어떤 불만이 있으세요?
(어디가 아프세요?)

Keluhannya apa?

끌루한냐 아빠?

증상이 어떤가요?

Bagaimana gejalanya?

바가이마나 그잘라냐?

최근에 뭘 드셨죠?

Belakangan ini makan apa?

블라깡안 이니 마깐 아빠?

언제부터 아프셨어요?

Mulai kapan sakitnya?

물라이 까빤 사낏냐?

이런 증상이 얼마나 되셨어요?

Berapa lama ada gejala ini?

브라빠 라마 아다 그잘라 이니?

다른 증상이 있습니까?

Ada gejala lainnya?

아다 그잘라 라인냐?

여기가 아파요.

Bagian ini sakit.

바기안 이니 사낏.

꼭! 짚고 가기

인도네시아의 병원

인도네시아의 의료 기관은 다음과 같이 나뉩니다.

① Rumah Sakit Umum 루마 사낏 우뭄
   종합 병원
② Klinik 끌리닉 클리닉
③ Praktek Dokter 쁘락떽 독뜨르
   개인 병원
④ Puskesmas 뿌스께스마스 보건소

'Rumah Sakit Umum'은 그야말로 종합적인 진료를 받을 수 있는 병원이며 진찰 시간과 담당 의사를 정해 예약을 하고 가는 것이 좋습니다. 'Rumah Sakit'은 줄여서 RS라고 많이 씁니다.

보통 진료 과목이 적고 규모가 작은 병원을 Klinik이나 Praktek Dokter라고 하는데, 'Praktek Dokter'는 의사 개인이 운영하며 대개 진료 과목은 한 가지입니다.

보건소는 비용이 저렴합니다. 예전에는 몸이 아파도 치료 비용이 부담스러워 병원을 찾지 못하는 사람들이 많았지만, 현재는 정부가 국가 건강 보험 적용을 위한 정책을 시행해 의약품 비용 부담이 현저히 줄어든 상태입니다.

인도네시아 의사들은 보통 하루에 병원, 보건소, 개인 병원 등을 돌아다니며 투잡, 쓰리잡을 뛰기도 합니다. 인도네시아에서 의사는 국가와 국민을 위해 봉사해야 한다는 인식이 있기 때문에 봉급이 적습니다. 따라서 낮에는 종합 병원이나 보건소와 같은 의료 기관에서 일을 하고, 늦은 오후부터는 개인 병원에서 따로 환자를 받으며 생활비를 마련하는 경우가 더러 있습니다.

진찰실 ②

어떻게 아프세요?
Bagaimana sakitnya?
바가이마나 사낏냐?

어디가 안 좋으세요?
Mana yang tidak enak?
마나 양 띠닥 에낙?

욱신욱신 쑤셔요.
Terasa ngilu.
뜨라사 응일루.

진찰하도록 셔츠를 올려 주세요.
Tolong diangkat bajunya untuk diperiksa.
똘롱 디앙깟 바주냐 운뚝 디쁘릭사.

숨을 깊이 들이쉬세요.
Ambil nafas dalam-dalam.
암빌 나퐈스 달람달람.

숨을 내쉬세요.
Buang nafas.
부앙 나퐈스.

여기에 누우세요.
Silakan berbaring di sini.
실라깐 브르바링 디 시니.
Silakan tiduran di sini.
실라깐 띠두란 디 시니.

외과

발목을 삐었어요.
Pergelangan kaki saya terkilir.
쁘르글랑안 까끼 사야 뜨르낄리르.

허리가 너무 아파요.
Pinggang saya sangat sakit.
삥강 사야 상앗 사낏.

이틀 전부터, 무릎이 아파요.
Dari 2 hari lalu, saya sakit lutut.
다리 두아 하리 랄루, 사야 사낏 루뚯.

손목이 부었어요.
Pergelangan tangan saya bengkak.
쁘르글랑안 땅안 사야 븡깍.

관절이 쑤셔요.
Sendi saya pegal.
슨디 사야 쁘갈.

어깨가 결려요.
Pundak saya pegal.
뿐닥 사야 쁘갈.

제 발이 부러진 것 같아요.
Kayaknya kaki saya patah.
까약냐 까끼 사야 빠따.

저 치질 걸린 것 같아요.
Kayaknya saya lagi ambeien.
까약냐 사야 라기 암베이은.

내과 – 감기

감기에 걸린 것 같아요.

Kayaknya saya kena flu.

까약냐 사야 끄나 플루.

Tip. kena는 '~을 당하다'라는 뜻이 있습니다.
'비를 맞다'는 'kena hujan 끄나 후잔'입니다.

콧물이 나요.

Keluar ingus.

끌루아르 잉우스.

코안이 헐었어요.

Bagian dalam hidung saya lecet.

바기안 달람 히둥 사야 레쩻.

기침이 나요.

Saya batuk.

사야 바뚝.

머리가 아파요.

Saya sakit kepala.

사야 사낏 끄빨라.

가래가 나와요.

Saya berdahak.

사야 브르다학.

목이 쉬었어요.

Tenggorokan saya serak.

뜽고로깐 사야 스락.

목이 부었어요.

Tenggorokan saya bengkak.

뜽고로깐 사야 븡깍.

꼭! 짚고 가기

인도네시아에 지카 바이러스가?

Zika 지카 바이러스는 모기를 통해 전파되는 바이러스로, 3~14일 정도의 잠복기를 거쳐 발열, 발진, 구토, 두통, 관절염 등의 증세를 일으킵니다. 건강한 일반 성인의 경우 일주일 정도의 회복 기간이 지나면 점차 나아지지만, 임산부가 감염될 경우 태아가 소두증으로 태어날 확률이 높아지므로 각별한 주의가 필요합니다. 2016년 1월 말 인도네시아 현지 언론은 수마트라섬에 거주하는 27세 남성이 지카 바이러스에 감염된 것으로 보도하였습니다. 이 남성이 해외여행 경험이 없다는 사실이 알려지면서 인도네시아에 지카 바이러스가 일시적으로 돌았다는 사실이 입증되었고, 인도네시아 역시 열대성 전염병에 취약한 동남아시아 국가라는 점이 여행객들을 불안에 떨게 했습니다.

하지만 바로 다음 달인 2016년 2월에 관광객 수 감소를 우려한 인도네시아 관광청은 2016년 1월부터 국내에서 보고된 지카 바이러스는 단 한 건도 없으며, 세계 보건 기구(WHO) 및 인도네시아 보건복지부에서 발표한 바와 같이 인도네시아는 지카 바이러스로부터 안전한 국가라고 밝혔습니다.

그럴더라도 인도네시아 체류 중에는 모기를 조심하고 혹시 발진과 근육통, 관절염, 결막염 등의 증상이 나타나면 즉시 병원을 방문하시길 바랍니다.

내과 - 열

열이 나요.

Saya demam.

사야 드맘.

어젯밤부터 열이 있어요.

Saya demam dari semalam.

사야 드맘 다리 스말람.

어젯밤부터 온몸이 떨려요.

Seluruh tubuh saya menggigil dari semalam.

슬루루 뚜부 사야 믕기길 다리 스말람.

전 미열이 있어요.

Saya demam ringan.

사야 드맘 링안.

체온을 재겠습니다.

Coba saya ukur suhu badan Anda.

쪼바 사야 우꾸르 수후 바단 안다.

체온이 38도예요.

Suhu badannya 38 derajat.

수후 바단냐 띠가 뿔루 들라빤 드라잣.

열이 내려가도록 냉찜질을 하세요.

Silakan pakai kompres dingin agar demamnya turun.

실라깐 빠까이 꼼쁘레스 딩인 아가르 드맘냐 뚜룬.

내과 - 기타 ①

배가 아파요.

Saya sakit perut.

사야 사낏 쁘룻.

저는 소화불량이에요.

Saya punya masalah pencernaan.

사야 뿌냐 마살라 쁜쯔르나안.

저는 지금 체했어요.

Pencernaan saya lagi tidak lancar.

쁜쯔르나안 사야 라기 띠닥 란짜르.

Saya punya gangguan pencernaan.

사야 뿌냐 강구안 쁜쯔르나안.

속이 메스꺼워요.

Perut saya mual.

쁘룻 사야 무알.

식사 후, 속이 거북해요.

Habis makan, perut saya kembung.

하비스 마깐, 쁘룻 사야 끔붕.

식사할 때마다, 토할 것 같아요.

Setiap makan, saya mau muntah.

스띠압 마깐, 사야 마우 문따.

내과 - 기타 ②

요즘 트림이 많이 나요.

Belakangan saya sering
sendawa.

블라깡안 사야 스링 슨다와.

숨이 계속 가빠요.

Nafasnya masih
terengah-engah.

나파스냐 마시 뜨릉아응아.

가슴이 답답해요.

Dadanya sesak.

다다냐 스삭.

설사를 자주 해요.

Saya sering diare.

사야 스링 디아레.

물만 마셔도, 설사를 해요.

Walaupun minum air putih saja,
saya diare.

왈라우뿐 미눔 아이르 뿌띠 사자, 사야 디아레.

저는 변비가 있어요.

Saya lagi sembelit.

사야 라기 슴블릿.

치과 - 치통

이가 몹시 아파요.

Gigi saya sakit sekali.

기기 사야 사낏 스깔리.

어금니가 흔들려요.

Geraham saya goyang.

그라함 사야 고양.

씹을 때마다 오른쪽 어금니가 아파요.

Setiap kunyah geraham kanan
saya sakit.

스띠압 꾸냐 그라함 까난 사야 사낏.

양치질할 때, 잇몸에서 피가 나요.

Waktu sikat gigi, berdarah dari
gusi.

왁뚜 시깟 기기, 브르다라 다리 구시.

찬 것을 먹으면, 이가 시려요.

Kalau makan yang dingin, gigi
saya ngilu.

깔라우 마깐 양 딩인, 기기 사야 응일루.

사랑니가 아파요.

Geraham bungsu saya sakit.

그라함 붕수 사야 사낏.

음식물을 씹을 수가 없어요.

Saya tidak bisa kunyah
makanan.

사야 띠닥 비사 꾸냐 마까난.

치과 - 충치

충치가 있어요.

Ada gigi berlubang.

아다 기기 브를루방.

어금니 하나가 썩었어요.

1 geraham saya busuk.

사뚜 그라함 사야 부숙.

충치가 심해진 것 같아요.

Kayaknya gigi berlubangnya
jadi parah.

까약냐 기기 브를루방냐 자디 빠라.

충치가 쑤셔요.

Saya sakit gigi berlubang.

사야 사낏 기기 브를루방.

찬물을 마실 때마다, 어금니가 시려요.

Setiap minum air dingin,
geraham saya ngilu.

스띠압 미눔 아이르 딩인, 그라함 사야 응일루.

충치를 때워야 합니다.

Gigi berlubangnya harus
ditambal.

기기 브를루방냐 하루스 디땀발.

이를 빼야 합니다.

Giginya harus dicabut.

기기냐 하루스 디짜붓.

피부과

몸이 가려워요.

Badan saya gatal.

바단 사야 가딸.

얼굴에 여드름이 났어요.

Saya lagi jerawatan di wajah.

사야 라기 즈라와딴 디 와자.

Tip. 피부과 '스킨케어'는 'perawatan kulit 쁘라와딴
꿀릿'이라는 표현을 씁니다.

제 피부가 햇빛에 탔어요.

Kulit saya terbakar sinar
matahari.

꿀릿 사야 뜨르바까르 시나르 마따하리.

뎅기모기에 물린 것 같아요.

Kayaknya saya digigit nyamuk
demam berdarah.

까약냐 사야 디기깃 냐묵 드맘 브르다라.

어젯밤부터, 온몸에 두드러기가 나요.

Dari semalam, di seluruh badan
saya muncul bintik merah.

다리 스말람, 디 슬루루 바단 사야 문쭐 빈띡
메라.

요즘 피부 알레르기가 심해요.

Belakangan alergi kulit saya
parah.

블라깡안 알레르기 꿀릿 사야 빠라.

안과

눈에 다래끼가 났어요.

Mata saya bintitan.

마따 사야 빈띠딴.

눈이 가려워요.

Mata saya gatal.

마따 사야 가딸.

눈이 따끔거려요.

Mata saya perih.

마따 사야 뻬리.

눈이 침침해요.

Mata saya kabur.

마따 사야 까부르.

눈이 건조해요.

Mata saya kering.

마따 사야 끄링.

이거 결막염인가요?

Apa ini radang selaput mata?

아빠 이니 라당 슬라뿟 마따?

자고 일어나면, 눈곱이 많이 껴요.

Saat bangun tidur, ada banyak tahi mata.

사앗 방운 띠두르, 아다 바냑 따히 마따.

임신한 것 같아요.

Kayaknya saya lagi hamil.

까약냐 사야 라기 하밀.

생리가 불규칙해요.

Haidnya tidak teratur.

하이드냐 띠닥 뜨라뚜르.

몇 달째, 생리를 하지 않았어요.

Sudah beberapa bulan, saya tidak datang bulan.

수다 브브라빠 불란, 사야 띠닥 다땅 불란.

피임약을 복용하고 싶어요.

Saya mau pakai pil KB.

사야 마우 빠까이 삘 까베.

Tip.pil KB는 피임약입니다.

요새 분비물이 많아졌어요.

Belakangan ini cairannya tambah banyak.

블라깡안 이니 짜이란냐 땀바 바냑.

생리 기간이 아닌데도 출혈이 있어요.

Ada pendarahan walau bukan waktu haid.

아다 쁜다라한 왈라우 부깐 왁뚜 하이드.

제왕 절개 분만을 생각해 보세요.

Coba pertimbangkan untuk operasi sesar.

쪼바 쁘르띰방깐 운뚝 오쁘라시 세사르.

코피가 자주 나요.

Saya sering mimisan.

사야 스링 미미산.

어지럼증이 있어요.

Saya pusing.

사야 뿌싱.

빈혈이 있어요.

Saya punya anemia.

사야 뿌냐 아네미아.

식욕이 없어요.

Saya tidak ada nafsu makan.

사야 띠닥 아다 납수 마깐.

가슴이 답답해요.

Dada saya sesak.

다다 사야 스삭.

소변 보기가 어려워요.

Saya susah buang air kecil.

사야 수사 부앙 아이르 끄찔.

소변을 자주 봐요.

Saya sering buang air kecil.

사야 스링 부앙 아이르 끄찔.

200

입원 & 퇴원

입원해야 돼요?

Saya harus diopname?

사야 하루스 디옵나므?

얼마나 입원해야 하나요?

Harus diopname berapa lama?

하루스 디옵나므 브라빠 라마?

가능하면, 1인실로 해 주세요.

Kalau bisa, minta kamar untuk 1 orang.

깔라우 비사, 민따 까마르 운뚝 사뚜 오랑.

언제 퇴원할 수 있나요?

Kapan boleh pulang dari rumah sakit?

까빤 볼레 뿔랑 다리 루마 사낏?

Kapan boleh keluar dari rumah sakit?

까빤 볼레 끌루아르 다리 루마 사낏?

큰 병이에요?

Apa sakit parah?

아빠 사낏 빠라?

인도네시아 치안 & 의료

인도네시아의 치안 상황은 다른 동남아 국가에 비해서는 안전하지만 안심할 수 있는 환경은 아닙니다. 대낮에 사람들이 많은 곳은 비교적 안전하다고 볼 수 있으나, 늦은 밤이나 인적이 드문 곳에서는 날치기, 강도, 상해 등 수위 높은 범죄가 발생하는 경우가 있습니다. 특히 유명 관광지 발리 꾸따(Kuta) 지역에서 오토바이를 이용한 날치기 사건이 많이 발생합니다.

이슬람 인구가 87% 이상으로, 빈곤층 무슬림 강경 세력이 불법 입국한 ISIS 등의 테러 세력과 결탁하는 경우가 있어 주의해야 합니다. 자카르타, 수라바야 등 대도시 중심지의 카페, 교회 등 대중 밀집 시설에서 폭탄 테러가 발생하기도 한다. 최근 5년간 2016년 1월 자카르타 폭탄테러, 2018년 5월 수라바야 폭탄테러, 2018년 12월 파푸아 분리주의단체 건설노동자 사살 등 대형 테러사건이 발생했습니다. 2021년 3월에는 이슬람 극단주의자 신혼부부가 술라웨시 마카사르 지역에 있는 성당으로 자살폭탄 테러를 감행했고, 비슷한 시기에 수도 자카르타 경찰청 본부 앞마당에서 테러 용의자와 총격전이 벌어지기도 했습니다.

인도네시아는 의료 시설이 열악하기 때문에 크게 다치거나 아픈 상황이 발생하지 않도록 유의해야 합니다. 상해뿐만 아니라 배탈 등 위장염 질환으로 아픈 경우가 많아 개인위생에 철저히 신경 써야 합니다. 수돗물은 절대 마시지 말고, 요리나 양치할 때도 가급적 생수를 사용하는 것이 좋습니다. 모기가 많아 뎅기열에 걸릴 위험이 높기 때문에 모기 퇴치제를 휴대할 것을 추천합니다.

수술

그는 위독한 상태입니다.
Dia dalam situasi kritis.
디아 달람 시뚜아시 끄리띠스.

당장 수술을 받아야 합니다.
Harus langsung dioperasi.
하루스 랑숭 디오쁘라시.

수술하기 위해서 보호자의 동의가
필요합니다.
Untuk dioperasi harus disetujui
penanggung jawab pasien.
운뚝 디오쁘라시 하루스 디스뚜주이 쁘낭궁
자왑 빠시엔.

수술받은 적 있나요?
Pernah operasi sebelumnya?
쁘르나 오쁘라시 스블룸냐?

맹장 수술을 했어요.
Saya dulu operasi usus buntu.
사야 둘루 오쁘라시 우수스 분뚜.

라식 수술을 한 지 얼마 안 됐어요.
Saya belum lama operasi lasik.
사야 블룸 라마 오쁘라시 라식.

1년 전에 치질 수술을 받았어요.
Saya 1 tahun lalu operasi
ambeien.
사야 사뚜 따훈 랄루 오쁘라시 암베이은.

병원비 & 의료보험

이번 진료비는 얼마죠?
Berapa biaya pengobatan kali
ini?
브라빠 비아야 쁭오바딴 깔리 이니?

의료보험에 가입하셨나요?
Anda sudah daftar asuransi
medis?
안다 수다 다프따르 아수란시 메디스?

저는 의료보험에 가입되어 있어요.
Saya sudah daftar asuransi
medis.
사야 수다 다프따르 아수란시 메디스.

저는 아직 의료보험을 가입하지
않았어요.
Saya belum daftar asuransi
medis.
사야 블룸 다프따르 아수란시 메디스.

보험사에 제출할 진단서와 영수증을
받고 싶어요.
Saya minta surat keterangan
dokter dan bukti pembayaran
untuk diserahkan ke
perusahaan asuransi.
사야 민따 수랏 끄뜨랑안 독뜨르 단 북띠
쁨바야란 운뚝 디스라깐 끄 쁘르우사하안
아수란시.

문병	처방전

환자에게 뭘 가져다주면 될까요?

Bawa apa, ya, untuk orang sakit?

바와 아빠, 야, 운뚝 오랑 사낏?

그가 몇 호실에 있지요?

Dia ada di kamar nomor berapa?

디아 아다 디 까마르 노모르 브라빠?

몸은 좀 어때요?

Bagaimana kesehatannya?

바가이마나 끄세하딴냐?

훨씬 좋아졌어요.

Jauh membaik.

자우 믐바익.

퇴원은 언제 하나요?

Kapan keluar dari rumah sakit?

까빤 끌루아르 다리 루마 사낏?

빨리 회복되길 바랍니다.

Semoga cepat pulih.

스모가 쯔빳 뿔리.

Tip. 'sembuh 슴부'도 pulih와 마찬가지로
'회복되다'라는 뜻이 있습니다.

빨리 회복되길 기도해 드릴게요.

Saya doakan agar cepat pulih.

사야 도아깐 아가르 쯔빳 뿔리.

처방전 주세요.

Minta resep.

민따 르셉.

처방전을 써 드리겠습니다.

Saya kasih resep obat.

사야 까시 르셉 오밧.

현재 복용하는 약이 있나요?

Ada obat yang dipakai saat ini?

아다 오밧 양 디빠까이 사앗 이니?

혈압약을 복용하고 있어요.

Saya lagi minum obat tekanan darah.

사야 라기 미눔 오밧 뜨까난 다라.

이 약에 부작용은 없나요?

Obat ini tidak ada efek sampingnya?

오밧 이니 띠닥 아다 에펙 삼삥냐?

알레르기가 있나요?

Ada alergi?

아다 알레르기?

없어요.

Tidak ada.

띠닥 아다.

주사 한 대 맞고 가세요.

Boleh pulang habis disuntik.

볼레 뿔랑 하비스 디순띡.

약국 ①

\# 여기 처방전이요.

Ini resepnya.

이니 르셉냐.

\# 진통제 좀 주세요.

Minta obat pereda sakit.

민따 오밧 쁘레다 사낏.

Minta panadol. (대중적인 진통제 상품명)

민따 빠나돌.

\# 해열제 있어요?

Ada obat demam?

아다 오밧 드맘?

Ada obat penurun panas?

아다 오밧 쁘누룬 빠나스?

\# 기침약 있어요?

Ada obat batuk?

아다 오밧 바뚝?

\# 두통약 주세요.

Minta obat buat sakit kepala.

민따 오밧 부앗 사낏 끄빨라.

\# 아스피린 좀 주세요.

Minta aspirin.

민따 아스삐린.

\# 감기약 좀 주세요.

Minta obat flu.

민따 오밧 플루.

약국 ②

\# 멀미약 있어요?

Ada obat anti mabuk?

아다 오밧 안띠 마북?

\# 배탈 약 있어요?

Ada obat untuk diare?

아다 오밧 운뚝 디아레?

\# 피임약 있어요?

Ada obat pil KB?

아다 오밧 삘 까베?

\# 치통에 좋은 약 있어요?

Ada obat khusus untuk sakit gigi?

아다 오밧 후수스 운뚝 사낏 기기?

\# 상처에 바르는 연고 주세요.

Minta salep obat oles luka.

민따 살릅 오밧 올레스 루까.

\# 수면제 좀 주세요.

Minta obat tidur.

민따 오밧 띠두르.

\# 비타민 C 주세요.

Minta vitamin C.

민따 비따민 쎄.

Tip. 외래어는 C를 '쎄'로 발음하기도 합니다.

약국 ③

반창고 한 통 주세요.

Minta plester satu pak.

민따 쁠레스뜨르 사뚜 빡.

이것과 같은 약 주세요.

Minta yang sama dengan obat ini.

민따 양 사마 등안 오밧 이니.

하루에 몇 알씩 먹어야 하나요?

Harus minum berapa butir setiap hari?

하루스 미눔 브라빠 부띠르 스띠압 하리?

하루 세 번 식후에 먹어야 하죠?

Harus minum 3 kali habis makan, kan?

하루스 미눔 띠가 깔리 하비스 마깐, 깐?

이 약을 먹으면 졸린가요?

Apa obat ini menyebabkan kantuk?

아빠 오밧 이니 므녀밥깐 깐뚝?

부작용이 있나요?

Ada efek sampingnya?

아다 에펙 삼삥냐?

의사 처방전 없이 이 약을 살 수 있나요?

Bisa beli obat tanpa resep dari dokter?

비사 블리 오밧 딴빠 르셉 다리 독뜨르?

꼭! 짚고 가기

인도네시아 제약 시장

인도네시아에는 약국이 정말 많습니다. 인도네시아어로 약국은 'Apotek 아뽀떽' 인데요, 거리 곳곳에서 약국 체인점들을 볼 수 있습니다.

약값이 저렴하고 우리나라에서는 처방전이 필요한 항생제, 항히스타민제 등과 같은 몇몇 전문 의약품들도 쉽게 구입할 수 있습니다.

인도네시아가 세계 경제 대국으로 거듭나기 위해 국내 산업 활성화 방안으로 추진 중인 〈메이킹 인도네시아 4.0〉에서 7대 주요 산업에 제약을 선정하여 집중 육성하고 있습니다. 제약 산업은 7대 산업 중에 제조업과 식음료에 이어 세 번째로 가장 큰 비중(11%)을 차지하고 있습니다. 인구 및 소득이 증가하고 있고, 건강보험이 시행되는 등 제약분야에 대한 제반 사항이 개선되고, 코로나19를 겪으며 2022년 제약산업은 전년 대비 10% 가량 성장했습니다. 2025년까지 연 평균 5.5%가 성장할 전망입니다.

최근 계속해서 인도네시아 제약 시장이 급속도로 성장하고 있는 만큼 이를 눈여겨보는 우리나라 기업들 또한 적지 않습니다. 적극적인 시장 공략을 위해 생산 시설과 제품에 대하여 할랄(Halal) 인증을 취득하기도 합니다.

만연하게 이루어지는 불법 복제 의약품 유통에 대한 규제가 필요한 시점이지만 인도네시아 제약 시장에 대한 전망은 긍정적입니다.

약국 ④

이 약 복용법 좀 알려 주세요.

Tolong jelaskan cara pakai obat ini.

똘롱 즐라스깐 짜라 빠까이 오밧 이니.

당뇨병 약 있어요?

Ada obat buat penyakit diabetes?

아다 오밧 부앗 쁘냐낏 디아베떼스?

Ada obat buat penyakit kencing manis?

아다 오밧 부앗 쁘냐낏 끈찡 마니스?

혈당 수치 내리는 약을 사고 싶어요.

Saya mau beli obat untuk menurunkan kadar gula darah.

사아 마우 블리 오밧 운뚝 므누룬깐 까다르 굴라 다라.

고혈압에 좋은 약 주세요.

Minta obat yang manjur buat tekanan darah tinggi.

민따 오밧 양 만주르 부앗 뜨까난 다라 띵기.

이 약을 드시는 동안에는 술을 드시지 마세요.

Jangan minum minuman keras selama minum obat ini.

장안 미눔 미누만 끄라스 슬라마 미눔 오밧 이니.

약국 ⑤

약초(허브) 콜레스테롤 약 주세요.

Minta obat kolesterol herbal.

민따 오밧 꼴레스떼롤 헤르발.

이 약국 몇 시에 문 열어요?

Apotek ini buka jam berapa?

아뽀떽 이니 부까 잠 브라빠?

이 약국 몇 시에 문 닫아요?

Apotek ini tutup jam berapa?

아뽀떽 이니 뚜뚭 잠 브라빠?

탐폰 있나요?

Ada tampon?

아다 땀뽄?

생리대 주세요.

Minta pembalut.

민따 쁨발룻.

생리통 약 주세요.

Minta obat nyeri haid.

민따 오밧 녀리 하이드.

모기 물려 가려운 데 바르는 약 주세요.

Minta obat untuk meredakan gatal gigitan nyamuk.

민따 오밧 운뚝 므르다깐 가딸 기기딴 냐묵.

구급약 있어요?

Ada obat P3K?

아다 오밧 뻬띠가까?

Tip. P3K는 PPPK(Pertolongan Pertama Pada Kecelakaan)로 응급처치를 의미합니다.

계좌 개설

계좌를 개설하고 싶습니다.

Saya mau buka rekening bank.

사야 마우 부까 레끄닝 방.

보통예금 계좌를 개설하고 싶습니다.

Saya mau buka rekening tabungan biasa.

사야 마우 부까 레끄닝 따붕안 비아사.

적금 계좌를 개설하고 싶습니다.

Saya mau buka rekening tabungan deposito.

사야 마우 부까 레끄닝 따붕안 데뽀시또.

당좌예금 계좌를 개설하고 싶습니다.

Saya mau buka rekening cek.

사야 마우 부까 레끄닝 쩩.

이율은 어떻게 되나요?

Berapa persen bunganya?

브라빠 쁘르센 붕아냐?

현금카드를 만들어 주세요.

Tolong buatkan kartu ATM.

똘롱 부앗깐 까르뚜 아떼엠.

인터넷뱅킹 신청할게요.

Saya mau daftar buat internet banking.

사야 마우 다쁘따르 부앗 인뜨르넷 뱅낑.

꼭! 짚고 가기

꼭 현금을 준비하세요!

보통 인도네시아 기업들은 계좌를 통해 급여를 지급하기 때문에 기업 근무자들의 경우 계좌를 보유하는 것이 일반적이지만, 서민들은 현금 사용 비율이 월등히 높습니다. 온라인 쇼핑을 할 때도 이용자들 가운데 약 40% 정도는 ATM을 이용해 결제할 정도니까요. 오토바이 택시 요금을 충전할 때도, 택시를 탈 때도 현금을 요구하는 경우가 대부분이기 때문에 언제나 현금을 소지해야 합니다.

이렇다 보니 인도네시아에는 ATM이 정말 많습니다. 차량용 ATM이 있는가 하면 오토바이 전용 ATM까지 있을 정도입니다. ATM 사용 시 언어 선택이 가능하므로 인도네시아어가 어렵다면 영어 서비스도 이용할 수 있으니 참조하세요.

스마트폰이 보편화하면서 인도네시아인들 사이에도 모바일 결제 습관이 조금씩 자리 잡고 있지만, 아직 현금 거래가 더 빈번하게 이루어지고 있습니다.

인도네시아를 방문할 경우 현금을 충분히 준비하시거나 인도네시아 ATM과 호환할 수 있는 종류의 신용카드 또는 체크카드를 발급해 가기를 추천합니다.

입출금 ①

입금하려고요.
Saya ingin setor.
사야 잉인 스또르.

계좌에 천만 루피아 예금해 주세요.
Saya mau setor
Rp 10.000.000 ini.
사야 마우 스또르 스뿔루 주따 루삐아 이니.

비밀번호를 눌러 주세요.
Silakan tekan nomor PIN.
실라깐 뜨깐 노모르 삔.

적금 계좌에 넣어 주세요.
Tolong masukkan ke rekening
tabungan deposito.
똘롱 마수깐 끄 레끄닝 따붕안 데뽀시또.

외화도 취급하나요?
Bisa setor mata uang asing
juga?
비사 스또르 마따 우앙 아싱 주가?

출금하려고요.
Saya mau tarik uang.
사야 마우 따릭 우앙.

입출금 ②

이천만 루피아를 찾고 싶어요.
Saya mau tarik dua puluh juta
rupiah.
사야 마우 따릭 두아 뿔루 주따 루삐아.

십만 루피아짜리로 주세요.
Saya mau pakai pecahan uang
seratus ribu rupiah.
사야 마우 빠까이 쁘짜한 우앙 스라뚜스 리부
루삐아.
Saya mau pakai pecahan uang
seratus ribuan.
사야 마우 빠까이 쁘짜한 우앙 스라뚜스
리부안.

계좌를 해지하고 싶어요.
Saya mau tutup rekening.
사야 마우 뚜뚭 레끄닝.

적금이 만기가 되있어요.
Tabungan deposito sudah
capai tenggat waktu.
따붕안 데뽀시또 수다 짜빠이 뜽갓 왁뚜.

비밀번호를 잊어버렸어요.
Saya lupa nomor PINnya.
사야 루빠 노모르 삔냐.

통장에 잔금이 얼마 있어요?
Berapa saldo di tabungan?
브라빠 살도 디 따붕안?

송금

계좌 이체를 하고 싶어요.

Saya mau kirim uang.

사야 마우 끼림 우앙.

Saya mau transfer uang.

사야 마우 뜨란스프르 우앙.

송금 수수료는 얼마죠?

Berapa biaya transfernya?

브라빠 비아야 뜨란스프르냐?

내일 네 계좌로 백만 루피아 송금할게.

Besok aku transfer satu juta rupiah ke rekening kamu.

베속 아꾸 뜨란스프르 사뚜 주따 루삐아 끄 레끄닝 까무.

송금하기 전, 통장 잔고를 확인하세요.

Sebelum transfer, tolong cek saldo di tabungan.

스블룸 뜨란스프르, 똘롱 쩩 살도 디 따붕안.

모르는 계좌로 잘못 계좌 이체를 했어요.

Saya salah transfer uang ke rekening yang tidak dikenal.

사야 살라 뜨란스프르 우앙 끄 레끄닝 양 띠닥 디끄날.

송금할 때는, 반드시 수취인 이름을 확인해야 해요.

Waktu transfer, harus cek nama penerima.

왁뚜 뜨란스프르, 하루스 쩩 나마 쁘느리마.

꼭! 짚고 가기

인도네시아 화폐와 환전 팁

인도네시아의 화폐 단위는 Rupiah(RP) 루삐아입니다.

① 지폐 : 7종

1,000루피아 / 2,000루피아 / 5,000루피아 / 10,000루피아 / 20,000루피아 / 50,000루피아 / 100,000루피아

② 동전 : 6종

25루피아 / 50루피아 / 100루피아 / 200루피아 / 500루피 / 1,000루피아

인도네시아를 방문한다면 출국 전 국내에서 원화를 먼저 달러로 환전한 후, 인도네시아 현지에서 달러를 루피아로 환전하는 것이 이득입니다. 미국 달러 환전 시 1달러, 20달러, 50달러, 100달러의 환율이 모두 다르며 고액권일수록 높은 환율을 적용받을 수 있습니다. 또, 지폐에 낙서가 있거나 접힌 부분이 있으면 시세보다 낮은 가격으로 환전되거나 심한 경우 환전이 불가능힐 수도 있으므로 주의해야 합니다.

인도네시아에서는 주로 공항이나 은행, 사설 환전소에서 환전할 수 있는데, 인도네시아 중앙은행의 발표에 의하면 시중 환전소 중 84%가 불법 영업을 하는 것으로 나타났다고 합니다. 불법으로 환전된 돈은 갖가지 범죄에 이용되곤 하죠. 이를 적발하기 위해 경찰과 국가마약적발위원회, 인도네시아금융거래분석센터가 팔을 걷어붙였다고 합니다. 하지만 어느 정도 규모가 있는 정식 사설 환전소에서는 오히려 환율을 더 높게 주기도 하니, 잘 비교해 보고 환전하시길 바랍니다.

현금인출기

여기에서 제일 가까운 현금인출기는 어디에 있나요?

Di mana mesin ATM terdekat dari sini?

디 마나 므신 아떼엠 뜨르드깟 다리 시니?

비자나 마스터 카드를 사용할 수 있는 ATM이 어디에 있나요?

Di mana mesin ATM yang bisa pakai Visa atau Master card?

디 마나 므신 아떼엠 양 비사 빠까이 퓌사 아따우 마스뜨르 까룻?

현금인출기를 사용할 때는, 주위의 소매치기를 조심하세요.

Waktu pakai mesin ATM, hati-hati ada pencuri di sekitarnya.

왁뚜 빠까이 므신 아떼엠, 하띠하띠 아다 쁜쭈리 디 스끼따르냐.

이 현금인출기는 고장 난 것 같아요.

Kayaknya mesin ATM ini rusak.

까약냐 므신 아떼엠 이니 루삭.

이 ATM은, 한 번에 최대 백오십만 루피아밖에 인출이 안 돼요.

Mesin ATM ini, sekali tarik maksimal Rp 1.500.000.

므신 아떼엠 이니, 스깔리 따릭 막시말 사뚜 주따 리마 라뚜스 루삐아.

신용카드

신용카드를 만들고 싶어요.

Saya mau buat kartu kredit.

사야 마우 부앗 까르뚜 끄레딧.

분실한 카드를 정지시켜 주세요.

Tolong blokir kartu saya yang hilang.

똘롱 블로끼르 까르뚜 사야 양 힐랑.

Tip. blokir은 '정지하다'의 뜻도 있지만, 메신저나 SNS에서 누군가를 차단할 때의 '차단하다'라는 뜻으로도 씁니다.

제 신용카드가 왜 정지되었어요?

Kenapa kartu kredit saya terblokir?

끄나빠 까르뚜 끄레딧 사야 뜨르블로끼르?

제 신용카드 한도액이 얼마죠?

Berapa limit kartu kredit saya?

브라빠 리밋 까르뚜 끄레딧 사야?

카드 한도액을 늘리고 싶어요.

Saya mau naikkan limit kartu kredit.

사야 마우 나익깐 리밋 까르뚜 끄레딧.

이 가게는 신용카드를 받지 않아요.

Toko ini tidak terima kartu kredit.

또꼬 이니 띠닥 뜨리마 까르뚜 끄레딧.

환전 & 환율

어디에서 환전할 수 있어요?

Bisa tukar uang di mana?

비사 뚜까르 우앙 디 마나?

환전하고 싶습니다.

Saya mau tukar uang.

사야 마우 뚜까르 우앙.

얼마나 환전하시겠어요?

Mau tukar berapa?

마우 뚜까르 브라빠?

오십만 루피아를 환전해 주세요.

Tolong tukar lima ratus ribu rupiah.

똘롱 뚜까르 리마 라뚜스 리부 루삐아.

오만 루피아짜리로 바꿔 주세요.

Tolong tukar dengan pecahan Rp 50.000.

똘롱 뚜까르 등안 쁘짜한 리마 뿔루 리부 루삐아.

수수료는 얼마입니까?

Berapa biaya administrasinya?

브라빠 비아야 아드미니스뜨라시냐?

지금 환율은 얼마나 됩니까?

Sekarang berapa nilai tukarnya?

스까랑 브라빠 닐라이 뚜까르냐?

꼭! 짚고 가기

인도네시아 입국 준비

2022년부터 인도네시아로 입국하는 해외여행객은 온라인을 통해 전자도착비자(e-VOA)를 발급받아야 합니다. 전자도착비자는 웹사이트(https://molina.imigrasi.go.id/)에서 신청, 결제하면 됩니다. 이때 6개월 이상 여권 유효기간이 남아 있어야 하며, 비자 파일을 전송받을 이메일 주소 및 귀국 항공권 또는 제3국으로의 출국 항공권을 소지하고 있어야 합니다. 도착비자 신청 수수료는 2023년 8월 기준 500,000루피아이며, 참고로 카드 결제 시 수수료 19,500루피아가 더 붙습니다.

전자 도착비자를 통해 발급받은 비자로 30일 체류할 수 있습니다. 전자 도착비자를 소지한 사람은 관광 같은 비영리 활동을 할 수 있습니다. 취업이나 종교 활동으로 입국을 원하는 경우 목적에 맞는 비자를 미리 받아야 합니다. 입국 전 전자 세관신고서도 미리 작성해야 한다는 점 기억하세요.

대출 ①

대출을 받고 싶습니다.

Saya mau pinjam uang dari bank.

사야 마우 삔잠 우앙 다리 방.

사업 융자를 받고 싶습니다.

Saya mau pinjam uang untuk modal usaha.

사야 마우 삔잠 우앙 운뚝 모달 우사하.

대학생 대출을 받고 싶습니다.

Saya mau pinjam uang untuk mahasiswa.

사야 마우 삔잠 우앙 운뚝 마하시스와.

주택 융자를 받을 수 있을까요?

Saya bisa dapat uang pinjaman perumahan?

사야 비사 다빳 우앙 삔자만 쁘루마한?

담보 없이 대출을 받을 수 있을까요?

Saya bisa dapat pinjaman tanpa jaminan?

사야 비사 다빳 삔자만 딴빠 자미난?

천 루피아 정도 현금 서비스를 받을 수 있을까요?

Saya bisa dapat pinjaman sekitar sepuluh juta rupiah?

사야 비사 다빳 삔자만 스끼따르 스뿔루 주따 루삐아?

대출 ②

조기 상환 수수료가 있어요?

Ada biaya denda pelunasan dipercepat?

아다 비아야 든다 쁠루나산 디쁘르쯔빳?

대출을 받으려면 어떤 자격이 필요한가요?

Apa saja syaratnya untuk dapat pinjaman?

아빠 사자 샤랏냐 운뚝 다빳 삔자만?

대출 금리가 얼마인가요?

Bunga pinjamannya berapa?

붕아 삔자만냐 브라빠?

대출 한도액이 어떻게 되죠?

Berapa limit nominal pinjamannya?

브라빠 리밋 노미날 삔자만냐?

매달 원금과 이자 상환 금액이 얼마예요?

Berapa pinjaman pokok dan bunga pinjaman per bulan?

브라빠 삔자만 뽀꼭 단 붕아 삔자만 쁘르 불란?

저는 어떤 대출을 받을 수 있나요?

Saya bisa dapat pinjaman yang mana?

사야 비사 다빳 삔자만 양 마나?

은행 - 기타

수표를 현금으로 바꾸고 싶어요.

Saya mau tukar cek dengan uang tunai.

사야 마우 뚜까르 쩩 등안 우앙 뚜나이.

인터넷뱅킹 비밀번호를 잊어버렸어요.

Saya lupa nomor PIN internet banking saya.

사야 루빠 노모르 삔 인뜨르넷 뱅낑 사야.

거래 한도액을 조정하고 싶어요.

Saya mau ubah batas transaksi maksimalnya.

사야 마우 우바 바따스 뜨란삭시 막시말냐.

인터넷뱅킹을 사용할 경우 수수료가 없나요?

Kalau pakai internet banking, tidak ada biaya administrasi?

깔라우 빠까이 인뜨르넷 뱅낑, 띠닥 아다 비아야 아드미니스뜨라시?

저는 온라인으로 계좌를 관리해요.

Saya urus rekening saya lewat online.

사야 우루스 레끄닝 사야 레왓 온라인.

잔돈으로 바꿔 주시겠어요?

Bisa tukar dengan uang receh?

비사 뚜까르 등안 우앙 레쩨?

꼭! 짚고 가기

1998년 5월 인도네시아 인종 폭동

인도네시아의 인권 문제에 대해 이야기할 때 가장 많이 거론되는 것이 바로 '1998년 인도네시아 인종 폭동' 사건입니다.

1998년 5월 4~15일에 일어난 이 사건은 인도네시아에 사는 많은 화교들에게 트라우마를 안겨 주었는데, 인도네시아 정부와 시위 진압군에 대한 분노로 인해 시위 참가자들이 폭도가 되어 화교들과 기독교인들을 아주 악랄한 방법으로 괴롭히고 살해한 사건입니다.

이들은 처음 1998년 아시아 금융 위기가 절정에 달할 당시 수하르토(Suharto) 전 대통령과 그가 이끄는 군부 권력의 부정부패를 규탄하고자 자카르타(Jakarta)와 메단(Medan), 수라카르타(Surakarta)에서 시위를 벌였는데요, 트리삭티(Trisakti) 대학교에서 학생들이 벌인 집회에서 진압군의 발포로 6명의 학생이 사망한 일이 발생합니다.

이 사실에 분개한 시위 참가자들과 해당 지역 사람들은 거리로 쏟아져 나왔습니다. 그리고 화교 자본의 잠식으로 경제적, 사회적 박탈감을 느낀 이들이 화교들과 기독교인들을 무차별적으로 죽여 참혹하기가 이루 말할 수 없었다고 합니다. 그 외에도, 폭도들은 화교들의 집과 회사에 불을 질렀고 식료품점을 습격해 마구잡이로 물건을 가져간 후 불태워 버리는 행위를 서슴지 않았다고 합니다.

당시 많은 화교들이 싱가포르로 이주해 정착했으며, 지금까지도 인도네시아 화교들은 그때의 참상을 잊지 못하고 있습니다. 이때 중국계 인도네시아인들과 모습이 비슷한 한국인과 일본인들도 많은 피해를 본 바 있습니다.

편지 발송

이 편지를 국제우편으로 보내고 싶어요.

Saya mau kirim surat ini pakai pos internasional.

사야 마우 끼림 수랏 이니 빠까이 뽀스 인뜨르나시오날.

이 편지를 한국으로 보내고 싶어요.

Saya mau kirim surat ini ke Korea.

사야 마우 끼림 수랏 이니 끄 꼬레아.

보통우편으로 편지를 보내고 싶은데요.

Saya mau kirim pakai pos biasa.

사야 마우 끼림 빠까이 뽀스 비아사.

빠른우편으로 보내면, 얼마가 들까요?

Kalau saya kirim pakai pos kilat, berapa biayanya?

깔라우 사야 끼림 빠까이 뽀스 낄랏, 브라빠 비아야냐?

이건 등기우편으로 보낼게요.

Saya mau kirim yang ini pakai pos tercatat.

사야 마우 끼림 양 이니 빠까이 뽀스 뜨르짜땃.

최대한 빨리 보내고 싶어요.

Saya mau kirim secepat mungkin.

사야 마우 끼림 스쯔빳 뭉낀.

소포 발송 ①

이 소포를 한국에 보내고 싶어요.

Saya mau kirim paket ini ke Korea.

사야 마우 끼림 빠껫 이니 끄 꼬레아.

국제소포로 하고 싶어요.

Saya mau pakai paket pos internasional.

사야 마우 빠까이 빠껫 뽀스 인뜨르나시오날.

EMS로 하고 싶어요.

Saya mau pakai EMS.

사야 마우 빠까이 에엠에스.

국제등기로 하고 싶어요.

Saya mau pakai pos tercatat internasional.

사야 마우 빠까이 뽀스 뜨르짜땃 인뜨르나시오날.

소포의 내용물은 무엇인가요?

Apa isi paket ini?

아빠 이시 빠껫 이니?

항공우편으로 하고 싶어요.

Saya mau pakai pos udara.

사야 마우 빠까이 뽀스 우다라.

선박우편으로 하고 싶어요.

Saya mau pakai pos laut.

사야 마우 빠까이 뽀스 라웃.

소포 발송 ②

소포용 박스가 있나요?

Ada dos untuk paket?

아다 도스 운뚝 빠껫?

소포는, 무게에 따라 비용이 정해집니다.

Kalau paket, biayanya ditentukan tergantung beratnya.

깔라우 빠껫, 비아야냐 디뜬뚜깐 뜨르간뚱 브랏냐.

이것을 보내는 데 얼마예요?

Berapa biaya kirim yang ini?

브라빠 비아야 끼림 양 이니?

안에 깨지기 쉬운 물건이 들어 있어요.

Ada barang yang mudah pecah di dalamnya.

아다 바랑 양 무다 쁘짜 디 달람냐.

한국까지 도착하는 데, 시간이 얼마나 걸리나요?

Untuk sampai di Korea, perlu waktu berapa lama?

운뚝 삼빠이 디 꼬레아, 쁘를루 왁뚜 브라빠 라마?

발송 후 배송 조회가 가능한가요?

Habis kirim bisa dilacak?

하비스 끼림 비사 딜라짝?

편지 봉투를 사고 싶어요.

Saya mau beli amplop surat.

사야 마우 블리 암쁠롭 수랏.

우표를 사고 싶어요.

Saya mau beli perangko.

사야 마우 블리 쁘랑꼬.

판매 중인 기념우표가 있나요?

Ada perangko edisi spesial yang lagi dijual?

아다 쁘랑꼬 에디시 스뻬시알 양 라기 디주알?

제 우편물을 찾으러 왔어요.

Saya datang untuk ambil kiriman pos saya.

사야 다땅 운뚝 암빌 끼리만 뽀스 사야.

배달 증명서를 주세요.

Minta bukti kirimnya.

민따 북띠 끼림냐.

몇 시부터 몇 시까지 영업하나요?

Buka dari jam berapa sampai jam berapa?

부까 다리 잠 브라빠 삼빠이 잠 브라빠?

금융 업무도 이용할 수 있나요?

Bisa pakai jasa keuangan?

비사 빠까이 자사 끄우앙안?

여기에서 제일 가까운 우체국이 어디인가요?

Di mana kantor pos yang paling dekat dari sini?

디 마나 깐또르 뽀스 양 빨링 드깟 다리 시니?

신용카드로 비용을 계산할 수 있나요?

Bisa bayar biayanya pakai kartu kredit?

비사 바야르 비아야냐 빠까이 까르뚜 끄레딧?

이 식품을 수령하려면, 식약청에 승인을 받아 와야 하나요?

Untuk terima makanan ini, harus dapat izin dari BPOM?

운뚝 뜨리마 마까난 이니, 하루스 다빳 이진 다리 베뽐?

Tip. BPOM은 Badan Pengawasan Obat dan Makanan으로 '식품 이약청'입니다.

이 약을 수령하려면, 의사 소견서를 받아 와야 하나요?

Untuk terima obat ini, harus bawa surat keterangan dokter?

운뚝 뜨리마 오밧 이니, 하루스 바와 수랏 끄뜨랑안 독뜨르?

비자 신청

무엇을 도와드릴까요?
Ada yang bisa saya bantu?
아다 양 비사 사야 반뚜?

비자를 신청하고 싶어요.
Saya mau daftar visa.
사야 마우 다프따르 뷔사.

거주민 등록을 하고 싶어요.
Saya mau daftar sebagai penduduk.
사야 마우 다프따르 스바가이 쁜두둑.

신청서를 먼저 작성하세요.
Silakan isi formulir pendaftarannya.
실라깐 이시 포르물리르 쁜다프따란냐.

여권을 보여 주세요.
Tolong tunjukkan paspor Anda.
똘롱 뚠죽깐 빠스뽀르 안다.

어떤 서류를 제가 작성해야 하죠?
Apa dokumen yang harus saya isi?
아빠 도꾸멘 양 하루스 사야 이시?

비자 연장

비자를 연장하고 싶어요.
Saya mau perpanjang visa.
사야 마우 쁘르빤장 뷔사.

언제까지 비자를 연장하러 와야 하나요?
Sampai kapan harus saya datang untuk perpanjang visa?
삼빠이 까빤 하루스 사야 다땅 운뚝 쁘르빤장 뷔사?

제 차례는 언제예요?
Kapan giliran saya?
까빤 길리란 사야?

얼마나 기다려야 돼요?
Harus nunggu berapa lama?
하루스 눙구 브라빠 라마?

언제 다시 오면 되나요?
Kapan saya harus datang lagi?
까빤 사야 하루스 다땅 라기?

제 비자를 찾으러 왔어요.
Saya datang untuk ambil visa saya.
사야 다땅 운뚝 암빌 뷔사 사야.

도서 대출 ①

소설책을 대출하고 싶어요.

Saya mau pinjam buku novel.

사야 마우 삔잠 부꾸 노펠.

어디에서 책을 대출할 수 있나요?

Di mana bisa pinjam buku?

디 마나 비사 삔잠 부꾸?

사서는 어디에 있어요?

Petugas perpustakaan ada di mana?

쁘뚜가스 쁘르뿌스따까안 아다 디 마나?

한 번에 몇 권 빌릴 수 있어요?

Sekali pinjam bisa berapa buku?

스깔리 삔잠 비사 브라빠 부꾸?

이 책이 있는지 확인해 주세요.

Tolong cek apakah buku ini ada.

똘롱 쩩 아빠까 부꾸 이니 아다.

비소설은 어느 코너에 있어요?

Buku non-fiksi ada di bagian mana?

부꾸 논픽시 아다 디 바기안 마나?

저는 도서관에서 책을 자주 빌려요.

Saya sering pinjam buku dari perpustakaan.

사야 스링 삔잠 부꾸 다리 쁘르뿌스따까안.

도서 대출 ②

가방을 밖에 맡기고 들어와야 되나요?

Untuk masuk, harus titip tas saya di luar?

운뚝 마숙, 하루스 띠띱 따스 사야 디 루아르?

책을 대출하려면, 먼저 도서관 회원 카드를 만드세요.

Untuk pinjam buku, silakan buat kartu anggota perpustakaan.

운뚝 삔잠 부꾸, 실라깐 부앗 까르뚜 앙고따 쁘르뿌스따까안.

대출 기간은 며칠인가요?

Jangka pinjamannya berapa hari?

장까 삔자만냐 브라빠 하리?

대출 예약을 하고 싶어요.

Saya mau reservasi peminjaman.

사야 마우 레스르퐈시 쁘민자만.

정기 간행물은, 대출할 수 없나요?

Kalau terbitan berkala, tidak bisa dipinjam?

깔라우 뜨르비딴 브르깔라, 띠닥 비사 디삔잠?

도서관은 몇 시까지 여나요?

Sampai kapan perpustakaan buka?

삼빠이 까빤 쁘르뿌스따까안 부까?

도서 반납

책은 언제까지 반납해야 하나요?

Sampai kapan bukunya harus
dikembalikan?

삼빠이 까빤 부꾸냐 하루스 디끔발리깐?

일주일 내로 반납해 주시면 됩니다.

Buku harus dikembalikan
paling lambat seminggu lagi.

부꾸 하루스 디끔발리깐 빨링 람밧 스밍구
라기.

Buku bisa dipinjam selama
seminggu.

부꾸 비사 디삔잠 슬라마 스밍구.

오늘 중으로 책을 반납해 주셔야
됩니다.

Harus dikembalikan dalam hari
ini.

하루스 디끔발리깐 달람 하리 이니.

타인을 통해 책을 반납해도 되나요?

Boleh bukunya dikembalikan
lewat orang lain?

볼레 부꾸냐 디끔발리깐 레왓 오랑 라인?

그 책은 대출 중이고, 다음 주
월요일에 반납됩니다.

Buku itu lagi dipinjam, Senin
depan dikembalikan.

부꾸 이뚜 라기 디삔잠, 스닌 드빤 디끔발리깐.

도서 대출 연체

빌린 책을 연체했어요.

Saya sudah telat kembalikan
buku pinjaman.

사야 수다 뜰랏 끔발리깐 부꾸 삔자만.

빌린 책을 열흘이나 연체했어요.

Saya sudah 10 hari telat
kembalikan buku pinjaman.

사야 수다 스뿔루 하리 뜰랏 끔발리깐 부꾸
삔자만.

연체료는 대출 창구에서 지불하면
돼요.

Denda keterlambatan
pembayarannya bisa dibayar di
loket peminjaman.

든다 끄뜨를람바딴 쁨바야란냐 비사 디바야르
디 로껫 쁘민자만.

그 책을 오늘 반납하지 않으면,
벌금을 내셔야 합니다.

Kalau buku itu tidak
dikembalikan dalam hari ini,
harus bayar denda.

깔라우 부꾸 이뚜 띠닥 디끔발리깐 달람 하리
이니, 하루스 바야르 든다.

도서 대출 연장

책 대출 기한을 연장하고 싶어요.

Saya mau perpanjang jangka waktu pinjam buku.

사야 마우 쁘르빤장 장까 왁뚜 삔잠 부꾸.

한 번 더 연장할 수 있어요?

Apa bisa diperpanjang sekali lagi?

아빠 비사 디쁘르빤장 스깔리 라기?

대출 기한은 언제까지 연장할 수 있나요?

Bisa diperpanjang jangka waktu peminjamannya sampai kapan?

비사 디쁘르빤장 장까 왁뚜 쁘민자만냐 삼빠이 까빤?

온라인으로 대출 기한 연장이 가능한가요?

Bisa diperpanjang jangka waktu peminjamannya lewat online?

비사 디쁘르빤장 장까 왁뚜 쁘민자만냐 레왓 온라인?

도서관 – 기타

빌린 책을 분실했어요.

Saya kehilangan buku yang saya pinjam.

사야 끄힐랑안 부꾸 양 사야 삔잠.

도서관의 책을 구입할 수도 있나요?

Bisa beli buku yang ada di perpustakaan?

비사 블리 부꾸 양 아다 디 쁘르뿌스따까안?

여기에서 공부해도 되나요?

Boleh saya belajar di sini?

볼레 사야 블라자르 디 시니?

제 책을 기부하고 싶어요.

Saya mau sumbang buku saya.

사야 마우 숨방 부꾸 사야.

제가 실수로 책을 훼손했어요. 어떻게 보상할 수 있나요?

Bukunya rusak tanpa sengaja. Bagaimana caranya untuk ganti rugi?

부꾸냐 루삭 딴빠 승아자. 바가이마나 짜라냐 운뚝 간띠 루기?

이 책을 제가 대출받기 전부터 훼손되어 있는 페이지가 있었어요.

Ada halaman yang sudah rusak di buku ini sebelum saya pinjam.

아다 할라만 양 수다 루삭 디 부꾸 이니 스블룸 사야 삔잠.

스타일 상담

헤어스타일을 바꾸고 싶어요.

Saya mau ubah gaya rambut.

사야 마우 우바 가야 람붓.

어떤 스타일을 원하세요?

Mau gaya seperti apa?

마우 가야 스쁘르띠 아빠?

Mau gaya yang mana?

마우 가야 양 마나?

묶기 편한 머리로 해 주세요.

Tolong gayanya yang mudah diikat.

똘롱 가야냐 양 무다 디이깟.

이 사진 스타일처럼 하고 싶어요.

Saya mau gaya seperti foto ini.

사야 마우 가야 스쁘르띠 포또 이니.

요즘 유행하는 스타일로 해 주세요.

Minta gayanya yang populer belakangan.

민따 가야냐 양 뽀뿔레르 블라깡안.

어떤 스타일이 저에게 어울릴까요?

Gaya apa yang cocok buat saya, ya?

가야 아빠 양 쪼쪽 부앗 사야, 야?

커트 ①

머리를 자르고 싶어요.

Saya mau potong rambut.

사야 마우 뽀똥 람붓.

어떻게 잘라 드릴까요?

Mau dipotong bagaimana?

마우 디뽀똥 바가이마나?

Mau dipotong seperti apa?

마우 디뽀똥 스쁘르띠 아빠?

10센티미터 정도 잘라 주세요.

Tolong dipotong kira-kira 10cm.

똘롱 디뽀똥 끼라끼라 스뿔루 센띠메뜨르.

아주 짧게 잘라 주세요.

Tolong dipotong pendek sekali.

똘롱 디뽀똥 뻰덱 스깔리.

머리끝만 잘라 주세요.

Tolong dipotong ujungnya saja.

똘롱 디뽀똥 우중냐 사자.

너무 짧게는 잘라 주지 마세요.

Jangan dipotong terlalu pendek.

장안 디뽀똥 뜨를랄루 뻰덱.

커트 ②

다듬기만 할게요.

Saya cuma mau merapikan.

사야 쭈마 마우 므라삐깐.

Tip. 'rapi 라삐'는 '정돈된', '깔끔한'이라는 뜻입니다.
여기에 'me-, -kan' 접사를 붙이면 '~하게 하다'
라는 뜻이 더해져 '정돈하다'라는 의미가 됩니다.

끝만 다듬어 주세요.

Tolong rapikan ujungnya saja.

똘롱 라삐깐 우중냐 사자.

앞머리를 잘라 주세요.

Tolong dipotong poni.

똘롱 디뽀똥 뽀니.

여기까지 잘라 주세요.

Tolong dipotong sampai sini.

똘롱 디뽀똥 삼빠이 시니.

앞머리는 그대로 두세요.

Tolong poninya dibiarkan.

똘롱 뽀니냐 디비아르깐.

머리숱을 쳐 주세요.

Tolong rambutnya ditipiskan.

똘롱 람붓냐 디띠삐스깐.

파마

파마하고 싶어요.

Saya mau keriting rambut.

사야 마우 끄리띵 람붓.

어떤 파마를 원하세요?

Mau gaya rambut keriting yang mana?

마우 가야 람붓 끄리띵 양 마나?

자연스러운 웨이브를 하고 싶어요.

Saya mau rol yang natural.

사야 마우 롤 양 나뚜랄.

웨이브를 크게 넣어 주세요.

Saya mau rol yang besar.

사야 마우 롤 양 브사르.

스트레이트 파마로 해 주세요.

Tolong luruskan rambut.

똘롱 루루스깐 람붓.

짧은 머리에 어울리는 파마로 해 주세요.

Tolong keritingkan rambut yang cocok dengan rambut pendek.

똘롱 끄리띵깐 람붓 양 쪼쪽 등안 람붓 뻰덱.

너무 곱슬거리지 않게 말아 주세요.

Tolong dirol jangan terlalu kribo.

똘롱 디롤 장안 뜨를랄루 끄리보.

염색

머리를 염색해 주세요.

Tolong rambut saya diwarnain.

똘롱 람붓 사야 디와르나인.

Tip.diwarnain은 본래 diwarnakan입니다.
자카르타 사투리의 일종이니 알아 두세요.

어떤 색으로 하시겠어요?

Mau warna apa?

마우 와르나 아빠?

짙은 갈색으로 해 주세요.

Minta warna cokelat tua.

민따 와르나 쪼끌랏 뚜아.

금발 머리가 저에게 어울릴까요?

Apa rambut pirang cocok buat
saya?

아빠 람붓 삐랑 쪼쪽 부앗 사야?

이 색으로 하고 싶어요.

Saya mau warna ini.

사야 마우 와르나 이니.

염색한 후, 그 색이 오래가나요?

Habis diwarnain, apa warna itu
tahan lama?

하비스 디와르나인, 아빠 와르나 이뚜 따한
라마?

염색하면, 머릿결이 상하나요?

Kalau diwarnain, rambutnya
jadi rusak?

깔라우 디와르나인, 람붓냐 자디 루삭?

세탁물 맡기기

이 셔츠 드라이클리닝해 주세요.

Tolong dry cleaning kemeja ini.

똘롱 드라이 끌리닝 끄메자 이니.

이 양복을 세탁소에 맡겨 주세요.

Tolong dititip cuci jas ini
di laundry.

똘롱 디띠띱 쭈찌 자스 이니 디 론드리.

이 옷들은 세탁소에 맡길 거예요.

Baju-baju ini mau dititip di
laundry.

바주바주 이니 마우 디띠띱 디 론드리.

이건 실크예요. 조심해 주세요.

Ini sutra. Tolong berhati-hati.

이니 수뜨라. 똘롱 브르하띠하띠.

이 바지 좀 다려 주세요.

Tolong celana ini disetrika.

똘롱 쫄라나 이니 디스뜨리까.

이 옷은 다리면 안 돼요.

Baju ini tidak boleh disetrika.

바주 이니 띠닥 볼레 디스뜨리까.

향이 너무 강한 세제는 사용하지 말아
주세요.

Tolong jangan pakai detergen
yang aromanya terlalu kuat.

똘롱 장안 빠까이 데뜨르겐 양 아로마냐
뜨를랄루 꾸앗.

세탁물 찾기

세탁물을 찾고 싶은데요.
Saya mau ambil cuciannya.
사야 마우 암빌 쭈찌안냐.

죄송합니다. 아직 안 되었어요.
Maaf. Masih belum selesai.
마앞. 마시 블룸 슬르사이.

제 옷 언제쯤 찾아갈 수 있나요?
Kira-kira kapan saya bisa ambil
baju saya?
끼라끼라 까빤 사야 비사 암빌 바주 사야?

세탁비는 얼마인가요?
Berapa biaya laundrynya?
브라빠 비아야 론드리냐?

세탁물을 찾으려면, 접수증을 주세요.
Kalau mau ambil cuciannya,
tolong kasih tanda.
깔라우 마우 암빌 쭈찌안냐, 똘롱 까시 딴다.

언제 다시 올까요?
Kapan saya harus datang lagi?
까빤 사야 하루스 다땅 라기?

문제 제기 ①

옷이 망가졌어요.
Pakaiannya rusak.
빠까이안냐 루삭.

다른 색 물이 들었어요.
Kena warna lain.
끄나 와르나 라인.
Jadi luntur dengan warna lain.
자디 룬뚜르 등안 와르나 라인.

여기가 찢어졌어요.
Bagian ini robek.
바기안 이니 로벡.

얼룩이 지워지지 않았어요.
Nodanya belum hilang.
노다냐 블룸 힐랑.

이 셔츠의 소매가 아직도 더러워요.
Bagian lengan di kemeja ini
masih kotor.
바기안 릉안 디 끄메자 이니 마시 꼬또르.

Tip. lengan은 '팔'이라는 뜻으로, 뒤에 baju를
붙이면 '소매'라는 뜻이 됩니다.
'긴소매'는 'lengan panjang 릉안 빤장',
'반소매'는 'lengan pendek 릉안 뻰덱'입니다.

이거 제 옷이 아닌데요.
Ini bukan baju saya.
이니 부깐 바주 사야.

문제 제기 ②

인도네시아 세탁소 이용하기

제 옷 한 벌이 없어졌어요.

1 potong baju saya hilang.

사뚜 뽀똥 바주 사야 힐랑.

단추가 없어졌어요.

Kancingnya hilang.

깐찡냐 힐랑.

다림질이 잘 안 됐어요.

Disetrika kurang rapi.

디스뜨리까 꾸랑 라삐.

목 부분이 늘어났어요.

Bagian lehernya jadi longgar.

바기안 레헤르냐 자디 롱가르.

옷이 줄어들었어요.

Bajunya jadi kecil.

바주냐 자디 끄찔.

세제 향이 너무 강해요.

Aroma detergennya terlalu kuat.

아로마 데떼르겐냐 뜨를랄루 꾸앗.

다음부터는 제시간에 맞춰 주세요.

Lain kali tolong tepati waktu.

라인 깔리 똘롱 뜨빠띠 왁뚜.

인도네시아에 가 보면 Laundry라고 쓰여있는 간판이 자주 눈에 띕니다. 이는 세탁소를 뜻하며 인도네시아어로 '론드리'라고 발음합니다.

집에 가정부를 고용한 경우 가정에서 직접 빨래를 하기도 하지만, 외국인들의 경우 세탁소 비용이 부담스럽지 않은 수준이어서 직장인이나 사업가뿐 아니라 주머니 사정이 그리 좋지 않은 유학생들도 세탁소를 자주 이용합니다.

대부분의 세탁소에서 세탁물 수거 및 배달 서비스까지 제공하기 때문에 편리하고, 시간을 절약할 수 있다는 장점이 있습니다. 인도네시아 세탁소에 옷을 맡기면 보통 아주 깔끔하게 개서 옵니다. 세제와 섬유 유연제의 향이 너무 강할 수도 있는데 그런 경우에는 따로 이야기하는 것이 좋습니다.

저렴한 비용만큼 단점도 있습니다. 보통의 세탁소는 초대형 세탁기에 여러 고객들의 세탁물들을 다 넣고 한꺼번에 세탁하기 때문에 흰옷에 얼룩이 생기는 불상사가 더러 발생합니다. 이를 예방하기 위해서는 처음부터 비용을 조금 더 지불하고 자신의 의류만 따로 세탁할 수 있는 서비스를 받는 것이 현명합니다.

또 이따금 맡겼던 옷이 없어지기도 하고 다른 이의 옷이 잘못 배달되는 경우도 있습니다. 가장 고객을 힘들게 하는 것은 약속된 기한을 잘 지키지 않는 것인데, 세탁물을 며칠 또는 몇 주, 간혹 한 달이 넘어갈 때까지 돌려주지 않는 경우도 있습니다. 그래서 보통 비싼 옷들은 집에서 직접 빨고, 편하게 입을 수 있는 일반 의류들을 따로 모아 세탁소에 맡기기도 한답니다.

수선

이 옷 수선이 가능한가요?
Bisa permak baju ini?
비사 쁘르막 바주 이니?

이 바지 길이 좀 줄여 주세요.
Tolong kecilkan ukuran celana panjang ini.
똘롱 끄찔깐 우꾸란 쫄라나 빤장 이니.

지퍼가 고장 났어요.
  좀 바꿔 주시겠어요?
Resletingnya rusak.
Bisa diganti?
레슬레띵냐 루삭. 비사 디간띠?

이 치마 길이 좀 늘려 주세요.
Tolong dipanjangkan ukuran rok panjang ini.
똘롱 디빤장깐 우꾸란 록 빤장 이니.

수선 비용은 얼마인가요?
Berapa biaya permaknya?
브라빠 비아야 쁘르막냐?

렌터카 대여

차를 빌리고 싶어요.
Saya mau sewa mobil.
사야 마우 세와 모빌.

어떤 차를 원하세요?
Mau mobil yang mana?
마우 모빌 양 마나?

세단으로 원해요.
Saya mau mobil sedan.
사야 마우 모빌 세단.

싼 밴을 원해요.
Saya mau van murah.
사야 마우 판 무라.

자동 변속기로 주세요.
Minta yang otomatis.
민따 양 오또마띠스.

수동 변속기로 주세요.
Minta yang manual.
민따 양 마누알.

얼마나 대여하실 거예요?
Mau sewa berapa lama?
마우 세와 브라빠 라마?

226

렌터카 반납	렌터카 – 기타

몇 시까지 반납해야 해요?

Harus dikembalikan sampai jam berapa?

하루스 디끔발리깐 삼빠이 잠 브라빠?

차는 어디에서 반납하면 되나요?

Mobilnya dikembalikan di mana?

모빌냐 디끔발리깐 디 마나?

반납일을 지켜 주세요.

Tolong tepati tanggal pengembaliannya.

똘롱 뜨빠띠 땅갈 뽕음발리안냐.

사용하신 후에 여기로 다시 돌려주세요.

Habis dipakai silakan kembalikan ke sini.

하비스 디빠까이 실라깐 끔발리깐 끄 시니.

사용하고, 제가 있는 곳에서 차를 반납하고 싶어요.

Habis pakai, saya mau kembalikan mobilnya di tempat saya.

하비스 빠까이, 사야 마우 끔발리깐 모빌냐 디 뜸빳 사야.

반납은, 다른 지점으로 하고 싶어요.

Pengembaliannya, saya mau ke kantor cabang lain.

뽕음발리안냐, 사야 마우 끄 깐또르 짜방 라인.

보험을 들고 싶어요.

Saya mau pakai asuransi.

사야 마우 빠까이 아수란시.

내비게이션도 빌리고 싶어요.

Saya mau pinjam GPS juga.

사야 마우 삔잠 게뻬에스 주가.

카 시트(베이비 시트)도 빌릴 수 있나요?

Bisa sewa dudukan bayi di mobil juga?

비사 세와 두두깐 바이 디 모빌 주가?

기름을 넣어 주세요.

Tolong diisi bensinnya.

똘롱 디이시 벤신냐.

기름은 직접 넣을게요.

Saya mau isi bensinnya sendiri.

사야 마우 이시 벤신냐 슨디리.

보증금은 얼마인가요?

Berapa uang mukanya?

브라빠 우앙 무까냐?

Tip. 'uang jaminan 우앙 자미난'도 '보증금'을 뜻하는 단어입니다.

기름은 충분한가요?

Apa bensinnya cukup?

아빠 벤신냐 쭈꿉?

기름이 부족해요.

Bensinnya kurang.

벤신냐 꾸랑.

지금은 주유할 필요가 없는 것 같은데요.

Kayaknya sekarang tidak usah isi bensin.

까약냐 스까랑 띠닥 우사 이시 벤신.

근처에 주유소가 있나요?

Ada pom bensin di sekitar sini?

아다 뽐 벤신 디 스끼따르 시니?

이 근처 주유소가 어디에 있나요?

Di mana pom bensin di sekitar sini?

디 마나 뽐 벤신 디 스끼따르 시니?

얼마나 넣어 드릴까요?

Mau isi berapa?

마우 이시 브라빠?

가득 채워 주세요.

Tolong diisi penuh.

똘롱 디이시 쁘누.

일반 휘발유로 넣어 주세요.

Tolong diisi dengan bensin biasa.

똘롱 디이시 등안 벤신 비아사.

리터당 기름값이 얼마죠?

Berapa harga bensin per liter?

브라빠 하르가 벤신 쁘르 리뜨르?

주유소 화장실에 들르고 싶어요.

Saya mau mampir di toilet di pom bensin.

사야 마우 맘삐르 디 또일렛 디 뽐 벤신.

십만 루피아어치 넣어 주세요.

Tolong diisi 10 ribu rupiah saja.

똘롱 디이시 스뿔루 리부 루삐아 사자.

조금만 뒤로 빼세요.

Tolong mundur sedikit.

똘롱 문두르 스디낏.

주유기 앞에 차를 세우세요.

Tolong mobilnya berhenti di depan mesin pengisian.

똘롱 모빌냐 브르흔띠 디 드빤 므신 쁭이시안.

서점 ①

오늘은 서점에 가려고 해요.

Saya mau ke toko buku hari ini.

사야 마우 끄 또꼬 부꾸 하리 이니.

저는 책을 사고 싶어요.

Saya mau beli buku.

사야 마우 블리 부꾸.

무슨 책을 찾으세요?

Anda cari buku apa?

안다 짜리 부꾸 아빠?

이 책은 어디에 있나요?

Buku ini ada di mana?

부꾸 이니 아다 디 마나?

이 책을 찾아 주세요.

Tolong carikan buku ini.

똘롱 짜리깐 부꾸 이니.

인도네시아어 책을 찾고 있어요.

Saya lagi cari buku bahasa Indonesia.

사야 라기 짜리 부꾸 바하사 인도네시아.

여행책을 찾고 있어요.

Saya lagi cari buku pariwisata.

사야 라기 짜리 부꾸 빠리위사따.

꼭! 짚고 가기

인도네시아 주유소

인도네시아의 주유소는 우리나라 주유소의 풍경과 조금 다릅니다. 그 이유는 대다수 국민이 주요 교통수단으로 오토바이를 사용하기 때문입니다. 무슬림 국가답게 주유소마다 무슬림을 위한 기도실이 준비된 경우가 많으며 ATM 및 에어펌프 등도 갖춰져 있습니다. 물론 드물긴 하지만 이동량이 많은 몇몇 군데의 고속도로나 도시 간 주유소에는 대형 커피숍, 음식점 등 우리나라의 휴게소에서 볼 수 있는 시설들도 있습니다. 대부분의 주유소 안에는 화장실과 편의점이 있습니다. 인도네시아 주유소에서 사용하는 기름의 종류는 다음과 같습니다. 휘발유(일반 휘발유와 프리미엄 휘발유), 디젤, LPG, 등유 그리고 E85가 있습니다. 여기서 E85는 85%의 에탄올과 15%의 무연 가솔린을 혼합하여 만든 유용한 연료이며, 유연 연료 차량 또는 최대 85% 에탄올을 혼합하여 작동하도록 설계된 차량에 사용하도록 설계되어 있습니다.

산유국인 만큼 기름값이 우리나라보다 매우 저렴하지만 안타까운 현실은 사실 가격이 더 저렴했어야 한다는 점입니다. 자국에서 석유가 생산되나 정제 기술이 없어 싱가포르에서 정제된 기름을 역수입해야 하는 비용이 인도네시아의 기름값에 더해지기 때문입니다.

서점 ②

이 책 재고가 있나요?

Buku ini ada stok?

부꾸 이니 아다 스똑?

그 책은 품절 상태입니다.

Buku itu terjual habis.

부꾸 이뚜 뜨르주알 하비스.

그 책은 절판되었습니다.

Buku itu sudah tidak dicetak lagi.

부꾸 이뚜 수다 띠닥 디쩨딱 라기.

그 책은 언제 다시 입고되나요?

Buku itu kapan masuk lagi?

부꾸 이뚜 까빤 마숙 라기?

신간 서적 코너는 어디인가요?

Di mana bagian buku terbaru?

디 마나 바기안 부꾸 뜨르바루?

이 책 가격이 얼마인가요?

Berapa harga buku ini?

브라빠 하르가 부꾸 이니?

책을 배송해 주실 수 있나요?

Bisa diantar bukunya?

비사 디안따르 부꾸냐?

문구점

가까운 문구점이 어디에 있나요?

Di mana ATK?

디 마나 아떼까?

Tip. ATK는 'Alat Tulis Kantor 알랏 뚤리스 깐또르'의 약자로 '문구점'입니다.

연필 어디에 있어요?

Di mana pensil?

디 마나 뻰실?

지우개는 어디에 있나요?

Di mana penghapus?

디 마나 뼁하뿌스?

긴 자 있나요?

Ada penggaris panjang?

아다 뼁가리스 빤장?

볼펜 있어요?

Ada pulpen?

아다 뿔뻰?

이 볼펜 좀 써 봐도 되나요?

Pulpen ini boleh dicoba?

뿔뻰 이니 볼레 디쪼바?

AAA 건전지 주세요.

Minta baterai AAA.

민따 바뜨라이 아아아(아띠가).

복사 용지 어디에 있나요?

Di mana kertas foto kopi?

디 마나 끄르따스 포또 꼬삐?

230

안경점

렌즈를 찾고 있어요.

Saya lagi cari lensa.

사야 라기 짜리 렌사.

안경테를 사려고요.

Saya mau beli bingkai kacamata.

사야 마우 블리 빙까이 까짜마따.

이 안경 얼마예요?

Berapa harga kacamata ini?

브라빠 하르가 까짜마따 이니?

제 시력 좀 재 주세요.

Tolong periksa penglihatan mata saya.

똘롱 쁘릭사 뻥리하딴 마따 사야.

안경다리가 고장 났어요.

Gagang kacamatanya rusak.

가강 까짜마따냐 루삭.

새로 나온 선글라스 좀 보여 주세요.

Tolong tunjukkan kacamata hitam terbaru.

똘롱 뚠죽깐 까짜마따 히땀 뜨르바루.

무테 안경을 사려고요.

Saya mau beli kacamata tanpa bingkai.

사야 마우 블리 까짜마따 딴빠 빙까이.

꼭! 짚고 가기

인도네시아 문학 작품 소개

인도네시아에서 기록적인 판매량을 기록하고, 우리나라를 포함한 여러 국가에서 출간되며 영화와 뮤지컬까지 제작된 인도네시아 문학 작품이 있습니다.

바로 'Andrea Hirata 안드레아 히라따'의 소설 'Laskar Pelangi 라스까르 뻴랑이'입니다.

이 작품은 2005년 출간 이래 인도네시아에서 5백만 부 이상의 판매를 기록한 작가 안드레아 히라따의 자전적 성장 소설입니다.

우리나라에서는 〈벨리퉁섬의 무지개 학교〉라는 제목으로 알려진 이 소설은 빈곤과 차별이 가득한 상황에서 꿈을 잃지 않는 아이들과 선생님의 이야기를 들려줍니다. 폐교 위기 속, 학교를 지키려는 천진난만한 아이들과 젊은 선생님의 노력을 지켜보고 있자면 어느새 가슴이 먹먹해집니다.

이 작품의 배경이 된 인도네시아 수마트라(Sumatera)섬 동부 해안의 벨리퉁(Belitung)섬은 유명 관광지로 재탄생하였습니다. 영화에 나온 벨리퉁섬의 초등학교는 이미 많은 이들이 찾는 관광 명소가 되었고 알록달록한 무지갯빛으로 꾸며놓은 'Laskar Pelangi 라스까르 뻴랑이' 문학 박물관도 개관하였습니다. 안드레아 히라따가 박물관 운영에 직접 많은 도움을 준 것으로 알려져 있습니다. 이 지역도 홍수를 피할 수는 없었는데, 2017년 홍수로 관광이 어려워졌지만 다시 복구되어 많은 이들의 발길이 이어지고 있다고 합니다. 영어 제목은 'The Rainbow Troops'이니, 기회가 되면 읽어 보세요.

개신교

이 근처에 교회가 있나요?

Ada gereja di sekitar sini?

아다 그레자 디 스끼따르 시니?

저는 어릴 적에 세례를 받았어요.

Saya terima baptis waktu kecil.

사야 뜨리마 밥띠스 왁뚜 끄찔.

요즘은 인도네시아인들도 교인들이 많아요.

Belakangan orang Indonesia juga ada banyak yang beragama Kristen.

블라깡안 오랑 인도네시아 주가 아다 바냑 양 브르아가마 끄리스뜬.

저는 장로교에 다닙니다.

Saya ke gereja presbiterian.

사야 끄 그레자 쁘레스비뜨리안.

저는 감리교에 다닙니다.

Saya ke gereja injil.

사야 끄 그레자 인질.

저는 자기 전에 성경을 읽습니다.

Saya baca Alkitab sebelum tidur.

사야 바짜 알끼땁 스블룸 띠두르.

교회 활동 ①

저는 성가대예요.

Saya anggota paduan suara gereja.

사야 앙고따 빠두안 수아라 그레자.

그는 아주 독실한 기독교 신자라 교회 예배와 모임에 빠지지 않아요.

Dia umat Kristen yang taat jadi tidak bolos beribadah dan berkumpul di gereja.

디아 우맛 끄리스뜬 양 따앗 자디 띠닥 볼로스 브르이바다 단 브르꿈뿔 디 그레자.

저는 교회에서 열심히 찬송가를 불러요.

Saya rajin nyanyi lagu pujian di gereja dengan sungguh-sungguh.

사야 라진 냐니 라구 뿌지안 디 그레자 등안 숭구숭구.

저는 교회에서 초등학생을 가르쳐요.

Saya mengajar anak SD di gereja.

사야 믕아자르 아낙 에스데 디 그레자.

이 분은 교회 목사입니다.

Beliau adalah pendeta.

블리아우 아달라 쁜데따.

저는 교회 일을 돕는 것이 즐거워요.

Saya senang bantu kerja di gereja.

사야 스낭 반뚜 끄르자 디 그레자.

교회 활동 ②

\# 저는 예배만 하고, 바로 집으로
돌아옵니다.

**Saya habis beribadah, langsung
pulang.**

사야 하비스 브르이바다, 랑숭 뿔랑.

\# 오늘 우리 집에 모여 예배를 드렸어요.
(신방 예배)

**Tadi kami kumpul dan
beribadah di rumah saya.**

따디 까미 꿈뿔 단 브르이바다 디 루마 사야.

\# 저는 교회에서 봉사 활동을 자주
해요.

**Saya sering melakukan
kegiatan sukarela di gereja.**

사야 스링 믈라꾸깐 끄기아딴 수까렐라 디
그레자.

\# 저는 선교하러 1년에 한 번 해외로
나가요.

**Saya setahun sekali pergi ke
luar negeri untuk sebarkan
agama.**

사야 스따운 스깔리 쁘르기 끄 루아르 느그리
운뚝 스바르깐 아가마.

\# 그는 선교사로 지금 인도네시아에
있어요.

**Dia sekarang ada di Indonesia
sebagai misionaris.**

디아 스까랑 아다 디 인도네시아 스바가이
미시오나리스.

인도네시아의 기독교

인도네시아에도 교회가 있습니다. 기독교가 7%에 불과하고 무슬림 인구가 대부분이기 때문에 기독교인에 대한 차별이 있는데, 화교이며 기독교도인 아혹(전 자카르타 주지사)만 보아도 그렇습니다. 그는 주민들과의 간담회에서 꾸란의 구절을 인용하며 이슬람 지도자들이 유권자에게 기독교도 후보에 투표하지 못하게 하는 행위를 비판했는데, 이 영상을 찍은 한 교수가 자신의 SNS에 게시물을 올리며 전 인도네시아 무슬림들의 공분을 산 적이 있습니다. 신성모독이라는 이유로 많은 이들이 그의 후보 퇴진을 요구하는 전국적인 시위를 벌였고, 결국 그를 2년 형에 처했습니다.

특히 이슬람 급진파들의 영향력이 센 서부 자와바라트(Jawa Barat)주에서는 기독교도들에 대한 규탄이 더 심하며 정부가 교회의 건축 허가를 내주지 말아야 한다는 입장을 견지합니다.

학교에서도 기독교에 대한 차별이 있는데, 어떤 부모들은 자신의 아이들에게 기독교 신자들과는 어울리지 말라는 이야기를 하기도 합니다. 이슬람 원리주의, 분리 독립주의(파푸아지역), 종교 갈등 등 다양한 요인에 기인한 테러가 지속적으로 발생하고 있습니다. 2016년 1월 자카르타 폭탄테러, 2018년 5월 수라바야 폭탄테러, 2018년 12월 파푸아 분리주의 단체 건설노동자 사살 등 대형 테러사건 빈발하고 있습니다. 이슬람 급진파들의 갈수록 대담해지는 데리 행각에 인도네시아 기독교도들은 걱정이 이만저만이 아닙니다.

이슬람교

그는 독실한 무슬림이에요.

Dia seorang Muslim yang taat.

디아 스오랑 무슬림 양 따앗.

저는 할랄 음식만 먹습니다.

Saya hanya makan makanan halal.

사야 하냐 마깐 마까난 할랄.

이 근처 할랄 식당이 어디 있나요?

Di mana restoran halal di sekitar sini?

디 마나 레스또란 할랄 디 스끼따르 시니?

그는 지금도 하루에 다섯 번씩 잊지 않고 기도해요.

Dia masih tidak lupa salat lima kali sehari.

디아 마시 띠닥 루빠 살랏 리마 깔리 스하리.

데위는 무슬림이지만 히잡은 쓰지 않아요.

Dewi adalah seorang Muslim tapi tidak pakai jilbab.

데위 아달라 스오랑 무슬림 따삐 띠닥 빠까이 질밥.

무슬림들은 돼지고기와 술을 먹지 않아요.

Muslim tidak makan daging babi dan tidak minum minuman keras.

무슬림 띠닥 마깐 다깅 바비 단 띠닥 미눔 미누만 끄라스.

종교 – 기타

그는 종교가 무엇인가요?

Apa agama dia?

아빠 아가마 디아?

발리인들은 대부분 힌두교도입니다.

Orang Bali kebanyakan beragama Hindu.

오랑 발리 끄바냐깐 브르아가마 힌두.

저는 무슬림은 아니지만 그들의 종교를 존중해요.

Saya bukan Muslim tapi menghargai agama mereka.

사야 부깐 무슬림 따삐 믕하르가이 아가마 므레까.

저는 매주 성당에 다녀요.

Saya setiap minggu ke gereja katolik.

사야 스띠압 밍구 끄 그레자 까똘릭.

그는 불교를 믿습니다.

Dia menganut agama Buddha.

디아 믕아눗 아가마 부다.

그는 유교를 믿어요.

Dia memeluk agama Konghucu.

디아 므믈룩 아가마 꽁후쭈.

저는 무교입니다.

Saya tidak punya agama.

사야 띠닥 뿌냐 아가마.

헬스클럽 등록

\# 회원 등록을 하고 싶어요.

Saya mau daftar jadi anggota.

사야 마우 다프따르 자디 앙고따.

\# 올해는 운동을 꾸준히 하려고 해요.

Tahun ini saya mau rajin olahraga.

따훈 이니 사야 마우 라진 올라라가.

\# 여기에서 가까운 몰에 헬스클럽이 문을 열었어요.

Mall yang dekat dari sini sudah buka gym.

몰 양 드깟 다리 시니 수다 부까 짐.

\# 개인 트레이닝을 받는 데 얼마인가요?

Berapa biaya pakai pelatih pribadi?

브라빠 비아야 빠까이 쁠라띠 쁘리바디?

\# 한 달 회비가 얼마인가요?

Berapa biaya untuk sebulan?

브라빠 비아야 운뚝 스불란?

\# 락커 포함한 가격인가요?

Apa biayanya termasuk loker?

아빠 비아야냐 뜨르마숙 로끄르?

\# 오늘부터 헬스클럽을 사용하고 싶어요.

Saya mau pakai gym mulai hari ini.

사야 마우 빠까이 짐 물라이 하리 이니.

꼭! 짚고 가기

'할랄'이란?

아랍어 'Halal 할랄'은 '허용할 수 있는'이라는 뜻으로, 보통 무슬림들이 먹고 쓸 수 있는 모든 제품을 총칭하는 용어입니다. 이와 반대로 무슬림들이 먹고 쓸 수 없는 것들은 '하람(Haram)'이라고 하며, 아랍어로 '금기된'이라는 의미입니다. 무슬림들은 이슬람 율법인 샤리아(Shariah)'에 의해 허용된 것과 금기된 것을 실생활에서도 철저히 지킵니다.

가장 대표적인 금기 사항은 돼지고기 섭취입니다. 돼지에서 나온 기름과 젤라틴을 포함한 모든 것들이 금기시되며, 돼지고기 이외에도 이슬람식 방법으로 도축되지 않은 고기는 금기의 대상입니다. 도축 시 짐승의 머리는 메카를 향해야 하며 기도를 드린 다음 고통을 최소화하기 위해 단칼에 목을 베고 모든 피를 빼내야 합니다. 식품과 마찬가지로 무슬림의 몸에 직접 접촉되는 제품들에 대한 할랄 인증도 필수입니다.

인도네시아 정부가 2019년 10월 17일부터 모든 식음료 제품과 소비제 등에 할랄 인증이 의무화된 만큼, 이제 할랄 인증은 기본 요건이 되었습니다.

헬스클럽 - 이용 & 운동 ①

샤워실은 어디인가요?

Di mana tempat untuk mandi?

디 마나 뜸빳 운뚝 만디?

여기에서 체육복을 빌릴 수 있나요?

Di sini bisa pinjam baju olahraga?

디 시니 비사 삔잠 바주 올라라가?

운동화는, 각자 가져와야 합니다.

Kalau sepatu olahraga, harus bawa sendiri.

깔라우 스빠뚜 올라라가, 하루스 바와 슨디리.

이렇게 하는 게 맞나요?

Sudah betul begini?

수다 브뚤 브기니?

이 기구는 어떻게 사용하나요?

Bagaimana cara pakai alat ini?

바가이마나 짜라 빠까이 알랏 이니?

저는 웨이트를 위주로 할 거예요.

Saya mau fokus latihan beban.

사야 마우 포꾸스 라띠한 브반.

오늘은 유산소 운동만 할래요.

Hari ini saya mau senam aerobik saja.

하리 이니 사야 마우 스남 아에로빅 사자.

헬스클럽 - 이용 & 운동 ②

스트레칭 운동으로 시작하세요.

Silakan mulai dengan olahraga peregangan.

실라깐 물라이 등안 올라라가 쁘르강안.

살을 빼고 싶어요.

Saya mau kurangi berat badan.

사야 마우 꾸랑이 브랏 바단.

식이요법을 해야 할까요?

Saya perlu terapi diet?

사야 쁘를루 떼라삐 디엣?

당신은 단백질 섭취가 필요해요.

Anda perlu konsumsi protein.

안다 쁘를루 꼰숨시 쁘로떼인.

근육을 키우기 위해서, 덤벨부터 들기 시작하세요.

Untuk besarkan otot, silakan mulai dengan angkat barbel dulu.

운뚝 브사르깐 오똣, 실라깐 물라이 등안 앙깟 바르벨 둘루.

첫날은 무리하게 운동하시면 안 돼요.

Tidak boleh olahraga berlebihan untuk hari pertama.

띠닥 볼레 올라라가 브를르비한 운뚝 하리 쁘르따마.

골프 예약

골프 치는 거 좋아하세요?

Suka bermain golf?

수까 브르마인 골프?

이번 주말에 골프 치러 가는 게 어때요?

Bagaimana kalau kita pergi main golf akhir minggu ini?

바가이마나 깔라우 끼따 쁘르기 마인 골프 아히르 밍구 이니?

이 근처에 골프장이 있어요?

Ada lapangan golf di dekat sini?

아다 라빵안 골프 디 드깟 시니?

골프장 이용료는 얼마예요?

Berapa biaya sewa lapangan golf?

브라빠 비아야 세와 라빵안 골프?

캐디 한 명 배치해 주세요.

Tolong sediakan caddie 1 orang.

똘롱 스디아깐 캐디 사뚜 오랑.

네 명이 라운드하도록 예약해 주세요.

Tolong reservasi satu putaran untuk empat orang.

똘롱 레스르퐈시 사뚜 뿌따란 운뚝 음빳 오랑.

골프 게임

어느 클럽을 쓰시겠어요?

Mau pakai klub yang mana?

마우 빠까이 끌룹 양 마나?

7번 아이언으로 할게요.

Saya mau pakai iron nomor tujuh.

사야 마우 빠까이 아이언 노모르 뚜주.

그린이 비었어요. 치세요.

Lapangannya kosong. Silakan pukul.

라빵안냐 꼬송. 실라깐 뿌꿀.

당신 차례예요.

Giliran Anda.

길리란 안다.

추가로 나인홀을 더 돌고 싶어요.

Mau tambah putaran sembilan hole.

마우 땀바 뿌따란 슴빌란 홀.

핸디가 얼마예요?

Berapa handicap Anda?

브라빠 핸디캡 안다?

나이스 샷!

Pukulan yang bagus!

뿌꿀란 양 바구스!

마사지 예약

발 마사지 예약하려고요.

Saya mau reservasi massage kaki.

사야 마우 레스르퐈시 마싸스 까끼.

Tip. 'pijat 삐잣'도 '마사지'입니다.

전신 마사지 받고 싶어요.

Saya mau massage seluruh badan.

사야 마우 마싸스 슬루루 바단.

지금 두 명 마사지 받을 수 있나요?

Bisa massage sekarang untuk dua orang?

비사 마싸스 스까랑 운뚝 두아 오랑?

스파도 하려고요.

Saya mau spa juga.

사야 마우 스빠 주가.

얼굴 관리도 해 주나요?

Bisa perawatan wajah juga?

비사 쁘라와딴 와자 주가?

2시간으로 할게요.

Mau 2 jam.

마우 두아 잠.

오늘 오후 6시로 예약하려고요.

Saya mau reservasi untuk jam 6 malam hari ini.

사야 마우 레스르퐈시 운뚝 잠 으남 말람 하리 이니.

마사지 받을 때

시원하네요.

Enak.

에낙.

아파요.

Sakit.

사낏.

마사지를 잘하시네요.

Anda pintar massage.

안다 삔따르 마싸스.

너무 세게 해 주지 마세요.

Tolong jangan terlalu keras.

똘롱 장안 뜨를랄루 끄라스.

조금 더 세게 해 주세요.

Tolong lebih keras.

똘롱 르비 끄라스.

여기를 위수로 마사시해 주세요.

Tolong massage dengan fokus di bagian ini.

똘롱 마싸스 등안 포꾸스 디 바기안 이니.

몇 분 남았나요?

Tinggal berapa menit?

띵갈 브라빠 므닛?

30분만 해 주세요.

Mau setengah jam saja.

마우 스뜽아 잠 사자.

238

영화관 가기 ①

\# 영화관 자주 가세요?

Anda sering ke bioskop?

안다 스링 끄 비오스꼽?

\# 새로 개봉한 영화가 뭐 있나요?

Ada film yang baru dirilis?

아다 필름 양 바루 디릴리스?

\# 지금 극장에서 뭐 하나요?

Sekarang ada film apa di bioskop?

스까랑 아다 필름 아빠 디 비오스꼽?

\# 한동안 영화를 보지 못했어요.

Sudah lama saya tidak nonton film.

수다 라마 사야 띠닥 논똔 필름.

\# 그 영화는 몇 시에 시작하나요?

Film itu kapan dimulai?

필름 이뚜 까빤 디물라이?

\# 내일 영화관에 함께 갈래요?

Besok mau ke bioskop bersama?

베속 마우 끄 비오스꼽 브르사마?

\# 오늘 저녁에 영화관 가는 게 어때요?

Bagaimana kalau kita ke bioskop nanti malam?

바가이마나 깔라우 끼따 끄 비오스꼽 난띠 말람?

꼭! 짚고 가기

왜 잘 걷지 않을까?

인도네시아 국민들은 많이 걷지 않는 것으로 유명합니다. 2017년 미국 스탠퍼드 대학 연구팀이 세계 주요 국가 46개국 70만 명을 대상으로 스마트폰에 탑재된 도보 측정 앱을 통해 하루 평균 걸음 수를 측정한 결과를 봐도 홍콩이 6,880걸음으로 가장 많이 걷는 국가로 선정되었고, 인도네시아는 3,513걸음으로 최하위를 기록했습니다.

그 이유는 여러 가지인데, 첫 번째로 현지인들은 날씨가 덥다 보니 걷는 것보다는 교통수단 이용을 선호합니다. 그중 오토바이를 가장 많이 이용하지요.

두 번째로, 대중교통이 잘 발달하지 않아서 거리에 개인 차량과 오토바이가 많고, 배기가스 배출이 심한 낡은 버스와 교통수단들이 대기 오염을 유발합니다. 대기질이 좋지 않으니 보행이 쉽지 않은 것이 사실입니다.

세 번째, 도로가 위험합니다. 신호와 상관없이 질주하는 오토바이가 많고 보행로가 잘 정비되어 있지 않습니다. 인도네시아에서는 횡단을 한번 하려면 많은 시간이 걸립니다. 보행자를 위한 신호등이 거의 없을 뿐만 아니라 횡단이 다 끝날 때까지 기다려 주는 차량도 많이 없기 때문이죠. 따라서 인도네시아에서는 길을 건널 때 항상 각별한 주의를 기울여야 합니다.

마지막으로, 범죄에 노출될 확률이 높습니다. 오토바이를 타고 다니는 이들에게 소매치기를 당하거나, 노숙인에게 습격당할 수 있으며, 남성 운전자가 여성 보행자에게 성희롱을 저지르기도 합니다. 위와 같은 이유로 인도네시아 국민들은 잘 걷지 않는다고 합니다.

영화관 가기 ②

아이맥스 영화관에 갑시다!

Ayo kita ke bioskop IMAX!

아요 끼따 끄 비오스꼽 아이맥스!

이 근처에 영화관이 있나요?

Dekat sini ada bioskop?

드깟 시니 아다 비오스꼽?

호러 영화를 보는 게 어때요?

Bagaimana kalau kita nonton film horor?

바가이마나 깔라우 끼따 논똔 필름 호로르?

저는 공포 영화 빼고 모든 장르의 영화를 좋아해요.

Saya suka semua genre film kecuali film horor.

사야 수까 스무아 겐레 필름 끄쭈알리 필름 호로르.

요즘 어떤 영화가 인기가 있어요?

Belakangan film apa yang lagi populer?

블라깡안 필름 아빠 양 라기 뽀뿔레르?

이 영화는 몇 시에 시작해요?

Film ini jam berapa mulainya?

필름 이니 잠 브라빠 물라이냐?

영화표

좌석 선택하시겠어요?

Mau pilih tempat duduk yang mana?

마우 삘리 뜸빳 두둑 양 마나?

가운데 두 자리로 주세요.

Minta tempat duduknya dua yang di tengah.

민따 뜸빳 두둑냐 두아 양 디 뜽아.

영화 티켓 예매했어요?

Sudah pesan tiket film?

수다 쁘산 띠껫 필름?

매진됐어요.

Sudah habis.

수다 하비스.

더빙이에요 자막이에요?

Pakai dubbing atau teks?

빠까이 더빙 아따우 떽스?

티켓은 영화 시작 10분 전까지 환불 가능해요.

Tiketnya bisa dikembalikan 10 menit sebelum film dimulai.

띠껫냐 비사 디끔발리깐 스뿔루 므닛 스블룸 필름 디물라이.

영화 관련 얘기

주연 배우가 누구예요?

Siapa aktor utamanya?

시아빠 악또르 우따마냐?

이 배우가 인기 있어요?

Aktor ini terkenal?

악또르 이니 뜨르끄날?

영화 어땠어요?

Bagaimana filmnya?

바가이마나 필름냐?

매우 감동적이었어요.

Saya sangat terharu.

사야 상앗 뜨르하루.

지루했어요.

Membosankan.

음보산깐.

너무 슬펐어요.

Sangat menyedihkan.

상앗 므녀디깐.

무서웠어요.

Menakutkan.

므나꿋깐.

그 배우가 출연하는 영화는 전부 봤어요.

Saya sudah menonton semua film yang dimainkan aktor itu.

사야 수다 므논똔 스무아 필름 양 디마인깐 악또르 이뚜.

인도네시아 소득 & 소비

인도네시아의 기본 행정 업무를 하는 사무직 월급 수준은 월 400~500달러 내외입니다. 그러다 보니, 저축할 여유가 없어 소비에 더 집중하는 경향이 있다고 합니다. 세계 4위의 인구 대국, 중상층의 구매력 증가, 인도네시아 통계청 발표('21년 발표)에 따르면 생산가능인구가 전체의 70.7%를 차지하고, MZ세대로 불리는 밀레니얼과 Z세대는 53.8%로 절반 이상을 차지하고 있어 소비 잠재력이 상당한 시장으로 평가받고 있습니다.

최근 수년간 전자상거래 시장이 급성장하여, 온라인 구매가 증가하고 있습니다. 애플리케이션 고젝(Gojek), 그랩(Grab) 등으로 제품을 구매하고 및 주문하는 것이 활성화되었습니다. 거기에 코로나19 발생으로 식당을 포함 대부분의 오프라인 매장이 장기간 운영하지 않게 됨에 따라 온라인 거래가 더욱 급격히 증가했습니다. 또한, 극명한 소득편중 현상에 따라 사치재 등에 대해 브랜드가 제품 선택의 기준이 되고 있어, 시상이 양분되는 경향 또한 나타나고 있습니다.

Bab 06

감정에 솔직해지세요!

Bab 06

senang 스낭
a. 기분 좋은, 즐거운; 반가운

gembira 금비라
a. 기쁜, 기뻐하는
bergembira 브르금비라
v. 기뻐하다

tertarik 뜨르따릭
a. 흥미를 느끼는, 매력을 느끼는
menarik 므나릭
a. 흥미로운
v. 끌다; 잡아당기다

bahagia 바하기아
a. 행복한

baik 바익
a. 좋은; 착한

senyuman 스뉴만
n. 미소
senyum 스늄
v. 미소짓다

tawa 따와
n. 웃음
tertawa 뜨르따와
v. 웃다

agresif 아그레시프
a. 적극적인, 긍정적인

sifat terbuka 시팟 뜨르부까
a. 외향적인

bersemangat 브르스망앗
v. 활발하다, 활기차다

ramah 라마
a. 친절한

jujur 주주르
a. 정직한

rajin 라진
a. 근면한

diam 디암
a. 과묵한, 조용한

malu 말루
a. 수줍은, 부끄러워하는

introver 인뜨로프르
a. 내성적인, 눈에 띄지 않는

sedih 스디
a. 슬픈

muram 무람
a. 우울한

sengsara 승사라
a. 고통을 겪는
n. 고통

kecewa 끄쩨와
a. 실망하는

putus asa 뿌뚜스 아사
a. 절망하는

malang 말랑
a. 불행의, 불행한

jahat 자핫
a. 못된

benci 븐찌
v. 미워하다, 증오하다

marah 마라
a. 화난

sebal 스발
a. 짜증 난

malas 말라스
a. 게으른, 나태한

sombong 솜봉
a. 거만한

kasar 까사르
a. 거친

pesimistis 뻬씨미스띠스
a. 비관적인

takut 따꿋
a. 두려워하는, 무서워하는

kaget 까겟
= terkejut 뜨르끄줏
a. (예상치 못한 일에) 놀란,
두려워하는

기쁘다 ①

기쁘다 ②

\# 저는 기뻐요.

Saya senang.

사야 스낭.

Saya gembira.

사야 금비라.

\# 저는 정말 기뻐요.

Saya senang sekali.

사야 스낭 스깔리.

\# 당신을 알게 되어 기쁩니다.

Saya senang bisa mengenal Anda.

사야 스낭 비사 릉으날 안다.

\# 너와 말하게 되어 기뻐.

Aku senang bisa bicara dengan kamu.

아꾸 스낭 비사 비짜라 등안 까무.

\# 네가 웃는 것을 보니 기뻐. (미소)

Aku senang melihat kamu senyum.

아꾸 스낭 믈리핫 까무 스늄.

\# 인도네시아어를 공부하는 게 즐거워요.

Saya senang belajar bahasa Indonesia.

사야 스낭 블라자르 바하사 인도네시아.

\# 이렇게 기쁠 수가 없어요.

Saya tidak pernah sesenang ini.

사야 띠닥 쁘르나 스스낭 이니.

\# 기뻐 죽겠어요.

Saya senang setengah mati.

사야 스낭 스뜽아 마띠.

\# 다시 만나게 되어 기쁩니다.

Saya senang kita sudah ketemu lagi.

사야 스낭 끼따 수다 끄뜨무 라기.

\# 당신을 도울 수 있어 기쁩니다.

Saya senang bisa bantu Anda.

사야 스낭 비사 반뚜 안다.

\# 네가 기쁘면, 나도 기뻐.

Kalau kamu senang, aku juga senang.

깔라우 까무 스낭, 아꾸 주가 스낭.

\# 칭찬을 받아 기뻐요.

Saya senang mendapat pujian.

사야 스낭 믄다빳 뿌지안.

\# 결과가 매우 만족스러워요.

Hasilnya sangat memuaskan.

하실냐 상앗 므무아스깐.

행복하다

저는 행복해요.

Saya bahagia.

사야 바하기아.

당신은 행복한가요?

Apa kamu bahagia?

아빠 까무 바하기아?

딸리사는 행복해 보여요.

Talisa kelihatan bahagia.

딸리사 끌리하딴 바하기아.

너와 함께여서 행복해.

Aku bahagia bersamamu.

아꾸 바하기아 브르사마무.

저는 행복하고 싶어요.

Saya ingin bahagia.

사야 잉인 바하기아.

항상 행복하게 살길 바라요.

Semoga hidup bahagia selamanya.

스모가 히둡 바하기아 슬라마냐.

Tip. selamanya는 '항상', '언제나', '영원히'라는 뜻입니다.

언제 가장 행복하세요?

Kapan Anda merasa paling bahagia?

까빤 안다 므라사 빨링 바하기아?

꼭! 짚고 가기

상부상조 문화

인도네시아 사회에도 '상부상조' 정신이 있습니다. 인도네시아어로는 'Gotong Royong 고똥 로용'이라고 하는데요, 자와(Jawa)어로 '함께 일하다'라는 뜻입니다. 우리나라의 농경 사회 시절 생겨난 두레와 품앗이 문화처럼, 과거 논농사가 활발했던 인도네시아에서도 많은 일손이 한꺼번에 필요한 일이 많았기 때문에 서로 도움을 주고받는 관계가 발달할 수 있었습니다.

논농사 기반 경제에서 시작된 이러한 정신이 지금까지도 계승되고 있습니다. 다양한 종족과 언어, 생활 양식이 존재하는 인도네시아에서 공동체 내 서로 협력하며 평화를 유지할 수 있는 'Gotong Royong' 정신은 인도네시아인들에게 있어 자랑스러운 전통 중 하나입니다. 꼭 농사를 짓는 지역이 아니더라도 어려운 이웃을 돕고 도움을 나누는 상부상조 정신은 큰 미덕으로 여겨집니다. 가족 중 어려운 사람이 있다면 빚을 내서라도 도와줘야 한다고 생각하는 사람들이 적지 않을 정도입니다. 이런 문화로 인해 사유 재산에 대한 개념이 흐려지고 개인의 자립심이 약해진다는 평도 있지만, 여럿이 힘을 합쳐 일의 효율을 높이고 공동체 의식을 함양한다는 점에서 순기능이 더 많다고 볼 수 있습니다.

안심하다

안심하세요. (진정하세요.)

Tenanglah.

뜨낭라.

Jangan khawatir.

장안 하와띠르.

마음이 놓이네요.

Hati saya menjadi tenang.

하띠 사야 믄자디 뜨낭.

너와 있으면 편해.

Aku merasa nyaman kalau sama kamu.

아꾸 므라사 냐만 깔라우 사마 까무.

우리 침착해야 해!

Kita harus tenang!

끼따 하루스 뜨낭!

내게 믿음을 주세요.

Berikanlah kepercayaanmu padaku.

브리깐라 끄쁘르짜야안무 빠다꾸.

전 마음을 가라앉혔어요.

Saya sudah menenangkan diri.

사야 수다 므느낭깐 디리.

만족하다 ①

매우 만족스러워요.

Saya sangat puas.

사야 상앗 뿌아스.

Saya puas sekali.

사야 뿌아스 스깔리.

저는 제 일에 만족해요.

Saya puas dengan pekerjaan saya.

사야 뿌아스 등안 쁘끄르자안 사야.

만족하시나요?

Apakah Anda puas?

아빠까 안다 뿌아스?

저는 회사원으로서 만족감을 느껴요.

Saya merasa puas sebagai pegawai di kantor.

사야 므라사 뿌아스 스바가이 쁘가와이 디 깐또르.

답변이 아주 만족스러워요.

Jawabannya sangat memuaskan.

자와반냐 상앗 므무아스깐.

서비스가 만족스러워요.

Pelayanannya memuaskan.

쁠라야난냐 므무아스깐.

만족하다 ②

음식 맛이 만족스러워요.

Rasa makanan ini memuaskan.

라사 마까난 이니 므무아스깐.

제 성적이 만족스러워요.

Nilai saya memuaskan.

닐라이 사야 므무아스깐.

이번 여행은 고생스러웠지만 만족스러워.

Jalan-jalan kali ini puas walaupun agak susah.

잘란잘란 깔리 이니 뿌아스 왈라우뿐 아각 수사.

신혼 생활이 만족스러워요?

Apakah Anda puas dengan kehidupan pengantin baru?

아빠까 안다 뿌아스 등안 끄히두빤 쁭안띤 바루?

저는 은퇴 후 생활이 만족스러워요.

Saya puas dengan kehidupan setelah pensiun.

사야 뿌아스 등안 끄히두빤 스뜰라 뻰시운.

새로 맞춘 안경이 만족스러워요.

Saya puas dengan kacamata yang baru saya beli.

사야 뿌아스 등안 까짜마따 양 바루 사야 블리.

꼭! 짚고 가기

인도네시아의 물가

인도네시아에서는 각 지방정부가 최저임금을 개별적으로 정할 수 있는데, 수도 자카르타에서 2023년도 최저임금은 전년 대비 5.6% 오른 490만 1,798루피아(한화 약 41만 원)입니다.

우리나라와 인도네시아의 시장 물가를 비교했을 때, 가격 차이를 크게 체감하게 되는 것은 쌀값입니다. 인도네시아의 쌀값은 일반적으로 1kg에 1,193원 정도로 우리나라의 반도 안 되는 가격입니다. 일반적으로 식료품은 우리나라보다 저렴하지만, 오히려 인도네시아에서 더 비싸게 판매하는 물품도 있습니다. 바로 주류인데요, 맥주, 소주, 와인 모두 우리나라보다 비쌉니다. 소주 한 병에 무려 13,000원 정도니까요.

우리나라 화장품도 우리나라에서 더 저렴합니다. 많은 인도네시아인들이 우리나라에 와서 화장품 쇼핑을 하는 이유이기도 하지요.

싱가포르, 말레이시아 물가와 비교해 보아도 인도네시아가 가장 저렴합니다. 하지만 계속되는 물가 상승 우려와 경상수지 적자, 인도네시아 섬 곳곳의 지진과 쓰나미 여파가 겹쳐 인도네시아 정부는 골머리를 앓고 있는 것으로 보입니다.

충분하다

그만하면 충분해요.

Saya rasa sudah cukup.

사야 라사 수다 쭈꿉.

충분히 이해했어요.

Saya cukup mengerti.

사야 쭈꿉 믕으르띠.

Saya cukup paham.

사야 쭈꿉 빠함.

충분히 위로됐어요.

Cukup terhibur.

쭈꿉 뜨르히부르.

저는 충분히 행복해요.

Saya cukup bahagia.

사야 쭈꿉 바하기아.

전 자유 시간이 충분해요.

Saya cukup ada waktu bebas.

사야 쭈꿉 아다 왁뚜 베바스.

Saya cukup punya waktu bebas.

사야 쭈꿉 뿌냐 왁뚜 베바스.

알 만큼 알아요.

Saya cukup tahu.

사야 쭈꿉 따우.

충분히 많이 쉬었어요.

Saya sudah cukup istirahat.

사야 수다 쭈꿉 이스띠라핫.

재미있다

재미있네요!

Menarik ya!

므나릭 야!

Asyik ya!

아쉭 야!

엄청 웃기네요!

Lucu sekali ya!

루쭈 스깔리 야!

엄청 웃기네!

Ngakak habis! (구어)

응아깍 하비스!

Kocak banget! (구어)

꼬짝 방읫!

Gokil habis! (구어)

고낄 하비스!

Tip. ngakak, kocak, gokil habis는 은어에 가까운 구어체로, 주로 친구들 사이에 씁니다.

재미있는 얘기네요.

Ceritanya lucu ya.

쯔리따냐 루쭈 야.

흥미진진해요!

Seru ya!

스루 야!

유머 감각이 넘치시네요.

Anda punya rasa humor yang tinggi.

안다 뿌냐 라사 후모르 양 띵기.

감동받다

감동적이에요.

Mengharukan ya.

믕하루깐 야.

저 정말 감동받았어요.

Saya sangat terharu.

사야 상앗 뜨르하루.

그 이야기는 정말 감동적이에요.

Cerita itu sangat menyentuh hati.

쯔리따 이뚜 상앗 므냔뚜 하띠.

당신의 목소리에 감동받았어요.

Saya tersentuh oleh suara Anda.

사야 뜨르슨뚜 올레 수아라 안다.

Tersentuh saya mendengar suara Anda.

뜨르슨뚜 사야 믄등아르 수아라 안다.

감명받았어요.

Saya sangat terkesan.

사야 상앗 뜨르끄산.

Saya sangat tersentuh hati.

사야 상앗 뜨르슨뚜 하띠.

당신의 말에 감동했어요.

Saya terharu mendengar perkataan Anda.

사야 뜨르하루 믄등아르 쁘르까따안 안다.

꼭! 짚고 가기

반찬 먹다 파산 주의?

'Padang 빠당'을 아시나요? '빠당'은 인도네시아 서부 수마트라(Sumatera)주의 가장 큰 도시이며 이 지역에서 시작된 음식 문화가 인도네시아 전역으로 퍼지면서 이름을 알린 것이 바로 '빠당 음식'입니다.

일단 빠당 음식점에 들어가 주문을 하면, 사람 수에 맞게 미리 준비된 반찬 수십 가지가 식탁 위에 골고루 놓이는데요, 이때 음식들을 무아지경으로 집어 먹다가는 지갑이 텅 빌 수도 있습니다.

빠당 음식점에서는 먹은 음식을 기준으로 계산하며 손대지 않은 반찬은 음식값에 포함되지 않는 방식임을 명심해야 합니다. 반찬의 종류에 따라 한 숟가락만 먹어도 한 그릇으로 계산이 되는 것도 있고, 고기나 생선처럼 개수를 셀 수 있는 반찬은 먹은 개수만큼 계산이 됩니다. 인도네시아 음식이 워낙 맛있기는 하지만 빠당 음식점에서 이것저것 맛보다가는 우울한 계산서를 마주할 수 있으니 주의하시길 바랍니다.

슬프다

슬퍼요.

Saya sedih.

사야 스디.

친구들과 헤어져야 한다는 게 슬퍼요.

Saya sedih harus pisah dengan teman saya.

사야 스디 하루스 삐사 등안 뜨만 사야.

전 시무룩해 있어요.

Hati saya sedang murung.

하띠 사야 스당 무룽.

울고 싶어요.

Saya mau nangis.

사야 마우 낭이스.

사랑의 슬픔이란 오래갈 수도 있지요.

Kesedihan cinta bisa berlangsung lama.

끄스디한 찐따 비사 브를랑숭 라마.

그를 돕지 못해 상심이 커요.

Saya lagi makan hati tidak bisa bantu dia.

사야 라기 마깐 하띠 띠닥 비사 반뚜 디아.

저는 우울해요.

Saya lagi depresi.

사야 라기 데쁘레시.

Tip. '우울한'이란 뜻으로 'galau 갈라우'도 씁니다.

괴롭다

마음이 괴로워요.

Saya sedang menderita.

사야 스당 믄드리따.

저는 제 괴로움을 숨기고 있어요.

Saya sedang menyembunyikan penderitaan saya.

사야 스당 므념부늬깐 쁜드리따안 사야.

그 사람 때문에 너무 힘들어요.

Saya lelah hati gara-gara dia.

사야 를라 하띠 가라가라 디아.

너는 나를 힘들게 해.

Kamu buat aku susah.

까무 부앗 아꾸 수사.

왜 우리는 사랑 때문에 괴로워할까요?

Kenapa kita menderita gara-gara cinta?

끄나빠 끼따 믄드리따 가라가라 찐따?

너 때문에, 내 마음이 좋지 않아.

Gara-gara kamu, hatiku jadi tidak enak.

가라가라 까무, 하띠꾸 자디 띠닥 에낙.

실망하다

너에게 실망이야.

Aku kecewa sama kamu.

아꾸 끄쩨와 사마 까무.

나는 그에게 실망했어.

Aku kecewa sama dia.

아꾸 끄쩨와 사마 디아.

포기하지 마세요.

Jangan menyerah.

장안 므녀라.

낙담하지 마세요.

Jangan patah semangat.

장안 빠따 스망앗.

Jangan berkecil hati.

장안 브르끄찔 하띠.

힘내세요!

Tetap semangat!

뜨땁 스망앗!

이혼율이 높은 인도네시아

인도네시아의 이혼율은 매우 높은 수준이며, 최근 몇 년간 지속해서 급증하고 있습니다. 이혼에 대한 사유는 아주 다양한데, 인도네시아 종교부는 점점 더 많은 여성들이 자신의 권리를 자각하면서 이혼율이 증가하게 되었다고 파악하고 있습니다.

일부다처제와 같은 종교적 제도에 대한 반발과 정치적 입장의 차이, 남편에 대한 불만 등으로 이혼이 이루어지고 있는데, 여성 권리 신장에 관심을 갖는 이들이 늘어나면서 자신의 감정과 선택을 중요시하는 여성들이 많아졌습니다. 이와 더불어 남편의 낮은 경제력과 가정불화도 이혼의 사유가 됩니다.

인도네시아에서는 '비둘기 대회'에 빠져 이혼까지 가는 남성들도 있습니다. 인도네시아에서는 새 지저귐 대회를 비롯하여 새를 이용한 경기가 많이 개최되는데, 보통 성인 남성들이 많이 참가합니다. 비둘기 사육이 쉬운 건기가 되면 비둘기 경주 대회가 인기를 끌게 되고 가정보다 대회 참가에 열을 올리는 남성들이 늘어나는데, 따라서 부인들의 분노가 더해질 수밖에 없습니다. 결국 가정 경제 상황까지 악화시키고 마는 남성들 때문에 이혼을 선택하는 여성들이 증가하게 되는 것이죠.

또, 몇몇 지역에서는 본인의 의사와 무관하게 부모들이 일방적으로 정해 주는 상대와 결혼을 해야 하는 관습이 있어 이혼율이 높아지기도 합니다.

인도네시아도 우리나라처럼 소송을 통한 재판 이혼과 협의 이혼이 있습니다. 다만 종교청에 가서 이혼 신고를 해야 한다는 점이 인도네시아의 제도적 특징입니다.

화내다 ①

화가 나려고 해요.

Saya ingin marah.

사야 잉인 마라.

신경질이 나려고 해요.

Saya ingin emosi.

사야 잉인 에모시.

짜증이 나요.

Saya sedang kesal.

사야 스당 끄살.

Saya sedang jengkel.

사야 스당 젱껠.

그는 화가 나 있어요.

Dia sedang marah.

디아 스당 마라.

저는 지금 신경질이 나 있어요.

Saya sedang emosi.

사야 스당 에모시.

화났어?

Kamu marah?

까무 마라?

왜 화가 났어요?

Kenapa kamu marah?

끄나빠 까무 마라?

화내다 ②

저한테 화가 났어요?

Anda sedang marah dengan saya?

안다 스당 마라 등안 사야?

더는 못 참겠어요.

Saya tidak bisa tahan lagi.

사야 띠닥 비사 따한 라기.

구역질 나!

Aku mual!

아꾸 무알!

Aku muak!

아꾸 무악!

젠장!

Sialan!

시알란!

바보 같은 짓 좀 그만해!

Berhentilah berbuat hal yang bodoh!

브르흔띨라 브르부앗 할 양 보도!

저를 미치게 해요.

Buat saya jadi gila.

부앗 사야 자디 길라.

그게 저를 분통 터지게 해요.

Itulah yang membuat saya jengkel.

이뚤라 양 음부앗 사야 젱껠.

밉다

네가 미워.

Aku sebel sama kamu.

아꾸 스블 사마 까무.

그가 싫어요.

Aku benci sama dia.

아꾸 븐찌 사마 디아.

저는 제 인생이 싫어요.

Saya benci dengan hidup saya.

사야 븐찌 등안 히둡 사야.

그가 저를 들볶아요.

Dia menyusahkan saya.

디아 므뉴사깐 사야.

Dia merepotkan saya.

디아 므레뽓깐 사야.

그는 저를 증오해요.

Dia benci dengan saya.

디아 븐찌 등안 사야.

넌 어젯밤 정말 가증스러웠어.

Kamu semalam benar-benar menyebalkan.

까무 스말람 브나르브나르 므녀발깐.

Kamu semalam benar-benar mengesalkan.

까무 스말람 브나르브나르 뭉으살깐.

후회하다

저는 후회하고 있어요.

Saya merasa menyesal.

사야 므라사 므녀살.

전혀 후회하지 않아요.

Saya sama sekali tidak menyesal.

사야 사마 스깔리 띠닥 므녀살.

후회하지 않으실 거예요. (권유할 때)

Anda tidak akan menyesal.

안다 띠닥 아깐 므녀살.

반드시 후회하게 될 겁니다.

Anda pasti akan menyesal.

안다 빠스띠 아깐 므녀살.

이미 너무 늦었어요.

Sudah sangat terlambat.

수다 상앗 뜨를람밧.

하지만 이젠 돌이킬 수 없어요.

Tapi sekarang sudah terlanjur.

따삐 스까랑 수다 뜨를란주르.

다시 한번 생각해 봐요.

Coba pikirkan sekali lagi.

쪼바 삐끼르깐 스깔리 라기.

부끄럽다

부끄럽다.
Memalukan.
므말루깐.

부끄럽네요.
Saya merasa malu.
사야 므라사 말루.

너는 나를 부끄럽게 했어.
Kamu buat saya malu.
까무 부앗 사야 말루.

그는 단지 부끄러운 척하는 거예요.
Dia cuma malu-malu kucing.
디아 쭈마 말루말루 꾸찡.

늦어서 부끄럽습니다.
Saya malu karena telat.
사야 말루 까르나 뜰랏.

저는 수줍음을 너무 많이 타는 사람이에요.
Saya orangnya pemalu.
사야 오랑냐 쁘말루.

그는 부끄러워서, 얼굴이 붉어졌어요.
Karena tersipu malu, wajahnya memerah.
까르나 뜨르시뿌 말루, 와자냐 므메라.

걱정하다

무슨 걱정거리라도 있으세요?
Apa ada sesuatu yang Anda khawatirkan?
아빠 아다 스수아뚜 양 안다 하와띠르깐?

무슨 일이 있으세요?
Apa Anda ada masalah?
아빠 안다 아다 마살라?

걱정입니다.
Mengkhawatirkan.
믕하와띠르깐.

걱정하지 마.
Jangan khawatir.
장안 하와띠르.

제 부모님의 건강이 걱정스러워요.
Saya khawatir dengan kesehatan orang tua saya.
사야 하와띠르 등안 끄세하딴 오랑 뚜아 사야.

누구나 각자 자기의 고민이 있지요.
Semua orang punya kekhawatiran masing-masing.
스무아 오랑 뿌냐 끄하와띠란 마싱마싱.

저는 제 미래에 대해 걱정이 돼요.
Saya khawatir dengan masa depan saya.
사야 하와띠르 등안 마사 드빤 사야.

애도를 표하다

애도를 표합니다.

Saya turut berbelasungkawa.

사야 뚜룻 브르벨라숭까와.

Tip. turut은 '합류하다', '동참하다', '함께하다'라는
뜻이 있습니다.

삼가 조의를 표합니다.

Saya turut berduka cita.

사야 뚜룻 브르두까 찌따.

네 아버지의 임종 소식을 접하고 매우
슬펐어.

Aku sangat sedih mendengar
kepergian ayahmu.

아꾸 상앗 스디 믄등아르 끄쁘르기안 아야무.

유감입니다.

Turut berduka cita.

뚜룻 브르두까 찌따.

꼭! 짚고 가기

다양한 장례 문화

인도네시아에서는 종교와 지역에 따라
장례 방식도 다릅니다.

이슬람교에서는 사망 후 24시간 내에 가
능한 한 빨리 고인을 매장해야 한다고 믿
습니다. 오랜 시간 그냥 둘 경우 시신의
부패가 빨리 진행되고 죽은 영혼이 산
사람들에게 해를 끼칠 수 있다고 생각하
기 때문입니다.

반면, 힌두교 신자들이 모여 사는 발리
지역에서는 장례를 축제처럼 즐깁니다.
화려하게 장식된 상여를 묘지로 옮기는
동안 발리 전통 의복을 입은 사람들이
음식과 악기, 꽃을 들고 행렬에 참가합니
다. 힌두교에서는 육신이 일시적으로 영
혼을 담는 그릇이라고 여기며, 이 영혼이
떠나려면 육신이 완전히 불태워져야 한
다고 믿습니다. 그래서 사람이 죽으면 화
장을 합니다. 화장 후 고인은 유가족들에
게 영향력을 미치는 큰 신이 되므로 예
를 다해야 하고, 화장에는 큰돈이 듭니
다. 화장 비용이 너무 비싸 합동 장례식
을 치르기도 합니다.

또라자(Toraja) 지역도 특별한 장례 문화
로 유명합니다. 또라자인들은 사망 후 장
례식까지 최대한 오랜 시간을 끕니다. 사
망 후 3일간은 혹시 사망하지 않았을 수
도 있으니 그냥 앉혀만 두었다가 냄새가
나기 시작하면 집안 상석에 모셔, 음식도
주고 밤이면 불을 켜 주며 시신과 함께
생활합니다. 보통 2~3년 정도 집안에 안
치하는데 이 기간에 시신은 미라로 변하
게 됩니다. 이렇게 장례를 오랜 기간 지
내는 이유는 우선 성대한 장례식을 하는
전통 때문에 비용을 마련하기 위해서고,
두 번째는 돌아가신 가족과 더 오랜 시간
을 보내고 싶기 때문입니다. 미라가 된 죽
은 조상의 옷을 3년마다 갈아입히는 의
식도 있습니다.

무섭다

무서워요!
Saya takut!
사야 따꿋!

겁나 죽겠어요.
Saya hampir mati ketakutan.
사야 함삐르 마띠 끄따꾸딴.

버림받는 것이 두려우세요?
Apa Anda takut ditinggalkan?
아빠 안다 따꿋 디띵갈깐?

두려움 속에서 살아요.
Saya hidup di dalam ketakutan.
사야 히둡 디 달람 끄따꾸딴.

저는 제 부모님이 무서워요.
Saya takut dengan orang tua saya.
사야 따꿋 등안 오랑 뚜아 사야.

두려워하지 마세요.
Jangan takut.
장안 따꿋.

소름 끼쳐요.
Merinding rasanya.
므린딩 라사냐.

Tip. '소름 끼치다'라는 뜻의 merinding은 놀랍거나 경이로운 상황을 봤을 때도 씁니다.

긴장하다 & 불안하다

너무 긴장돼요.
Saya merasa sangat tegang.
사야 므라사 상앗 뜨강.

식은땀이 나요.
Saya lagi berkeringat dingin.
사야 라기 브르끄링앗 딩인.

긴장 푸세요.
Tenang saja.
뜨낭 사자.

긴장된 분위기네요.
Suasananya menegangkan, ya.
수아사나냐 므느강깐, 야.

마음이 두근거려요.
Hati saya deg-degan.
하띠 사야 득드간.

너무 초조해요.
Saya merasa sangat gugup.
사야 므라사 상앗 구굽.

불안해요.
Saya merasa tidak nyaman.
사야 므라사 띠닥 냐만.
Saya sedang resah.
사야 스당 르사.
Saya sedang gelisah.
사야 스당 글리사.

놀라다

엄청 놀랐네.

Kaget banget tadi. (구어)

까겟 방웃 따디.

Tip. banget은 동사나 형용사 뒤에서 '매우', '엄청'
이라는 뜻으로 쓰입니다. sekali와 비슷하지만
banget은 극회화체에 속합니다.

전 화들짝 놀랐어요.

Saya sangat terkejut.

사야 상앗 뜨르끄줏.

넌 항상 나를 놀라게 한다니까!

Kamu selalu buat aku kaget!

까무 슬랄루 부앗 아꾸 까겟!

별로 놀랄 일은 아니네요.

Tidak heran dengan hal itu.

띠닥 헤란 등안 할 이뚜.

더 이상 놀라울 것도 없어요.

Tidak perlu heran lagi.

띠닥 쁘를루 헤란 라기.

저는 그 가수의 목소리가 경이로워요.

Saya kagum dengan suara penyanyi itu.

사야 까굼 등안 수아라 쁘냐늬 이뚜.

놀라지 마세요.

Jangan terkejut.

장안 뜨르끄줏.

세상에서 가장 맛있는 '른당'

CNN에서 독자 투표로 선정한 '세상에서 가장 맛있는 음식 50'에서 1위를 차지한 적 있는 'Rendang 른당'에 대해 아시나요?

수마트라섬의 Minangkabau 미낭까바우 족이 주로 먹던 른당은 소고기를 코코넛 밀크, 향신료와 함께 졸인 음식입니다. 미낭까바우 족이 축제 때마다 즐겨 먹던 른당은 열대 기후에도 잘 상하지 않아 여행 시 도시락 반찬으로도 인기입니다. 겉모습은 마치 우리나라의 갈비찜과 비슷해 보이는데 동남아시아 특유의 향신료 향이 나는 것이 특징입니다. 짭조름하고 매콤해 한국인의 입맛에도 아주 잘 맞고, 약불로 아주 오랜 시간 졸이기 때문에 육질이 부드러우며 밥과 함께 먹으면 밥도둑이 따로 없습니다.

워낙 대중적이고 인기가 많은 만큼 인도네시아에는 른당을 접목한 요리가 많습니다. 른당 피자, 른당맛 과자, 른당맛 치킨 등 른당 특유의 향과 맛이 나는 요리들을 심심찮게 찾아볼 수 있습니다.

른당은 말레이시아와 싱가포르에서도 즐겨 먹는데, 예전에 영국 BBC 방송의 유명 요리 경연 프로그램에서 영국 출신 진행자와 호주 출신 심사위원이 말레이시아 출신 참가자의 른당 요리를 비하한 사건이 있었습니다. 닭 껍질이 바삭하지 않고 소스가 너무 범벅이라며 혹평을 쏟아부은 것입니다. 른당이 원래 부드러운 음식이라는 사실을 몰랐던 심사로 인해, 말레이시아 출신 참가자는 탈락했는데, 이에 분개한 말레이시아인들은 심사 결과에 강하게 항의하였습니다. 이렇듯 많은 논란을 불러일으키기도 한 른당의 맛이 궁금하신 분들은 꼭 한번 도전해 보시기 바랍니다.

지겹다 ①

됐어.

Sudah.

수다.

Sudahlah.

수달라.

지겨워!

Membosankan!

음보산깐!

사는 게 지겨워.

Aku bosan hidup.

아꾸 보산 히둡.

모든 게 지겨워.

Aku bosan dengan semuanya.

아꾸 보산 등안 스무아냐.

여기 사는 건 신물 나.

Aku bosan tinggal di sini.

아꾸 보산 띵갈 디 시니.

자카르타가 지겨워.

Aku bosan dengan Jakarta.

아꾸 보산 등안 자까르따.

이 영화는 지루해.

Film ini membosankan.

필름 이니 음보산깐.

지겹다 ②

난 네가 지겨워.

Aku bosan sama kamu.

아꾸 보산 사마 까무.

내가 지겨워?

Kamu bosan sama aku?

까무 보산 사마 아꾸?

공부하는 게 지겨워.

Aku bosan belajar.

아꾸 보산 블라자르.

가난이 지겨워.

Aku bosan miskin.

아꾸 보산 미스낀.

그 이야기가 지겨워.

Aku bosan dengan cerita itu.

아꾸 보산 등인 쯔리따 이뚜.

같은 음식을 계속 먹는 게 지겨워.

Aku bosan selalu makan makanan yang sama.

아꾸 보산 슬랄루 마깐 마까난 양 사마.

매일 계속 반복되는 같은 일상이 지겨워요.

Saya bosan dengan kehidupan sehari-hari yang berulang terus.

사야 보산 등안 끄히두빤 스하리하리 양 브르울랑 뜨루스.

귀찮다 ①

귀찮아!

Ah malas!

아 말라스!

귀찮게 좀 하지 마!

Jangan ganggu aku!

장안 강구 아꾸!

Jangan repotin aku!

장안 레뽀띤 아꾸!

Jangan repotkan aku!

장안 레뽓깐 아꾸!

귀찮아하지 마세요!

Jangan malas!

장안 말라스!

귀찮게 해서 미안해.

Maaf aku sudah ganggu kamu.

마앞 아꾸 수다 강구 까무.

그냥 내버려 두세요.

Biarin saja.

비아르인 사자.

Biarkan saja.

비아르깐 사자.

나 나가기 귀찮아.

Aku malas keluar.

아꾸 말라스 끌루아르.

귀찮다 ②

저를 귀찮아하지 마세요.

Jangan bersikap malas dengan saya.

장안 브르시깝 말라스 등안 사야.

숙제하기가 귀찮아.

Aku malas kerjakan tugas.

아꾸 말라스 끄르자깐 뚜가스.

일어나기가 귀찮아.

Saya malas bangun tidur.

사야 말라스 방운 띠두르.

오늘은 요리하기가 귀찮아요.

Hari ini saya malas masak.

하리 이니 사야 말라스 마삭.

요즘 화장하기가 귀찮아.

Belakangan saya malas make up.

블라깡안 사야 말라스 메이끄 업.

설거지하기 귀찮지?

Kamu malas cuci piring, kan?

까무 말라스 쭈찌 삐링, 깐?

Tip. kan은 bukan의 준말이며, '~지요?', '~이닙니까?', '~잖아?'라는 뜻으로 부가의문문에서 주로 쓰입니다.

짜증 나다

짜증 나.

Sebal.

스발.

Kesal.

끄살.

Jengkel.

젱껠.

짜증 나?

Kamu lagi sebal, ya?

까무 라기 스발, 야?

나 좀 가만히 내버려 둬!

Tolong biarin aku sendiri.

똘롱 비아르인 아꾸 슨디리.

전 그 사람이 짜증 나요.

Saya kesal dengan dia.

사야 끄살 등안 디아.

왜 저한테 짜증을 내세요?

Kenapa Anda marah-marah pada saya?

끄나빠 안다 마라마라 빠다 사야?

그런 말도 안 되는 소리 집어치워요.

Singkirkan omong kosong itu.

싱끼르깐 오몽 꼬송 이뚜.

아쉽다

정말 아쉽네요.

Sayang sekali ya.

사양 스깔리 야.

여행 마지막 날이라니 아쉽네.

Sayang sekali sudah hari terakhir jalan-jalan ini.

사양 스깔리 수다 하리 뜨르아히르 잘란잘란 이니.

오늘 저녁 너희 집에 갈 수 없어 아쉬워.

Sayang banget aku tidak bisa ke rumahmu nanti malam.

사양 방읏 아꾸 띠닥 비사 끄 루마무 난띠 말람.

이제 헤어져야 돼서 아쉬워.

Sayang sekali sekarang aku harus pisah dengan kamu.

사양 스깔리 스까랑 아꾸 하루스 삐사 등안 까무.

그곳에 같이 못 가서 아쉬워요.

Sayang sekali kita tidak bisa bersama-sama ke sana.

사양 스깔리 끼따 띠닥 비사 브르사마사마 끄 사나.

돈이 없어서 아쉬워요.

Sayang sekali tidak ada uang.

사양 스깔리 띠닥 아다 우앙.

262

불평하다

꼭! 짚고 가기

인도네시아 속담

넌 왜 그렇게 항상 불평이 많니?

Kamu kenapa selalu banyak mengeluh?

까무 끄나빠 슬랄루 바냑 믕을루?

그는 항상 불평해요.

Dia selalu mengeluh.

디아 슬랄루 믕을루.

불평하고 싶지 않네요.

Saya tidak mau mengeluh.

사야 띠닥 마우 믕을루.

불평 좀 그만하세요.

Janganlah mengeluh terus.

장안라 믕을루 뜨루스.

그는 모든 사람을 향해 끊임없이 불평해요.

Dia tidak habisnya mengeluh terus tentang semua orang.

디아 띠닥 하비스냐 믕을루 뜨루스 뜬땅 스무아 오랑.

그 회사에 항의해야겠어요.

Saya harus mengajukan keluhan ke perusahaan itu.

사야 하루스 믕아주깐 끌루한 끄 쁘르우사하안 이뚜.

한 나라의 속담 안에는 그 나라 국민들의 생각과 문화적 요소들이 자연스레 녹아 있습니다.

인도네시아어로 '속담'은 'peribahasa 쁘리바하사'인데요, 우리나라 속담과 비슷한 것들이 많아 소개합니다.

우리에게 '빈 수레가 요란하다'가 있다면, 인도네시아에는 'Tong kosong nyaring bunyinya. 똥 꼬송 냐링 부늬냐. (빈 깡통이 요란하다.)'가 있습니다.

그리고 우리나라 속담과 의미는 같으나 인도네시아의 환경과 문화에 영향을 받은 속담도 있습니다.

'Habis manis sepah dibuang. 하비스 마니스 스빠 디부앙.(단물 빠진 사탕수수는 버려진다.)'가 바로 그런 예입니다. 우리나라 속담 '달면 삼키고 쓰면 뱉는다'와 의미는 같지만 인도네시아에서 생산되는 작물인 사탕수수로 속뜻을 전달하고 있지요.

이렇듯 유사한 의미를 전달하는 속담이 많은 것을 보면, 어느 나라나 보통 사람들의 생각은 비슷한 것 같습니다.

낙천적이다

저는 낙천적인 사람이에요.

Saya orang yang optimis.

사야 오랑 양 옵띠미스.

저는 항상 긍정적으로 생각하려고 노력해요.

Saya selalu berusaha untuk berpikir positif.

사야 슬랄루 브르우사하 운뚝 브르삐끼르 뽀시띺.

긍정적으로 생각해 보세요.

Cobalah berpikir positif.

쪼발라 브르삐끼르 뽀시띺.

인생을 긍정적으로 보는 건 매우 중요해요.

Melihat kehidupan secara positif itu sangat penting.

믈리핫 끄히두빤 스짜라 뽀시띺 이뚜 상앗 뻔띵.

당신은 긍정적인 사람인가요?

Apa Anda orang yang positif?

아빠 안다 오랑 양 뽀시띺?

그는 긍정적으로 대답했어요.

Dia sudah jawab secara positif.

디아 수다 자왑 스짜라 뽀시띺.

착하다

너는 착한 아이구나.

Kamu ternyata anak yang ramah.

까무 뜨르냐따 아낙 양 라마.

그는 착한 사람이에요.

Dia orang yang baik.

디아 오랑 양 바익.

정말 친절하시네요.

Anda ramah sekali ya.

안다 라마 스깔리 야.

인도네시아인들은 대부분 잘 웃어요. (미소 지어요.)

Orang Indonesia umumnya murah senyum.

오랑 인도네시아 우뭄냐 무라 스늄.

Tip. 'murah senyum'은 '미소를 잘 짓는'이라는 뜻의 숙어입니다.

사실 인간의 본성은 착하지 않아요.

Sebenarnya sifat dasar manusia itu tidak baik.

스브나르냐 시팟 다사르 마누시아 이뚜 띠닥 바익.

요즘 시대에는, 착하기만 한 사람은 성공하기 힘들어요.

Zaman sekarang, orang yang cuma baik hati saja susah jadi sukses.

자만 스까랑, 오랑 양 쭈마 바익 하띠 사자 수사 자디 숙세스.

264

적극적이다

저는 매우 적극적인 사람이에요.

Saya orang yang sangat aktif.

사야 오랑 양 상앗 악띺.

그는 항상 적극적인 역할을 해요.

Dia selalu berperan aktif.

디아 슬랄루 브르쁘란 악띺.

저는 적극적인 태도를 취하려고 해요.

Saya ingin mengambil sikap aktif.

사야 잉인 믕암빌 시깝 악띺.

저는 진취적인 사람이에요.

Saya orang yang progresif.

사야 오랑 양 쁘로그레싶.

그는 외향적이에요.

Dia orang yang terbuka.

디아 오랑 양 뜨르부까.

Dia orang yang ekstrover.

디아 오랑 양 엑스뜨로프르.

그는 붙임성이 매우 좋아요.

Dia sangat pandai bergaul.

디아 상앗 빤다이 브르가울.

인도네시아인들의 결혼

인도네시아의 결혼 풍습은 지역과 종교에 따라 조금씩 다르지만, 대체로 아주 화려하게 결혼식이 치러집니다. 형편이 어렵더라도 결혼식만은 감당이 가능한 범위 내에서 최대한 거창하고 크게 치르는 것이 특징입니다.

서양식 결혼식을 올리는 이들도 많지만, 일반적으로는 자신의 종족과 종교적 풍습에 따라 전통 결혼식을 올립니다. 신랑과 신부는 전통 복장을 하고 기념사진을 찍을 수 있는 장소에서 하객들을 맞이합니다. 손님들은 신랑 신부와 인사를 나눈 뒤 준비된 음식과 음악을 즐기면 됩니다. 손님들을 위해 밴드나 가수를 섭외하는 경우도 많습니다.

보통 남자는 20대 중반에서 후반 사이에, 여자는 20대 초반에서 중반 사이에 결혼합니다.

종교적으로 보면, 무슬림은 오직 무슬림과만 결혼할 수 있는데 다른 종교를 가진 이와 결혼할 경우 신을 배반하는 것과 같다고 여기기 때문입니다.

이러한 문제에 직면할 경우 여러 가지 선택지가 있는데, 해외에 나가서 비밀리에 결혼식을 올리고 돌아오거나 자신의 종교를 일시적으로 바꾸거나 아예 개종하기도 합니다.

순진하다 & 순수하다

그는 순진한 사람이에요.

Dia adalah orang yang lugu.

디아 아달라 오랑 양 루구.

Dia orang yang lurus hati.

디아 오랑 양 루루스 하띠.

그는 순수한 사람이에요.

Dia orang yang tulus.

디아 오랑 양 뚤루스.

Dia orang yang murni hatinya.

디아 오랑 양 무르니 하띠냐.

순진함이 결점인가요?

Apa kenaifan itu sebuah kekurangan?

아빠 끄나이판 이뚜 스부아 끄꾸랑안?

저는 순수한 사랑을 원해요.

Saya ingin cinta yang suci.

사야 잉인 찐따 양 수찌.

그는 유언비어를 너무 쉽게 믿어요.

Dia sangat mudah percaya kabar burung.

디아 상앗 무다 쁘르짜야 까바르 부룽.

제 친구들 말로는, 제가 순진했대요.

Kata teman-teman saya, dulu saya lugu.

까따 뜨만뜨만 사야, 둘루 사야 루구.

내성적이다

저는 내성적이에요.

Saya orang yang introver.

사야 오랑 양 인뜨로프르.

Saya orang yang memiliki pribadi tertutup.

사야 오랑 양 므밀리끼 쁘리바디 뜨르뚜뚭.

그는 수동적인 사람이에요.

Dia orang yang pasif.

디아 오랑 양 빠싶.

우리 아들은 소심해요.

Anak laki-laki saya pemalu.

아낙 라끼라끼 사야 쁘말루.

마음을 열기가 어려워요.

Saya sulit membuka hati.

사야 술릿 믐부까 하띠.

저는 사교적이지 않아요.

Dia tidak suka bergaul.

디아 띠닥 수까 브르가울.

저는 직장에서 말이 별로 없어요.

Saya tidak banyak bicara di tempat kerja saya.

사야 띠닥 바냑 비짜라 디 뜸빳 끄르자 사야.

저는 공공장소에 나가는 걸 싫어해요.

Saya tidak suka ke tempat umum.

사야 띠닥 수까 끄 뜸빳 우뭄.

우유부단하다

전 우유부단해요.

Saya orang yang plin-plan.

사야 오랑 양 쁠린쁠란.

저는 보통 다른 사람의 의견을 따라가요.

Saya biasanya ikut pendapat orang lain.

사야 비아사냐 이꿋 쁜다빳 오랑 라인.

전 결정을 못 내리는 사람이에요.

Saya adalah orang yang sulit mengambil keputusan.

사야 아달라 오랑 양 술릿 믕암빌 끄뿌뚜산.

저는 다른 사람의 제안을 거절 못할 때가 많아요.

Saya seringkali tidak bisa menolak saran orang lain.

사야 스링깔리 띠닥 비사 므놀락 사란 오랑 라인.

저는 식당에서 음식 메뉴를 고르는 데도 정말 오래 걸려요.

Saya membutuhkan waktu yang sangat lama untuk memilih menu makanan di restoran.

사야 믐부뚜깐 왁뚜 양 상앗 라마 운뚝 므밀리 메누 마까난 디 레스또란.

꼭! 짚고 가기

일부다처제

인도네시아는 혼인법에 따라 첫 번째 아내의 동의를 얻거나, 첫 번째 아내가 신체부자유자 또는 아이를 가질 수 없는 경우 제한된 조건에서 일부다처제를 허용하며 법적으로 아내를 네 명까지 둘 수 있습니다.

하지만 일부다처제로 인해 이혼하는 부부 또한 적지 않다고 합니다. 여성의 권리를 중요시하는 이들이 늘어나면서 불만족스러운 가족 형태보다 당연히 자신의 행복을 택하는 경우가 늘었기 때문입니다.

사실 일부다처제의 시작은 전쟁 당시 발생한 수많은 과부들과 고아들을 보호하기 위함이었습니다. 그러나 현대 인도네시아의 젊은 무슬림들은 일부다처제에 대해 부정적인 생각을 하고 있습니다. 아무래도 일부다처제의 가부장적인 측면을 불합리하다고 여기는 것이겠죠.

또, 인도네시아 현행법상 무슬림이 두 명 이상의 아내를 두려면 종교 법원에 신고한 후 까다로운 심사를 거쳐야 합니다. 이를 어길 시 벌금형과 실형에도 처할 수 있으므로, 인도네시아라고 해서 중혼이 쉽게 성립되는 것은 아니라는 것을 알 수 있습니다.

중혼 자체는 제한된 조건에서 허용하지만, 불법 중혼은 죄악으로 규정하고 있으며 점점 더 여성의 권리 신장에 대한 목소리가 높아짐에 따라 인도네시아의 일부다처제도 조금씩 변화하고 있습니다.

비관적이다

그는 비관적이에요.

Saya orang yang pesimistis.

사야 오랑 양 뻬시미스띠스.

전 비관적인 사람을 보는 것만으로도 스트레스를 받아요.

Saya cuma lihat orang yang pesimis saja jadi stres.

사야 쭈마 리핫 오랑 양 뻬시미스 사자 자디 스뜨레스.

넌 항상 부정적이야.

Kamu selalu berpikir negatif.

까무 슬랄루 브르삐끼르 네가띺.

전 다른 사람을 믿지 못하겠어요.

Saya tidak bisa percaya orang lain.

사야 띠닥 비사 쁘르짜야 오랑 라인.

전 실패하는 게 두려워요.

Saya takut gagal.

사야 따꿋 가갈.

전 평소에 불평을 많이 해요.

Saya biasanya banyak mengeluh.

사야 비아사냐 바냑 믕을루.

비관론자들은 '하지만'이라는 말을 쓰는 걸 좋아해요.

Orang pesimis suka menggunakan kata 'tetapi'.

오랑 뻬시미스 수까 믕구나깐 까따 '뜨따삐'.

이기적이다

그는 이기적이에요.

Dia orang yang egois.

디아 오랑 양 에고이스.

사람들은 가끔 이기적일 때가 있죠.

Orang-orang terkadang bisa egois juga.

오랑오랑 뜨르까당 비사 에고이스 주가.

이기적인 사람은 결국 친구를 잃어요.

Orang yang egois pada akhirnya kehilangan teman.

오랑 양 에고이스 빠다 아히르냐 끄힐랑안 뜨만.

이기적인 사람과 연인 사이를 유지하기란 어려워요.

Sulit untuk mempertahankan hubungan dengan kekasih yang egois.

술릿 운뚝 믐쁘르따한깐 후붕안 등안 끄까시 양 에고이스.

그는 자주 남 탓을 해요.

Dia sering menyalahkan orang lain.

디아 스링 므냘라깐 오랑 라인.

성격 - 기타 ①

그는 건방져요.

Dia sombong.

디아 솜봉.

전 재미있는 사람이 좋아요.

Saya suka orang yang humoris.

사야 수까 오랑 양 후모리스.

전 자주 콤플렉스를 느껴요.

Saya sering merasa minder.

사야 스링 므라사 민드르.

그는 항상 관심을 받고 싶어해요.

Dia selalu cari perhatian.

디아 슬랄루 짜리 쁘르하띠안.

저는 아무래도 완벽주의자 같아요.

Saya sepertinya orang yang perfeksionis.

사야 스쁘르띠냐 오랑 양 쁘르펙시오니스.

제 성격이 이상한가요?

Apakah sifat saya aneh?

아빠까 시팟 사야 아네?

넌 자립심이 강한 사람이니?

Apa kamu orang yang mandiri?

아빠 까무 오랑 양 만디리?

성격 - 기타 ②

고집이 센 사람과 교제하지 마세요.

Janganlah bergaul dengan orang yang keras kepala.

장안라 브르가울 등안 오랑 양 끄라스 끄빨라.

Tip. 'keras kepala'는 '고집이 센'이라는 뜻의 숙어입니다.

다혈질인 사람과 결혼하면, 나중에 반드시 후회할 거예요.

Kalau nikah dengan orang yang temperamental, nanti pasti menyesal.

깔라우 니까 등안 오랑 양 뗌쁘라멘딸, 난띠 빠스띠 므녀살.

왜 넌 다른 사람을 용서하는 것을 어려워해?

Kenapa kamu sulit memaafkan orang lain?

끄나빠 까무 술릿 므마앞깐 오랑 라인?

야망이 항상 부정적인 것은 아니에요.

Ambisius tidak selalu negatif.

암비시우스 띠닥 슬랄루 네가띺.

저는 너무 정직해서 가끔 스스로 손해를 봐요.

Saya terlalu jujur jadi terkadang rugi sendiri.

사야 뜨를랄루 주주르 자디 뜨르까당 루기 슨디리.

Bab 07

우리 사랑할까요?

Kecintaan 끄찐따안 사랑

bertemu 브르뜨무
v. 만나다
pertemuan 쁘르뜨무안
n. 만남, 소개팅, 맞선

suka 수까
v. 좋아하다, 마음에 들다

minat 미낫
n. 관심

berkencan 브르끈짠
v. 데이트하다
kencan 끈짠
n. 데이트

berpacaran 브르빠짜란
v. 교제하다, 사귀다

cinta 찐따
v. 사랑하다
kecintaan 끄찐따안
n. 사랑

pacar 빠짜르
n. 애인, 연인 (여자 친구, 남자 친구)

jatuh cinta 자뚜 찐따
v. 사랑에 빠지다, 반하다

ciuman 찌우만
n. 입맞춤, 키스
cium 찌움
v. 뽀뽀하다, 키스하다

pelukan 쁠루깐
n. 포옹
peluk 쁠룩
v. 껴안다

putus 뿌뚜스
v. 이별하다; 끊다; 결정하다
berpisah 브르삐사
v. 이별하다, 헤어지다;
결정하다

cemburu 쯤부루
v. 질투하다
kecemburuan 끄쯤부루안
n. 질투

konflik 꼰플릭
n. 갈등, 투쟁

mengkhianati 믕히아나띠
v. 배신하다

bohong 보홍
v. 거짓말하다

Pernikahan 쁘르니까한 **결혼**

menikah 므니까 v. 결혼하다 **pernikahan** 쁘르니까한 n. 결혼 	**melamar** 믈라마르 v. 청혼하다; 지원하다 	**bertunangan** 브르뚜낭안 v. 약혼하다
	upacara pernikahan 우빠짜라 쁘르니까한 = **upacara perkawinan** 우빠짜라 쁘르까위난 결혼식 	**surat undangan pernikahan** 수랏 운당안 쁘르니까한 n. 청첩장
	cincin pernikahan 찐찐 쁘르니까한 n. 결혼반지 	**gaun pengantin** 가운 쁭안띤 웨딩드레스
	pengantin laki-laki 쁭안띤 라끼라끼 신랑 **suami** 수아미 n. 남편 	**pengantin perempuan** 쁭안띤 쁘름뿌안 신부 **istri** 이스뜨리 n. 아내
hamil 하밀 v. 임신하다 	**bayi** 바의 n. 아기, 신생아 	**popok** 뽀뽁 n. 기저귀
kereta bayi 끄레따 바의 유모차 	**mengasuh** 믕아수 v. 기르다, 양육하다	**pengasuh anak** 쁭아수 아낙 = **babysitter** 베이비시뜨르 n. 보모, 유모

이상형 ①

이상형이 어떻게 되세요?

Apa kriteria pasangan ideal Anda?

아빠 끄리떼리아 빠상안 이데알 안다?

저는 잘 웃는 여성이 좋아요.

Saya suka wanita yang murah senyum.

사야 수까 와니따 양 무라 스늄.

저는 현명한 여성이 좋아요.

Saya suka wanita yang cerdas.

사야 수까 와니따 양 쯔르다스.

저는 피부가 하얗고 좋은 여성이 좋아요.

Saya suka wanita yang berkulit putih dan bagus.

사야 수까 와니따 양 브르꿀릿 뿌띠 단 바구스.

저는 날씬하고 몸매 좋은 여성이 좋아요.

Saya suka wanita yang langsing dan bentuk badannya bagus.

사야 수까 와니따 양 랑싱 단 븐뚝 바단냐 바구스.

저는 아담한 여성이 좋아요.

Saya suka wanita yang bertubuh mungil.

사야 수까 와니따 양 브르뚜부 뭉일.

이상형 ②

전 로맨틱한 남성이 좋아요.

Saya suka pria yang romantis.

사야 수까 쁘리아 양 로만띠스.

저는 유머 있는 남성이 좋아요.

Saya suka pria yang humoris.

사야 수까 쁘리아 양 후모리스.

저는 외모 관리를 할 줄 아는 남성이 좋아요.

Saya suka pria yang bisa jaga penampilan.

사야 수까 쁘리아 양 비사 자가 쁘남삘란.

저는 말을 많이 하지 않는 남성이 좋아요.

Saya suka pria yang tidak banyak bicara.

사야 수까 쁘리아 양 띠닥 바냑 비짜라.

저는 제 말을 잘 들어 주는 남성이 좋아요.

Saya suka pria yang mendengarkan saya dengan baik.

사야 수까 쁘리아 양 믄등아르깐 사야 등안 바익.

저는 제 부족한 점을 받아 줄 수 있는 남성이 좋아요.

Saya suka pria yang bisa menerima kekurangan saya.

사야 수까 쁘리아 양 비사 므느리마 끄꾸랑안 사야.

이상형 ③

저는 잘생긴 남성이 좋아요.

Saya suka pria yang ganteng.

사야 수까 쁘리아 양 간뜽.

Saya suka pria yang tampan.

사야 수까 쁘리야 양 땀빤.

Saya suka pria yang cakep. (구어)

사야 수까 쁘리아 양 짜꿥.

저는 같은 종교의 사람을 원해요.

Saya menginginkan orang yang seiman.

사야 믕잉인깐 오랑 양 스이만.

제 이상형은 착하고 예의 바른 사람이에요.

Kriteria saya adalah orang yang baik dan sopan.

끄리떼리아 사야 아달라 오랑 양 바익 단 소빤.

저는 이기적이지 않은 사람이 좋아요.

Saya suka orang yang tidak egois.

사야 수까 오랑 양 띠닥 에고이스.

저는 자신감 있는 사람이 좋아요.

Saya suka orang yang percaya diri.

사야 수까 오랑 양 쁘르짜야 디리.

꼭! 짚고 가기

시를 사랑하는 인도네시아인들

인도네시아인들은 시를 참 좋아합니다. 시 읽기뿐만 아니라 쓰기도 좋아하며 시 낭송에 큰 의미를 둡니다. 초등학생부터 대학생까지 시를 어떻게 하면 잘 읽을 수 있는지에 대해 공부하고, 학교에서는 시 낭송 대회도 자주 열립니다.

인도네시아의 시 낭송은 우리나라와는 많이 다릅니다. 보통 우리나라에서는 조용하고 점잖게 시를 읊지만 인도네시아인들은 아주 격렬한 연기를 펼치며 낭송합니다. 한 글자 한 글자에 감정을 담아 읽는 모습이 마치 뮤지컬 공연을 연상케 할 정도입니다.

인도네시아에는 여러 형태의 시가 있는데 가장 대중적으로 즐기는 시 유형 중 하나를 소개해 드리겠습니다.

말레이 전통 문학(Sastra Melayu 사스뜨라 믈라유)에서 발전한 구비 문학의 한 종류인 4행시 'Pantun 빤뚠'은 'sampiran 삼삐란'과 'isi 이시'로 구성되는데, sampiran은 4행시의 첫 두 행을 말하며 운율과 리듬을 부여하는 기능을 합니다.

마지막 두 행은 isi이며, Pantun의 주 내용이 담겨 있습니다. Pantun은 주로 a-b-a-b 형식을 갖추고 있어 운율감이 느껴지는 것이 특징입니다.

특히 수마트라(Sumatera)섬 사람들은 자신의 생각을 남에게 전할 때 Pantun을 활용하는 것을 좋아합니다. SNS상에서도 개인이 직접 창작한 Pantun을 심심찮게 볼 수 있을 만큼 인도네시아인들의 시 사랑은 참으로 대단합니다.

소개팅

애인 있나요?

Apa kamu sudah punya pacar?

아빠 까무 수다 뿌냐 빠짜르?

좋은 사람 좀 소개해 주세요.

Tolong kenalkan saya dengan orang yang baik.

똘롱 끄날깐 사야 등안 오랑 양 바익.

제 친구 중에 괜찮은 사람이 있는데, 만나 볼래요?

Ada teman saya yang lumayan, maukah Anda berkenalan?

아다 뜨만 사야 양 루마얀, 마우까 안다 브르끄날란?

저 애인 있어요.

Saya sudah punya pacar.

사야 수다 뿌냐 빠짜르.

전 썸 타는 사람 있어요.

Saya ada TTM.

사야 아다 떼떼엠.

Tip. TTM은 'Teman Tapi Mesra 뜨만 따삐 므스라 (친구지만 각별한)'의 약자입니다.

거의 헤어지기 직전이에요.

Saya sedang hampir putus.

사야 스당 함삐르 뿌뚜스.

소개팅 후 평가

너는 내 이상형이야.

Kamu adalah kriteria pasanganku.

까무 아달라 끄리떼리아 빠상안꾸.

난 너에게 반했어.

Aku jatuh cinta dengan kamu.

아꾸 자뚜 찐따 등안 까무.

저는 그 사람에게 빠졌어요.

Saya jatuh hati padanya.

사야 자뚜 하띠 빠다냐.

넌 나에게 완벽해.

Kamu sempurna bagiku.

까무 슴뿌르나 바기꾸.

다시 만나기로 약속했어요.

Kami sudah janji untuk ketemu lagi.

까미 수다 잔지 운뚝 끄뜨무 라기.

그 남성은 제 취향이 아니에요.

Pria itu bukan tipe saya.

쁘리아 이뚜 부깐 띠쁘 사야.

그 여성은 저에게 별로 관심이 없는 것 같아요.

Sepertinya wanita itu tidak begitu tertarik dengan saya.

스쁘르띠냐 와니따 이뚜 띠닥 브기뚜 뜨르따릭 등안 사야.

데이트 ①

오늘 저랑 데이트하실래요?

Apakah Anda mau kencan dengan saya hari ini?

아빠까 안다 마우 끈짠 등안 사야 하리 이니?

당신과 데이트하고 싶어요.

Saya ingin berkencan dengan Anda.

사야 잉인 브르끈짠 등안 안다.

오늘 저녁에 약속이 있나요?

Apakah Anda ada janji nanti malam?

아빠까 안다 아다 잔지 난띠 말람?

이번 주말에 혹시 시간 있으세요?

Apakah Anda ada waktu di akhir pekan ini?

아빠까 안다 아다 왁뚜 디 아히르 쁘깐 이니?

저 오늘 밤 제 썸남이랑 데이트가 있어요.

Saya nanti malam ada kencan dengan TTM.

사야 난띠 말람 아다 끈짠 등안 떼떼엠.

어디 가고 싶으세요?

Anda mau pergi ke mana?

안다 마우 쁘르기 끄 마나?

꼭! 짚고 가기

데이트 앱과 결혼 정보 회사

인도네시아어로 '커플'은 'pasangan 빠상안'입니다. '애인'을 뜻하는 단어가 'pacar 빠짜르'이고, 애인이 없는 이를 뜻하는 '싱글'은 'jomblo 좀블로'입니다. 또, '인생의 짝', '배필'이라는 말은 'jodoh 조도'라는 단어를 씁니다.

어딜 가든 연애는 사람들의 관심사이므로 관련 단어와 표현을 숙지해 두면 인도네시아 친구들과 즐거운 대화를 나눌 수 있습니다.

인도네시아어로 '데이트'는 'kencan 끈짠'이라고 하는데요, 인도네시아에도 'aplikasi kencan 아쁠리까시 끈짠(데이트 애플리케이션)'이 존재합니다. 관련 업체에 따르면 인도네시아 남성들 가운데 약 80% 정도는 데이트 앱을 이용해 이성을 만난 적이 있다고 합니다.

인도네시아 여성들은 자신보다 연상인 이성을 선호하는 반면 인도네시아 남성들은 보통 이성의 나이를 신경 쓰지 않는다고 합니다. 데이트 앱의 주 이용 연령층은 20대 초반이라고 합니다.

인도네시아에도 결혼 정보 회사가 있습니다. 이를 'biro jodoh 비로 조도'라고 하는데, 무료 결혼 정보 회사, 무슬림 결혼 정보 회사, 기독교 결혼 정보 회사 등 종류가 다양합니다. 인생의 짝을 만나고자 하는 열망은 비슷한 듯합니다.

정말 아름다우세요.

Anda sangat cantik.

안다 상앗 짠띡.

Anda cantik sekali.

안다 짠띡 스깔리.

눈이 정말 아름다우세요.

Mata Anda sangat indah.

마따 안다 상앗 인다.

저 첫눈에 당신한테 반했어요.

Saya jatuh cinta dengan Anda pada pandangan pertama.

사야 자뚜 찐따 등안 안다 빠다 빤당안 쁘르따마.

당신과 함께 있어서 좋았어요.

Saya senang bersama Anda.

사야 스낭 브르사마 안다.

제가 바래다드릴게요.

Mari saya antarkan Anda.

마리 사야 안따르깐 안다.

당신을 다시 만나고 싶어요.

Saya ingin ketemu Anda lagi.

사야 잉인 끄뜨무 안다 라기.

우리 다시 만날 거죠?

Kita akan ketemu lagi, kan?

끼따 아깐 끄뜨무 라기, 깐?

약속을 잘 지키세요.

Tepatilah janji.

뜨빠띨라 잔지.

서로를 존중해 주세요.

Hargailah satu sama lain.

하르가일라 사뚜 사마 라인.

Salinglah menghargai.

살링라 믕하르가이.

Tip. 'satu sama lain'은 '서로'라는 뜻입니다.

좋은 관계를 지속해서 유지하려면, 차이를 받아들일 줄 알아야 해요.

Untuk menjaga hubungan yang tetap baik, harus bisa menerima perbedaan.

운뚝 믄자가 후붕안 양 뜨땁 바익, 하루스 비사 므느리마 쁘르베다안.

여자 친구에게 자주 '넌 예뻐'라고 말해 주세요.

Seringlah berkata pada pacar Anda 'Kamu cantik'.

스링라 브르까따 빠다 빠짜르 안다 '까무 짠띡'.

자주는 아니더라도, 한번씩 선물을 해 주세요.

Walau tidak sering, cobalah untuk sesekali kasih hadiah kecil.

왈라우 띠닥 스링, 쪼발라 운뚝 스스깔리 까시 하디아 끄찔.

Tip. sesekali는 'sekali-sekali'와 동일하며 '이따금', '때때로'라는 뜻입니다.

연애 조언 ②

바빠서 자주 보지 못하더라도, 자주 연락하세요.

Walau tidak bisa sering ketemu, seringlah berkomunikasi.

왈라우 띠닥 비사 스링 끄뜨무, 스링라 브르꼬무니까시.

전에 사귀었던 사람과 지금 사귀는 사람을 비교하는 것은 삼가세요.

Jangan pernah membandingkan kekasih Anda dengan mantan Anda.

장안 쁘르나 믐반딩깐 끄까시 안다 등안 만딴 안다.

자기 자신보다 그를 더 사랑하지 마세요.

Jangan mencintai dia lebih dari mencintai diri sendiri.

장안 믄찐따이 디아 르비 다리 믄찐따이 디리 슨디리.

자신의 원하는 바를 강요하지 마세요.

Janganlah memaksakan kehendak.

장안라 므막사깐 끄흔닥.

애인의 개인 시간을 존중해 주세요.

Hargailah waktu pribadi kekasih Anda.

하르가일라 왁뚜 쁘리바디 끄까시 안다.

꼭! 짚고 가기

이슬람 경전의 질밥

인도네시아 여성들은 'jilbab 질밥(머리 가리개, 히잡)'을 착용하며 발목까지 오는 바지나 치마를 입습니다. 무슬림 여성들이 질밥을 쓰고 다녀야 한다는 주장의 근거는 이슬람 경전인 꾸란에서 찾아볼 수 있습니다.

'믿는 여성들에게 일러 가로되, 그녀들의 시선을 낮추고 순결을 지키며, 밖으로 드러내는 것 외에는 유혹하는 어떤 것도 보여서는 아니 되느니라. 그리고 가슴을 가리는 머릿수건을 써서 남편과 그녀의 남편의 아버지와 그녀의 아들과 남편의 아들과 그녀의 형제와 형제의 아들과 자매의 아들과 여성 무슬림과 하녀 외에는 드러내지 않도록 하라. 또한 여성은 발걸음 소리를 내어 유혹함을 보여서는 아니 된다.'

또한 남성에게도 비슷한 요구를 했다는 것을 보여주는 구절이 있습니다.

'믿는 남성들에게 일러 가로되, 그들의 시선을 낮추고 정숙하라 할지니 그것이 그들을 위한 순결이라. 순결한 남성은 순결한 여성을 위해서 훌륭한 여성은 훌륭한 남성을 위해서 있나니 그들에게는 관용과 양식과 은혜가 충만하리라.'

위 구절들을 둘러싼 여러 가지 해석과 주장이 존재하지만 이슬람 사회에서는 무슬림 여성이라면 응당 머리 가리개를 쓰는 것이 옳다고 여기는 시각이 지배적입니다.

호감 표현 ①

나 너 좋아해.

Aku suka sama kamu.

아꾸 수까 사마 까무.

나 너랑 사귀고 싶어.

Aku mau pacaran dengan
kamu.

아꾸 마우 빠짜란 등안 까무.

Aku mau jadian dengan kamu.

아꾸 마우 자디안 등안 까무.

나랑 사귈래?

Maukah kamu jadi pacarku?

마우까 까무 자디 빠짜르꾸?

Maukah kamu jadian
denganku?

마우까 까무 자디안 등안꾸?

Jadian sama aku yuk? (구어)

자디안 사마 아꾸 육?

Tip. yuk은 권유할 때 붙이는 말로, '～하자'라는
뜻입니다. ayo, mari도 같은 역할을 합니다.

나 너 보고 싶어.

Aku rindu kamu.

아꾸 린두 까무.

Aku kangen kamu. (구어)

아꾸 깡은 까무.

네가 자꾸 생각나.

Aku lagi mikirin kamu terus.

아꾸 라기 미끼린 까무 뜨루스.

호감 표현 ②

요즘 네가 너무 예뻐 보여.

Akhir-akhir ini kamu kelihatan
cantik banget.

아히르아히르 이니 까무 끌리하딴 짠띡 방읏.

너와 함께하고 싶어.

Aku mau sama kamu.

아꾸 마우 사마 까무.

옷이 너랑 잘 어울려.

Pakaiannya cocok sama kamu.

빠까이안냐 쪼쪽 사마 까무.

너 언제부터 이렇게 예뻤어?

Kamu sejak kapan sih secantik
ini?

까무 스작 까빤 시 스짠띡 이니?

너의 웃음소리가 계속 생각나.

Aku keingat terus suara
ketawamu.

아꾸 끄잉앗 뜨루스 수아라 끄따와무.

오늘 나랑 저녁 먹을래?

Gimana kalau kita makan
malam bareng?

기마나 깔라우 끼따 마깐 말람 바릉?

280

사랑 표현 ①

나 너 사랑해.

Aku cinta padamu.

아꾸 찐따 빠다무.

너 나 사랑해?

Kamu cinta padaku?

까무 찐따 빠다꾸?

넌 나의 사랑이야.

Kamu adalah cintaku.

까무 아달라 찐따꾸.

당신만을 사랑해요.

Hanya kamulah yang kucintai.

하냐 까물라 양 꾸찐따이.

일어나면, 네 생각을 해.

Setiap bangun tidur, aku mikirin kamu.

스띠압 방운 띠두르, 아꾸 미끼린 까무.

너랑 키스하고 싶어.

Aku mau cium kamu.

아꾸 마우 찌움 까무.

사랑 표현 ②

나는 영원히 널 사랑할 거야.

Aku akan cinta padamu selamanya.

아꾸 아깐 찐따 빠다무 슬라마냐.

내가 필요한 건 오직 네 사랑이야.

Yang aku butuhkan hanyalah cintamu.

양 아꾸 부뚜깐 하냘라 찐따무.

나와 결혼해 줄래?

Maukah kamu nikah denganku?

마우까 까무 니까 등안꾸?

너와 평생을 함께하고 싶어.

Aku mau seumur hidup bersamamu.

아꾸 마우 스우무르 히둡 브르사마무.

우리 사랑은 영원할 거예요.

Cinta kita akan abadi.

찐따 끼따 아깐 아바디.

넌 나의 심장이자 내 삶이야.

Kamu adalah jantungku dan hidupku.

까무 아달라 잔뚱꾸 단 히둡꾸.

사랑 - 기타

전 모태 솔로예요.

Saya jomblo sejati.

사야 좀블로 스자띠.

전 오랫동안 애인이 없었어요.

Saya sudah lama tidak memiliki kekasih.

사야 수다 라마 띠닥 므밀리끼 끄까시.

절 사랑해 주는 사람을 제가 만날 수 있을까요?

Apakah saya bisa ketemu orang yang mencintai saya?

아빠까 사야 비사 끄뜨무 오랑 양 믄찐따이 사야?

전 이제부터 아무도 못 만날 것 같아요.

Mulai sekarang rasanya saya tidak akan bisa pacaran lagi.

물라이 스까랑 라사냐 사야 띠닥 아깐 비사 빠짜란 라기.

헤어져서 마음이 치유되는 데까지 저는 시간이 좀 필요할 것 같아요.

Sepertinya saya butuh waktu sampai hati saya sembuh karena putus cinta.

스쁘르띠냐 사야 부뚜 왁뚜 삼빠이 하띠 사야 슴부 까르나 뿌뚜스 찐따.

질투 & 배신

그 사람의 옛 애인이 질투 나요.

Saya cemburu sama mantan kekasih saya.

사야 쯤부루 사마 만딴 끄까시 사야.

Saya cemburu dengan mantan kekasih saya.

사야 쯤부루 등안 만딴 끄까시 사야.

Saya cemburu pada mantan kekasih saya.

사야 쯤부루 빠다 만딴 끄까시 사야.

저는 다른 여성과 잠깐 만난 적이 있어요. (바람피운 적이 있다.)

Saya sempat selingkuh dengah wanita lain.

사야 슴빳 슬링꾸 등안 와니따 라인.

저는 제 애인을 배신했어요.

Saya sudah mengkhianati kekasih saya.

사야 수다 믕히아나띠 끄까시 사야.

아까 제 애인이 바람피우는 것을 봤어요.

Tadi saya melihat kekasih saya selingkuh.

따디 사야 블리핫 끄까시 사야 슬링꾸.

제 애인이 바람피우고 있는 것 같아요.

Sepertinya kekasih saya sedang selingkuh.

스쁘르띠냐 끄까시 사야 스당 슬링꾸.

갈등

그와 헤어져야 할 것 같아요.

Sepertinya saya harus putus dengannya.

스쁘르띠냐 사야 하루스 뿌뚜스 등안냐.

저희에게 권태기가 온 것 같아요.

Sepertinya kami sedang berada di fase jenuh.

스쁘르띠냐 까미 스당 브르아다 디 퐈스 즈누.

이것이 감정의 문제인가요 아니면 관계의 문제인가요?

Apakah ini masalah perasaan atau masalah hubungan?

아빠까 이니 마살라 쁘라사안 아따우 마살라 후붕안?

그가 이제 저를 지겨워하는 것 같아요.

Sepertinya dia sudah bosan dengan saya.

스쁘르띠냐 디아 수다 보산 등안 사야.

요즘 저는 제 애인하고 자주 싸워요.

Akhir-akhir ini saya sering bertengkar dengan pacar saya.

아히르아히르 이니 사야 스링 브르뜽까르 등안 빠짜르 사야.

이별 ①

우리 헤어지자.

Kita putus saja.

끼따 뿌뚜스 사자.

우린 사랑하지만, 헤어졌어요.

Walau saling cinta, kami sudah putus.

왈라우 살링 찐따, 까미 수다 뿌뚜스.

그는 이별을 받아들이지 않아요.

Dia menolak untuk berpisah.

디아 므놀락 운뚝 브르삐사.

난 널 더 이상 사랑하지 않아.

Aku sudah tidak cinta lagi sama kamu.

아꾸 수다 띠닥 찐따 라기 사마 까무.

애인과 헤어진 뒤에는, 우울한 느낌이 들 수 있어요.

Sehabis putus dengan kekasih, bisa saja merasa depresi.

스하비스 뿌뚜스 등안 끄까시, 비사 사자 므라사 데쁘레시.

우리 관계는 이제 끝났어.

Hubungan kita sudah berakhir.

후붕안 끼따 수다 브르아히르.

이별 ②

오늘 저는 애인을 떠났어요.

Hari ini saya sudah meninggalkan kekasih saya.

하리 이니 사야 수다 므닝갈깐 끄까시 사야.

그가 절 떠났어요.

Dia sudah meninggalkan saya.

디아 수다 므닝갈깐 사야.

난 널 절대 잊지 않을 거야.

Aku tidak akan pernah melupakanmu.

아꾸 띠닥 아깐 쁘르나 믈루빠깐무.

너를 다시는 만나지 않았으면 해.

Semoga aku tidak ketemu kamu lagi.

스모가 아꾸 띠닥 끄뜨무 까무 라기.

앞으로 다신 서로 연락하지 말자.

Mari kita berhenti untuk saling kontak satu sama lain.

마리 끼따 브르흔띠 운뚝 살링 꼰딱 사뚜 사마 라인.

너를 포기할 수는 없어.

Aku tidak bisa melepas kamu.

아꾸 띠닥 비사 믈르빠스 까무.

사랑이 어떻게 변해?

Apakah cinta bisa berubah?

아빠까 찐따 비사 브르우바?

청혼

결혼식

나와 결혼해 줄래?

Maukah kamu nikah sama aku?

마우까 까무 니까 사마 아꾸?

나 너와 결혼하고 싶어.

Aku mau nikah sama kamu.

아꾸 마우 니까 사마 까무.

내 아내가 되어 주겠니?

Boleh aku minta kamu jadi istriku?

볼레 아꾸 민따 까무 자디 이스뜨리꾸?

제가 그 사람과 결혼해도 될까요?

Boleh saya nikah sama dia?

볼레 사야 니까 사마 디아?

5년의 긴 연애 끝에, 저는 마침내 그녀에게 청혼했어요.

Setelah 5 tahun lamanya berpacaran, akhirnya saya melamar dia.

스뜰라 리마 따훈 라마냐 브르빠짜란, 아히르냐 사야 믈라마르 디아.

Tip. melamar는 '청혼하다' 외에 '지원하다'라는 뜻도 있습니다.

그녀가 어젯밤 제 청혼을 받아 주었어요.

Semalam dia menerima lamaran nikah dari saya.

스말람 디아 므느리마 라마란 니까 다리 사야.

언제 결혼하세요?

Kapan Anda ingin menikah?

까빤 안다 잉인 므니까?

올해 안에 결혼하려고요.

Saya ingin nikah tahun ini.

사야 잉인 니까 따훈 이니.

결혼을 축하해요.
(결혼 전 신랑 신부에게 소식을 들었을 때)

Selamat atas pernikahan Anda.

슬라맛 아따스 쁘르니까한 안다.

Selamat menikah.

슬라맛 므니까.

결혼을 축하해요.
(결혼식장에서 신랑 신부에게)

Selamat menempuh hidup baru.

슬라맛 므늠뿌 히둡 바루.

제 결혼식에 와 주세요.

Mohon datang ke acara pernikahan saya.

모혼 다땅 끄 아짜라 쁘르니까한 사야.

요즘 결혼 준비로 매우 바빠요.

Akhir-akhir ini saya sangat sibuk dengan persiapan nikah.

아히르아히르 이니 사야 상앗 시북 등안 쁘르시아빤 니까.

결혼 생활 ①

결혼한 지 얼마나 됐어요?

Sudah berapa lama Anda menikah?

수다 브라빠 라마 안다 므니까?

결혼한 지도 15년이 넘었지요.

Kami sudah menikah selama lebih dari 15 tahun.

까미 수다 므니까 슬라마 르비 다리 리마블라스 따훈.

아홉 살 차이가 나지만, 우리는 서로 사랑해요.

Walaupun dengan perbedaan umur 9 tahun, kami berdua saling mencintai.

알리우뿐 등안 쁘르베다안 우무르 슴빌란 따훈, 까미 브르두아 살링 믄찐따이.

저 행복해요. 저 제 남편이랑 결혼 잘한 것 같아요.

Saya merasa bahagia. Menikahi suami saya adalah sebuah pilihan yang baik.

사야 므라사 바하기아. 므니까히 수아미 사야 아달라 스부아 삘리한 양 바익.

결혼 이후로, 한 번도 부부 싸움을 해 본 적이 없어요.

Sehabis menikah, kami belum pernah bertengkar.

스하비스 므니까, 까미 블룸 쁘르나 브르뜽까르.

결혼 생활 ②

가족이 생기니, 책임감이 생겨요.

Setelah berkeluarga, saya jadi merasa bertanggung jawab.

스뜰라 브르끌루아르가, 사야 자디 므라사 브르땅궁 자왑.

아내 덕분에, 제 생활이 안정됐어요.

Berkat istri saya, kehidupan saya menjadi stabil.

브르깟 이스뜨리 사야, 끄히두빤 사야 믄자디 스따빌.

경제권은 아내가 쥐고 있어요.

Urusan keuangan ditangani oleh istri saya.

우루산 끄우앙안 디땅아니 올레 이스뜨리 사야.

제 남편은 늦게 들어와요.

Suami saya terlambat pulang ke rumah.

수아미 사야 뜨를람밧 뿔랑 끄 루마.

주말 저녁마다 저희는 외식을 해요.

Setiap malam akhir pekan kami makan di luar.

스띠압 말람 아히르 쁘깐 까미 마깐 디 루아르.

별거 & 이혼

우리는 자주 싸워요.

Kami sering bertengkar.

까미 스링 브르뜽까르.

저희는 별거 중이에요.

Kami sedang pisah ranjang.

까미 스당 삐사 란장.

저는 성격 차이로 얼마 전에 이혼했어요.

Belum lama ini saya bercerai karena perbedaan sifat.

블룸 라마 이니 사야 브르쯔라이 까르나 쁘르베다안 시팟.

양육권 때문에 다투고 있어요.

Kami sedang berselisih karena masalah hak asuh anak.

까미 스당 브르슬리시 까르나 마살라 학 아수 아낙.

전 재혼하지 않을 거예요.

Saya tidak ingin nikah lagi.

사야 띠닥 잉인 니까 라기.

저는 다른 사람과 재혼을 준비하고 있어요.

Saya sedang bersiap untuk menikah lagi dengan orang lain.

사야 스당 브르시압 운뚝 므니까 라기 등안 오랑 라인.

꼭! 짚고 가기

인도네시아의 성매매 문제

인도네시아의 성매매 문제는 생각보다 심각합니다. 성인뿐만 아니라 아동 성매매 역시 매년 증가 추세를 보이는데, 이는 주로 외국인 관광객들의 수요가 있기 때문이라고 합니다.

'국제아동 성착취 반대협회(ECPAT)'에 따르면, 성매매업에 종사하는 인도네시아 미성년자의 수가 2017년을 기준으로 8만 명을 넘어섰다고 합니다. 아동 보호법으로 엄격히 금지하고 있음에도 불구하고 자카르타를 중심으로 공급이 늘고 있다고 합니다.

이를 근절하기 위해 성매매 관광 알선 주요 직업군인 택시 운전사를 대상으로 훈련을 실시하였고, 2017년 말 인도네시아 정부는 전국의 집창촌을 폐쇄할 것이며 성매매 여성들을 대상으로 직업 교육도 함께 실시할 것이라고 발표했습니다.

또, 이전보다 단속도 강화된 상태인데, 성매매가 성행하는 곳으로 알려진 숙박업소들을 폐쇄하고 호텔 경영진을 소환하기도 했으며 온라인 성매매 조직을 검거하는 일도 있었습니다. 2018년 4월 인도네시아 정부의 발표에 따르면 168개의 집창촌 중 43개가 남아있으며 곧 모두 소탕할 예정이라고 합니다.

임신

저 임신했어요.

Saya hamil.

사야 하밀.

제 아내가 임신했어요.

Istri saya hamil.

이스뜨리 사야 하밀.

임신 5개월이에요.

Saya hamil 5 bulan.

사야 하밀 리마 불란.

육아 휴직 기간입니다.

Saya sedang cuti hamil.

사야 스당 쭈띠 하밀.

임신이 안 되네요.

Saya sulit hamil.

사야 술릿 하밀.

다음 달에 출산할 것 같아요.

Sepertinya bulan depan saya akan melahirkan.

스쁘르띠냐 불란 드빤 사야 아깐 믈라히르깐.

임신 중절 수술을 했어요.

Saya sudah melakukan aborsi.

사야 수다 믈라꾸깐 아보르시.

육아 ①

아이들이 있어요?

Apakah Anda sudah punya anak?

아빠까 안다 수다 뿌냐 아낙?

아들, 딸 하나씩 두고 있어요.

Saya memiliki satu anak laki-laki dan satu anak perempuan.

사야 므밀리끼 사뚜 아낙 라끼라끼 단 사뚜 아낙 쁘름뿌안.

아직 아이가 없어요.

Saya masih belum punya anak.

사야 마시 블룸 뿌냐 아낙.

저는 모유 수유를 해요.

Saya menyusui anak saya.

사야 므뉴수이 아낙 사야.

어제 저는 유모차를 샀어요.

Kemarin saya membeli kereta dorong bayi.

끄마린 사야 믐블리 끄레따 도롱 바의.

어떤 아기 요람이 좋은 거죠?

Dudukan bayi seperti apa yang bagus?

두두깐 바의 스쁘르띠 아빠 양 바구스?

육아 ②

아기 기저귀 갈아 줄래?

Tolong gantikan popok bayinya.

똘롱 간띠깐 뽀뽁 바의냐.

아기가 대소변을 보면 바로 기저귀를 갈아 주는 것을 잊지 마세요.

Jangan lupa langsung mengganti popok pada saat bayi buang air.

장안 루빠 랑숭 믕간띠 뽀뽁 빠다 사앗 바의 부앙 아이르.

우리 딸은 계속 울어요.

Anak perempuan saya menangis terus.

아낙 쁘름뿌안 사야 므낭이스 뜨루스.

우리 애는 밤에 잠을 안 자요.

Anak saya tidak tidur di malam hari.

아낙 사야 띠닥 띠두르 디 말람 하리.

우리 아기 때문에, 밤새 한숨도 못 잤어요.

Gara-gara bayi saya, semalam saya sama sekali tidak bisa tidur.

가라가라 비의 사야, 스말람 사야 사마 스깔리 띠닥 비사 띠두르.

육아 ③

베이비시터를 찾아요.

Saya sedang mencari pengasuh bayi.

사야 스당 믄짜리 쁭아수 바의.

애들은 누가 돌보나요?

Siapa yang merawat anak-anak?

시아빠 양 므라왓 아낙아낙?

제 남편이 육아를 해요.

Suami saya yang mengasuh anak.

수아미 사야 양 믕아수 아낙.

요즘 제 어머니가 육아를 도와주고 계세요.

Akhir-akhir ini ibu saya membantu mengurus bayi.

아히르아히르 이니 이부 사야 믐반뚜 믕우루스 바의.

저는 육아가 즐거워요.

Saya senang mengasuh anak.

사야 스낭 믕아수 아낙.

아기의 머리를 묶지 마세요.

Janganlah mengikat rambut bayi.

장안라 믕이깟 람붓 바의.

Bab 08

학교 다녀오겠습니다!

Bab 08

sekolah 스꼴라 n. 학교 	SD 에스데 = Sekolah Dasar 스꼴라 다사르 n. 초등학교 	SMP 에스엠뻬 = Sekolah Menengah Pertama 스꼴라 므능아 쁘르따마 n. 중학교
	SMA 에스엠아 = Sekolah Menengah Atas 스꼴라 므능아 아따스 n. 고등학교 	universitas 우니프르시따스 = perguruan tinggi 쁘르구루안 띵기 = kampus 깜뿌스 n. 대학교
	masuk sekolah 마숙 스꼴라 v. 등교하다; 입학하다(고등학교 이하) 	lulus 룰루스 v. 합격하다; 통과하다; 졸업하다
murid 무릿 = pelajar 쁠라자르 = siswa 시스와 (고등학교 이하) n. 학생 	guru 구루 n. 선생님(고등학교 이하) 	dosen 도센 n. 교수(전문대학 이상)
belajar 블라자르 v. 배우다, 공부하다 	mengajar 믕아자르 v. 가르치다 	ruang kelas 루앙 끌라스 n. 교실
kelas 끌라스 n. 수업 	terlambat 뜨를람밧 v. 지각하다, 늦다 a. 늦은 	pulang lebih cepat 뿔랑 르비 쯔빳 v. 조퇴하다

pertanyaan 쁘르따냐안 n. 질문 	jawaban 자와반 n. 대답 	buku 부꾸 n. 책
baca buku 바짜 부꾸 v. 책을 읽다 	buku catatan 부꾸 짜따딴 n. 공책 	catat 짜땃 v. 필기하다, 메모하다
pensil 뻰실 n. 연필 pena 뻬나 n. 펜 	penghapus 뻥하뿌스 n. 지우개 	PR 뻬에르 = Pekerjaan Rumah 쁘끄르자안 루마 n. 숙제 tugas 뚜가스 n. 숙제; 일, 임무
laporan 라뽀란 n. 보고서, 리포트 	melaporkan 믈라뽀르깐 v. 제출하다 	tes 떼스 n. 테스트 ujian 우지안 n. 시험
mudah 무다 a. 쉬운 	sulit 술릿 = sukar 수까르 = susah 수사 a. 어려운 	menilai 므닐라이 v. 평가하다
daftar nilai 다프따르 닐라이 = daftar skor 다프따르 스꼬르 n. 성적표 	gelar 글라르 n. 학위 	liburan 리부란 n. 연휴; 방학

등교 ①

등교 ②

#어느 학교 다녀요?

Anda sekolah di mana? (초·중·고)

안다 스꼴라 디 마나?

Anda kuliah di mana? (대학교)

안다 꿀리아 디 마나?

#몇 시에 등교해요?

Anda masuk kelas jam berapa?

안다 마숙 끌라스 잠 브라빠?

#아침 7시에 수업이 시작돼요.

Kelasnya dimulai jam 7 pagi.

끌라스냐 디물라이 잠 뚜주 빠기.

Tip. pagi는 '아침', pagi-pagi는 '아침 일찍', '이른 아침'입니다.

#오늘은 학교에 지각할 것 같아요.

Sepertinya hari ini saya akan terlambat ke sekolah. (초·중·고)

스쁘르띠냐 하리 이니 사야 아깐 뜨를람밧 끄 스꼴라.

Sepertinya hari ini saya akan terlambat ke kampus. (대학교)

스쁘르띠냐 하리 이니 사야 아깐 뜨를람밧 끄 깜뿌스.

#학교까지 가는 데 얼마나 걸리나요?

Berapa lama waktu yang diperlukan untuk sampai di sekolah? (초·중·고)

브라빠 라마 왁뚜 양 디쁘를루깐 운뚝 삼빠이 디 스꼴라?

#학교 갈 준비 다 되었니?

Kamu sudah siap ke sekolah? (초·중·고)

까무 수다 시압 끄 스꼴라?

#학교는 어디에 있어요?

Di mana letak kampus Anda? (대학교)

디 마나 르딱 깜뿌스 안다?

#뭐 타고 학교 가요?

Naik apa ke kampus? (대학교)

나익 아빠 끄 깜뿌스?

#저는 걸어서 등교해요.

Saya ke sekolah dengan berjalan kaki. (초·중·고)

사야 끄 스꼴라 등안 브르잘란 까끼.

Tip. 'jalan kaki'는 '걸어서', '도보로'라는 뜻입니다.

#저는 자전거를 타고 등교해요.

Saya naik sepeda ke sekolah. (초·중·고)

사야 나익 스뻬다 끄 스꼴라.

#저는 오토바이를 타고 등교해요.

Saya naik motor ke kampus. (대학교)

사야 나익 모또르 끄 깜뿌스.

등교 ③

비가 너무 많이 와서, 등교가
취소되었어요.

**Karena hujannya deras,
dibatalkan ke sekolah.** (초·중·고)

까르나 후잔냐 드라스, 디바딸깐 끄 스꼴라.

저는 항상 제시간에 등교해요.

**Saya selalu pergi ke kampus
tepat waktu.** (대학교)

사야 슬랄루 쁘르기 끄 깜뿌스 뜨빳 왁뚜.

저는 항상 시간에 쫓겨 등교해요.

**Saya selalu ke kampus kurang
tepat waktu.** (대학교)

사야 슬랄루 끄 깜뿌스 꾸랑 뜨빳 왁뚜.

아침 일찍 일어나기 힘들어요.

Saya susah bangun pagi.

사야 수사 방운 빠기.

전 매일 아침마다 제 딸을 학교에
데려다주죠.

**Saya setiap pagi pergi
mengantar anak perempuan
saya ke sekolah.** (초·중·고)

사야 스띠압 빠기 쁘르기 믕안따르 아낙
쁘름뿌안 사야 끄 스꼴라.

인도네시아의 학제

인도네시아에서는 만 6세가 되면 초등학교에 입학할 수 있습니다. 만 6~8세 사이에 입학하면 6년 동안 초등학교에 다니게 됩니다. 중학교와 고등학교는 각각 3년씩입니다.

사실 1994년 전까지만 하더라도 중등 교육을 의무 교육으로 보장하지 않았으나, 노동 착취와 아이들의 사회 적응에 대한 문제가 대두되면서 중등 교육 또한 무상 의무 교육이 되었습니다.

대학교는 크게 4년제 종합 대학교와 1~3년제 전문 대학교로 나뉩니다. 전문 대학교 중에는 학위가 수여되지 않지만 특정 분야에 대해 전문적으로 배울 수 있는 'Akademi 아카데미'가 있고, 더 세부적인 학습이 가능한 'Politeknik 뽈리떼끄닉'이 있으며, 단과 대학 수준의 'Sekolah Tinggi 스꼴라 띵기'에서는 학위를 받을 수도 있습니다.

학위 수여와 더불어 위 기관들보다 더욱 세밀하고 전문적인 교육을 실시하는 기관은 'Institut 인스띠뚯'입니다. 4년제 종합 대학교는 'Universitas 우니프르시따스'라고 합니다.

하교 ①

수업이 몇 시에 끝나니?

Jam berapa selesai kelas?

잠 브라빠 슬르사이 끌라스?

학교 끝나고 어디 가?

Habis selesai kelas, kamu mau ke mana?

하비스 슬르사이 끌라스, 까무 마우 끄 마나?

학교 끝나고, 뭐 해?

Habis selesai kelas, kamu mau ngapain? (은어)

하비스 슬르사이 끌라스, 까무 마우 응아빠인?

Tip.ngapain은 'mengapakan 믕아빠깐'의 자카르타식 방언으로, 상대가 무엇을 하는지 물어볼 때 쓰는 표현입니다.

수업 끝나고 우리 집에 같이 갈래?

Bagaimana kalau kita bersama ke rumahku habis selesai kelas?

바가이마나 깔라우 끼따 브르사마 끄 루마꾸 하비스 슬르사이 끌라스?

난 수업 끝나고 저녁 먹을 거야.

Aku mau pergi makan habis selesai kelas.

아꾸 마우 쁘르기 마깐 하비스 슬르사이 끌라스.

바로 숙제하러 집에 갈 거야.

Aku mau langsung pulang untuk buat tugas.

아꾸 마우 랑숭 뿔랑 운뚝 부앗 뚜가스.

하교 ②

난 수업 끝나고 약속이 있어.

Aku ada janji habis selesai kelas.

아꾸 아다 잔지 하비스 슬르사이 끌라스.

한 시간만 더 참으면 수업이 끝나네.

Satu jam lagi selesai juga kelasnya.

사뚜 잠 라기 슬르사이 주가 끌라스냐.

Satu jam lagi kelasnya selesai deh.

사뚜 잠 라기 끌라스냐 슬르사이 데.

난 수업 끝나고 교수님을 찾아뵈어야 돼.

Aku harus ketemu dosen habis selesai kelas.

아꾸 하루스 끄뜨무 도센 하비스 슬르사이 끌라스.

나는 조별 과제 때문에 집에 바로 갈 수가 없어.

Aku tidak bisa langsung pulang karena ada tugas kelompok.

아꾸 띠닥 비사 랑숭 뿔랑 까르나 아다 뚜가스 끌롬뽁.

우리 어머니가 날 데리러 오실 거야.

Ibuku nanti akan datang untuk jemputku.

이부꾸 난띠 아깐 다땅 운뚝 즘뿟꾸.

296

입학 ①

입학을 축하해!

Selamat masuk sekolah!
(초·중·고)
슬라맛 마숙 스꼴라!

Selamat masuk universitas!
(대학교)
슬라맛 마숙 우니프르시따스!

입학 발표일이 언제예요?

Tanggal berapa pengumuman masuk sekolah? (초·중·고)
땅갈 브라빠 쁭우무만 마숙 스꼴라?

Tanggal berapa pengumuman masuk universitas? (대학교)
땅갈 브라빠 쁭우무만 마숙 우니프르시따스?

제 딸이 초등학교에 입학했어요.

Anak perempuan saya sudah masuk SD.
아낙 쁘름뿌안 사야 수다 마숙 에스데.

저 대학에 합격했어요.

Saya sudah diterima masuk ke universitas.
사야 수다 디뜨리마 마숙 끄 우니프르시따스.

어느 대학에 지원할 거예요?

Anda ingin mendaftar ke universitas mana?
안다 잉인 믄다프따르 끄 우니프르시따스 마나?

인도네시아의 대학교

우리나라는 워낙 교육열이 높아 청소년기, 심한 경우 초등학교에 들어가기 전부터 명문 대학 입시를 준비하는 경우도 있습니다. 인도네시아는 어떨까요? 정도의 차이는 있겠지만 인도네시아 학생들도 좋은 대학교에 들어가기 위해 열심히 공부합니다.

조사 기관이나 시기에 따라 결과가 달라지기도 하지만, 보통 인도네시아에서는 다음 세 곳이 명문으로 알려져 있습니다.

• UI 우이
(Universitas Indonesia
우니프르시따스 인도네시아)
• ITB 이떼베
(Institut Teknologi Bandung
인스띠뚯 떽놀로기 반둥)
• UGM 우게엠
(Universitas Gadjah Mada
우니프르시따스 가자 마다)

UI는 자카르타 근처 Depok 데뽁에 위치한 국립대학교로 'QS 세계대학랭킹 2023'에서 UI는 전 세계 상위 1,000개의 유수한 대학교 중 248위를 차지했습니다.
'반둥 공과 대학교'라고도 불리는 ITB는 반둥에 위치한 국립대학교로, 과학 기술, 경영학, 예술 분야에서 뛰어난 인재들을 배출합니다.
UGM은 문화와 교육의 도시인 족자카르타에 위치해 있습니다. 족자카르타 물가가 워낙 저렴해 학생들이 생활하는 데 부담이 없습니다.

입학 ②

대학 입학시험이 언제예요?

Kapan ujian masuk universitas dilaksanakan?

까빤 우지안 마숙 우니프르시따스 딜락사나깐?

입학시험 없이 대학에 입학할 수 있나요?

Bisa masuk universitas tanpa ikut ujian masuk?

비사 마숙 우니프르시따스 딴빠 이꿋 우지안 마숙?

이 대학교에 관한 정보를 알고 싶어요.

Saya ingin tahu informasi mengenai universitas ini.

사야 잉인 따우 인포르마시 릉으나이 우니프르시따스 이니.

입학 등록 마감일이 언제예요?

Kapan hari terakhir pendaftaran masuk universitas?

까빤 하리 뜨르아히르 쁜다프따란 마숙 우니프르시따스?

저는 올해 9월에 대학에 입학해요.

Saya akan masuk ke universitas bulan September tahun ini.

사야 아깐 마숙 끄 우니프르시따스 불란 셉뗌브르 따훈 이니.

입학 ③

입학에 필요한 서류가 뭐예요?

Dokumen apa yang diperlukan untuk masuk universitas?

도꾸멘 아빠 양 디쁘를루깐 운뚝 마숙 우니프르시따스?

입학 허가서를 받는 데 얼마나 걸려요?

Berapa lama waktu yang diperlukan untuk mendapat surat izin masuk?

브라빠 라마 왁뚜 양 디쁘를루깐 운뚝 믄다빳 수랏 이진 마숙?

다음 학기에 입학할 수 있을까요?

Apakah saya bisa masuk mulai semester depan?

아빠까 사야 비사 마숙 물라이 스메스뜨르 드빤?

지원 자격에 대해서 설명해 주세요.

Tolong jelaskan syarat pendaftarannya.

똘롱 즐라스깐 샤랏 쁜다프따란냐.

고등학교 성적이 필요해요?

Apa perlu nilai rapor SMA?

아빠 쁘를루 닐라이 라뽀르 에스엠아?

Tip. SMA는 'Sekolah Menengah Atas 스꼴라 므능아 아따스'로 '고등학교'입니다.

졸업 ①

언제 졸업하니?

Kapan kamu lulus?

까빤 까무 룰루스?

졸업이 한 학기밖에 남지 않았어요.

Sampai lulus hanya tinggal 1 semester lagi.

삼빠이 룰루스 하냐 띵갈 사뚜 스메스뜨르
라기.

졸업 후에, 뭘 할 거야?

Habis lulus, apa rencanamu?

하비스 룰루스, 아빠 른짜나무?

Habis lulus, kamu mau ngapain? (은어)

하비스 룰루스, 까무 마우 응아빠인?

졸업 후에 무엇을 해야 할지 모르겠어요.

Saya tidak tahu harus melakukan apa habis lulus.

사야 띠닥 따우 하루스 믈라꾸깐 아빠 하비스
룰루스.

졸업하려면 학점이 더 필요해요.

Untuk bisa lulus butuh SKS lebih banyak.

운뚝 비사 룰루스 부뚜 에스까에스 르비 반약.

Tip. SKS는 'Satuan Kredit Semester 사뚜안 끄레딧
스메스뜨르'의 약어로 '학기당 학점'입니다.

꼭! 짚고 가기

UI의 BIPA 과정 (어학연수)

인도네시아 현지에서 언어를 배우고 싶으신 분들을 위해 어학연수 프로그램을 소개해 드리겠습니다. 보통 외국인들은 대학교나 사설 학원, 과외 수업을 통해 인도네시아어 수업을 받을 수 있는데요, 그중에서도 가장 유명하고 신뢰받는 몇몇 대학교의 어학당에 대해 알려 드리려고 합니다. 먼저 UI(Universitas Indonesia)의 BIPA 과정입니다.

BIPA는 'Bahasa Indonesia untuk Penutur Asing 바하사 인도네시아 운뚝 쁘누뚜르 아싱'의 약자로, '외국인을 위한 인도네시아어 학습 코스'라고 보시면 됩니다. 현재 여러 대학교에서 이와 같은 과정을 실시하고 있으나 UI 대학교의 BIPA 프로그램이 가장 유명합니다.

UI의 BIPA 과정은 1~4월, 5~8월, 9~12월 총 세 학기에 걸쳐 진행하며, 자신의 실력에 맞는 반에서 수업을 들으면 됩니다.

① **BIPA 1**

일상 회화를 배울 수 있는 초급 과정입니다.

② **BIPA 2**

중급 과정이라고는 하지만, BIPA 1에 비해 확연히 난이도가 높으며 BIPA 2만 성실히 잘 마쳐도 FLEX 시험에 대한 대비가 가능합니다. 물론 고득점을 위해서는 BIPA 3까지 수강하기를 추천합니다.

③ **BIPA 3**

고급 과정이며, 현지에서 비즈니스를 하는 데 필요한 각종 서류들을 읽고 다루는 연습을 많이 합니다. 작문 수업과 토론 수업도 이루어집니다.

졸업 ②

저는 인도네시아에서 대학을
졸업했어요.

Saya lulus dari universitas di
Indonesia.

사야 룰루스 다리 우니프르시따스 디
인도네시아.

졸업식이 언제인가요?

Kapan upacara wisuda
dilaksanakan?

까빤 우빠짜라 위수다 딜락사나깐?

올해 석사 졸업을 해요.

Tahun ini saya akan lulus S2.

따훈 이니 사야 아깐 룰루스 에스두아.

Tip. S2는 'Strata 2 스뜨라따 두아'의 약어로 '석사 과정'
입니다. 덧붙여, S1는 '학사 과정', S3는 '박사
과정'을 뜻합니다.

저는 대학 졸업 논문을 써야 해요.

Saya harus menulis skripsi.

사야 하루스 므눌리스 스끄립시.

저는 올해 대학 졸업을 못할 것
같아요.

Sepertinya tahun ini saya tidak
bisa lulus dari universitas.

스쁘르띠냐 따훈 이니 사야 띠닥 비사 룰루스
다리 우니프르시따스.

저는 막 고등학교를 졸업했어요.

Saya baru saja lulus dari SMA.

사야 바루 사자 룰루스 다리 에스엠아.

학교생활

학교생활이 지루해요.

Kegiatan di sekolah
membosankan. (초·중·고)

끄기아딴 디 스꼴라 믐보산깐.

Kegiatan di kampus
membosankan. (대학교)

끄기아딴 디 깜뿌스 믐보산깐.

교수님의 개인 사정으로, 오늘 수업이
취소되었어요.

Karena urusan pribadi dosen,
kelas hari ini dibatalkan.

까르나 우루산 쁘리바디 도센, 끌라스 하리
이니 디바딸깐.

너는 이과야 문과야?

Kamu anak IPA atau IPS?

까무 아낙 이빠 아따우 이쁘에스?

Tip. IPA는 'Ilmu Pengetahuan Alam 일무
쁭으따후안 알람'으로 '자연 과학', IPS는 S가
'Social 소시알'로 '사회학'입니다.

넌 다음에 무슨 수업 듣니?

Habis ini, kamu masuk kelas
apa?

하비스 이니, 까무 마숙 끌라스 아빠?

수업이 다 끝나면 오후 5시 정도가
돼요.

Sekitar jam 5 sore semua kelas
selesai.

스끼따르 잠 리마 소레 스무아 끌라스
슬르사이.

300

수업 전

수업은 오전 7시에 시작해요.

Kelasnya dimulai jam 7 pagi.

끌라스냐 디물라이 잠 뚜주 빠기.

강의 중에 졸지 마세요.

Harap tidak tidur selama kelas berlangsung.

하랍 띠닥 띠두르 슬라마 끌라스 브를랑숭.

수업 중에 떠들지 마세요.

Harap tidak berisik selama kelas berlangsung.

하랍 띠닥 브리식 슬라마 끌라스 브를랑숭.

Harap tidak bersuara keras selama kelas berlangsung.

하랍 띠닥 브르수아라 끄라스 슬라마 끌라스 브를랑숭.

아직 선생님께서 오시지 않았어요.

Gurunya belum datang.

구루냐 블룸 다땅.

아직 교수님께서 오시지 않았어요.

Dosennya belum datang.

도센냐 블룸 다땅.

교재를 안 가져왔어요.

Saya tidak bawa buku pelajaran.

사야 띠닥 바와 부꾸 쁠라자란.

지난 시간에 어디까지 했죠?

Kemarin kita sampai mana?

끄마린 끼따 삼빠이 마나?

꼭! 짚고 가기

UGM의 INCULS 과정 (어학연수)

UGM도 외국인을 위한 인도네시아어 학습 프로그램을 제공합니다. 다만 명칭이 조금 다를 뿐입니다. 여기서 운영하는 INCULS는 'The Indonesian Language and Culture Learning Service'의 약자이며, UGM의 학부 학사 일정에 맞춰 개강과 종강을 진행합니다. INCULS 수업을 듣기 위해서는 반 배치고사를 봐야 하는데, 시험 성적에 따라 반이 배정됩니다. INCULS는 교재가 좋기로 유명합니다. 교재가 다소 두껍긴 하지만 체계적인 학습이 가능하기 때문에 INCULS 수업을 듣지 않는 학생들도 탐내곤 합니다.

① 기초반
인도네시아어 일상 회화를 배울 수 있습니다. 입문 단계로, 인도네시아어를 처음 접하는 이들도 수월하게 참여할 수 있습니다.

② 중급반
시험에서 좋은 성적을 거둬야 진급할 수 있습니다. 상급반으로 갈수록 신생님들이 사용하는 용어와 문장의 수준도 높아집니다.

③ 고급반
기초반과 중급반에는 없는 한국어-인도네시아어 번역 수업을 수강할 수 있습니다. UGM의 한국어학과 교수가 직접 강의를 진행하기 때문에 수업의 질이 상당히 높습니다.

세 반의 공통 개설 과목은 문법, 읽기, 쓰기, 회화이며, 번역 수업만 고급반에서 열린다고 보시면 됩니다. 주의할 점은, INCULS 신청 기간이 생각보다 일찍 끝나기 때문에, 반드시 미리 알아보고 기한에 맞춰 접수해야 합니다.

수강 신청 ①

우리 오늘 수강 신청해야 돼.

Hari ini kita harus daftar mata kuliah.

하리 이니 끼따 하루스 다프따르 마따 꿀리아.

수강 신청 언제까지야?

Kapan batas waktu pendaftaran mata kuliah?

까빤 바따스 왁뚜 쁜다프따란 마따 꿀리아?

이번 학기 수강 신청 다 했어?

Kamu sudah selesai daftar mata kuliah untuk semester ini?

까무 수다 슬르사이 다프따르 마따 꿀리아 운뚝 스메스뜨르 이니?

어떤 과목이 필수 과목이야?

Mata kuliah apa yang wajib?

마따 꿀리아 아빠 양 와집?

교양 과목은 몇 과목 들어요?

Ada berapa kelas Mata Kuliah Dasar Umum yang diambil?

아다 브라빠 끌라스 마따 꿀리아 다사르 우뭄 양 디암빌?

Tip. 'Mata Kuliah Dasar Umum(교양 과목)'은 약어로 MKDU 엠까데우입니다.

그 교수님 성격은 어때?

Bagaimana sifat dosen itu?

바가이마나 시팟 도센 이뚜?

수강 신청 ②

이번 학기 수업 전부 몇 개 들어?

Semester ini kamu ambil berapa mata kuliah?

스메스뜨르 이니 까무 암빌 브라빠 마따 꿀리아?

나는 다섯 과목 들어.

Aku ambil 5 mata kuliah.

아꾸 암빌 리마 마따 꿀리아.

그 수업은 인기가 많아서 빨리 신청해야 해.

Mata kuliah itu banyak digemari jadi harus cepat daftar.

마따 꿀리아 이뚜 반약 디그마리 자디 하루스 쯔빳 다프따르.

신청한 수업을 변경할 수 있나요?

Bisa mengganti mata kuliah yang sudah didaftarkan?

비사 릉간띠 마따 꿀리아 양 수다 디다프따르깐?

그 과목은 마감되었어요.

Mata kuliah itu sudah penuh.

마따 꿀리아 이뚜 수다 쁘누.

지금도 수강 신청할 수 있어요?

Apakah sekarang masih bisa daftar mata kuliah?

아빠까 스까랑 마시 비사 다프따르 마따 꿀리아?

수업 난이도

어려운 과목이 있어?

Ada mata kuliah yang sulit?

아다 마따 꿀리아 양 술릿?

이 과목은 이해하기 너무 어려워요.

Mata kuliah ini sangat sulit untuk dimengerti.

마따 꿀리아 이니 상앗 술릿 운뚝 디릉으르띠.

이 과목은 배우기는 어렵지만 재미있어요.

Mata kuliah ini susah untuk dipelajari tapi menarik.

마따 꿀리아 이니 수사 운뚝 디쁠라자리 따삐 므나릭.

나는 어제 그 교수님이 가르쳐 주신 것을 이해하지 못했어.

Aku kurang paham sama yang diajarkan dosen itu kemarin.

아꾸 꾸랑 빠함 사마 양 디아자르깐 도센 이뚜 끄마린.

인도네시아어가 영어보다 더 배우기 쉬운 것 같아요.

Sepertinya bahasa Indonesia lebih mudah dipelajari daripada bahasa Inggris.

스쁘르띠냐 바하사 인도네시아 르비 무다 디쁠라자리 다리빠다 바하사 잉그리스.

늘어나는 한국어 수요

2000년대 초, 특히 2002년 드라마 '가을 동화'의 현지 방영과 함께 인도네시아 청년들이 한류에 관심을 갖기 시작하면서 2011년, 자카르타에 한국문화원이 설립되었습니다. 또 한국문화원의 부설 기관인 세종학당은 외국인들에게 한국어 교육을 제공하기 시작했죠.

한류에 대한 애정으로 한국어를 배우고 싶어하는 이들뿐만 아니라, 우리나라에서 일하기 위해 또는 인도네시아 공기업에 취업하기 위해, 인도네시아에 진출한 우리나라 기업에 입사하기 위해 한국어를 배우는 이들도 적지 않습니다.

외국인의 한국어 사용 능력을 측정하기 위한 지표로 주로 TOPIK(Test of Proficiency in Korean, 한국어능력시험)이 활용되는데, TOPIK1(1~2급)과 TOPIK2(3~6급)로 나뉘며, 6급이 가장 높은 급수입니다. 인도네시아 TOPIK 응시생은 매년 2~3만 명 정도됩니다.

현재 UI 우이, UGM 우게엠, UNAS 우나스, UPI 우뻬이, 주요 네 곳 대학을 포함해 여러 대학에 한국학과가 개설되어 있습니다. 실제로 인도네시아에서 한국어를 전공한 학생들은 취업이 잘되는 편입니다.

나는 이 과목이 제일 좋아.

Aku paling suka mata kuliah yang ini.

아꾸 빨링 수까 마따 꿀리아 양 이니.

이 수업은 정말 지루해.

Kelas ini sangat membosankan.

끌라스 이니 상앗 음보산깐.

너 어제 수업에 왜 늦었니?

Kamu kenapa kemarin terlambat masuk kelas?

까무 끄나빠 끄마린 뜨를람밧 마숙 끌라스?

너 어제 수업에 왜 안 왔어?

Kamu kenapa kemarin tidak datang ke kelas?

까무 끄나빠 끄마린 띠닥 다땅 끄 끌라스?

오늘은 수업이 없어.

Hari ini tidak ada kelas. (대학)

하리 이니 띠닥 아다 끌라스.

보충 수업은 내일 하겠어요.

Kelas tambahannya akan dilaksanakan besok.

끌라스 땀바한냐 아깐 딜락사나깐 베속.

걔는 수업 시간마다 잠을 자.

Dia selalu tidur di kelas.

디아 슬랄루 띠두르 디 끌라스.

숙제가 너무 많아요.

PRnya terlalu banyak. (초·중·고)

뻬에르냐 뜨를랄루 바냑.

Tip. PR 뻬에르는 Pekerjaan Rumah 쁘끄르자안 루마로 '숙제'입니다.

숙제는 다 했어요?

Apa PRnya sudah selesai?

아빠 뻬에르냐 수다 슬르사이?

아직도 숙제하고 있어요.

Saya masih buat tugas.

사야 마시 부앗 뚜가스.

오늘은 숙제가 하나도 없어요.

Hari ini tidak ada tugas sama sekali.

하리 이니 띠닥 아다 뚜가스 사마 스깔리.

이 과제는 언제까지 제출해야 해요?

Tugas ini sampai kapan harus dikumpulkan?

뚜가스 이니 삼빠이 까빤 하루스 디꿈뿔깐?

언제까지 과제를 제출해야 하죠?

Sampai kapan tugas ini harus dikumpulkan?

삼빠이 까빤 뚜가스 이니 하루스 디꿈뿔깐?

이번 주 금요일까지 과제를 제출해야 해요.

Tugasnya harus dikumpulkan sampai Jumat ini.

뚜가스냐 하루스 디꿈뿔깐 삼빠이 주맛 이니.

숙제하기 ②

숙제 거의 다 끝나 가.

Aku hampir selesai buat tugas.

아꾸 함삐르 슬르사이 부앗 뚜가스.

숙제가 많이 밀렸어요.

Tugasnya banyak menumpuk.

뚜가스냐 바냑 므눔뿍.

아직도 해야 할 숙제가 남아 있어요.

Masih ada tugas yang harus
dibuat.

마시 아다 뚜가스 양 하루스 디부앗.

중간고사는 과제 제출로
대신하겠어요.

UTS akan diganti dengan tugas.

우떼에스 아깐 디간띠 등안 뚜가스.

Tip. UTS는 'Ujian Tengah Semester 우지안 뜽아
스메스뜨르'로 '중간고사'입니다.

분량은 어느 정도로 해야 해요?

Kurang lebih berapa halaman
yang harus dibuat?

꾸랑 르비 브라빠 할라만 양 하루스 디부앗?

그 교수님은 항상 과제를 정말 많이
내 주셔.

Dosen itu selalu kasih banyak
tugas.

도센 이뚜 슬랄루 까시 바냑 뚜가스.

시험 전

우리 중간고사가 언제야?

Kita kapan UTS?

끼따 까빤 우떼에스?

다음 주부터 기말시험이에요.

UAS dimulai minggu depan.

우아스 디물라이 밍구 드빤.

Tip. UAS는 'Ujian Akhir Semester 우지안 아히르
스메스뜨르'로 '기말고사'입니다.

시험 범위가 어디죠?

Ruang lingkup materi ujiannya
meliputi apa saja?

루앙 링꿉 마뜨리 우지안냐 믈리뿌띠 아빠
사자?

이번 시험은 좀 어려울 것 같아요.

Sepertinya ujian kali ini akan
sulit.

스쁘르띠냐 우지안 깔리 이니 아깐 술릿.

상대 평가야 절대 평가야?

Penilaiannya pakai sistem
penilaian relatif atau sistem
penilaian mutlak, sih?

쁘닐라이안냐 빠까이 시스뗌 쁘닐라이안
를라띠프 아따우 시스뗌 쁘닐라이안 무뜰락,
시?

중간고사가 2주밖에 남지 않았어요.

UTSnya hanya tinggal
2 minggu lagi.

우떼에스냐 하냐 띵갈 두아 밍구 라기.

시험 후

시험 잘 봤어요?

Bagaimana ujiannya?

바가이마나 우지안냐?

이번 시험은 약간 쉬웠어요.

Ujian kali in rasanya agak mudah.

우지안 깔리 이니 라사냐 아각 무다.

시험이 끝나서 마음이 홀가분해요.

Hati saya lega karena ujiannya sudah selesai.

하띠 사야 르가 까르나 우지안냐 수다 슬르사이.

아까 시간이 모자랐어요.

Tadi waktunya kurang.

따디 왁뚜냐 꾸랑.

시험을 세 시간 동안 봤어요.

Saya tadi ikut ujian selama 3 jam.

사야 따디 이꿋 우지안 슬라마 띠가 잠.

시험 문제가 시험 범위 밖에서 나왔어요.

Soal ujiannya ternyata di luar lingkup materi ujian.

소알 우지안냐 뜨르냐따 디 루아르 링꿉 마뜨리 우지안.

시험 결과

시험 결과는 언제 알 수 있나요?

Kapan kita bisa tahu hasil ujiannya?

까빤 끼따 비사 따우 하실 우지안냐?

시험 결과가 오늘 나왔어요.

Hasil ujiannya sudah diumumkan tadi.

하실 우지안냐 수다 디우뭄깐 따디.

시험 결과가 만족스럽지 않아요.

Hasil ujiannya tidak memuaskan.

하실 우지안냐 띠닥 므무아스깐.

중간고사를 잘 봤어요.

Saya dapat nilai yang bagus di UTS.

사야 다빳 닐라이 양 바구스 디 우떼에스.

기말고사를 망쳤어요.

Saya gagal UAS.

사야 가갈 우아스.

전액 장학금을 탔어요.

Saya dapat beasiswa penuh.

사야 다빳 베아시스와 쁘누.

기말고사는 더 열심히 공부해야겠어.

Sepertinya saya harus belajar lebih giat untuk UAS.

스쁘르띠냐 사야 하루스 블라자르 르비 기앗 운뚝 우아스.

학교 성적

제 성적은 과에서 1등이에요.

Nilai saya tertinggi tingkat jurusan.

닐라이 사야 뜨르띵기 띵깟 주루산.

지난 학기보다 성적이 많이 올랐어요.

Nilai saya banyak naik dibandingkan semester lalu.

닐라이 사야 바냑 나익 디반딩깐 스메스뜨르 랄루.

이번 시험 성적이 안 좋아요.

Hasil ujian kali ini buruk.

하실 우지안 깔리 이니 부룩.

성적 증명서가 필요해요.

Saya memerlukan laporan nilai.

사야 므므를루깐 라뽀란 닐라이.

평가 기준이 무엇입니까?

Apakah yang menjadi standar penilaiannya?

아빠까 양 믄자디 스딴다르 쁘닐라이안냐?

성적은 과제 평가와 시험 성적을 합산한 것입니다.

Nilainya sesuai dengan nilai tugas ditambah nilai ujian.

닐라이냐 스수아이 등안 닐라이 뚜가스 디땀바 닐라이 우지안.

학교 - 기타

저는 과외 수업이 필요해요.

Saya membutuhkan les privat.

사야 믐부뚜깐 레스 쁘리팟.

봉사 활동을 하고 싶어요.

Saya ingin melakukan kegiatan sukarela.

사야 잉인 믈라꾸깐 끄기아딴 수까를라.

저 휴학하고 싶어요.

Saya ingin cuti kuliah.

사야 잉인 쭈띠 꿀리아.

저 전과하고 싶어요.

Saya ingin pindah jurusan.

사야 잉인 삔다 주루산.

저는 석사 과정을 밟고 싶어요.

Saya ingin melanjutkan kuliah S2.

사야 잉인 믈란줏깐 꿀리아 에스두아.

저 다른 대학교로 편입하고 싶어요.

Saya ingin pindah universitas.

사야 잉인 삔다 우니프르시따스.

저 대학을 자퇴해야 할 것 같아요.

Sepertinya saya harus berhenti kuliah.

스쁘르띠냐 사야 하루스 브르흔띠 꿀리아.

Bab 09

직장인이신가요?

Bab 09

Perusahaan 쁘르우사하안 회사

tugas 뚜가스 n. 일, 업무; 숙제 **kerja** 끄르자 n. 근무, 일 v. 근무하다, 일하다	**perusahaan** 쁘르우사하안 n. 회사	**kantor** 깐또르 n. 사무실
	karyawan 까리아완 n. 근로자; 직원, 종업원	**bos** 보스 n. 상사 **direktur utama** 디렉뚜루 우따마 대표이사, 사장
masuk kerja 마숙 끄르자 v. 출근하다	**pulang kerja** 뿔랑 끄르자 v. 퇴근하다	**kerja lembur** 끄르자 름부르 v. 야근하다
rapat 라빳 n. 회의	**presentasi** 쁘레센따시 n. 발표	**dokumen** 도꾸멘 n. 서류
gaji 가지 n. 급여, 월급 **upah** 우빠 n. 보수	**bonus** 보누스 n. 보너스	**tunjangan** 뚠장안 n. 수당
cuti 쭈띠 n. 휴가 **berlibur** 브를리부르 v. 휴가를 가다	**bercuti sakit** 브르쭈띠 사낏 병가를 가다	**bercuti bersalin** 브르쭈띠 브르살린 출산 휴가를 가다

310

pensiun 뻰시운 v. 퇴직하다	mengundurkan diri 믕운두르깐 디리 v. 사직하다 	pecat 쁘짯 v. 해고하다
melamar pekerjaan 믈라마르 쁘끄르자안 v. 구직하다 	dafatar riwayat hidup 다프따르 리와얏 히둡 = CV 쩨뿨 이력서 	wawancara 와완짜라 n. 면접

Pekerjaan 쁘끄르자안 직업

MP3. U09_02

pekerjaan 쁘끄르자안 n. 직업 	kerja sampingan 끄르자 삼삥안 n. 아르바이트 	penjual 쁜주알 n. 판매원
pemadan kebakaran 쁘마담 끄바까란 n. 소방관 	polisi 뽈리시 n. 경찰관 	pembuat program 쁨부앗 쁘로그람 n. 프로그래머
koki 꼬끼 = pemasak 쁘마삭 n. 요리사 	pembuat roti 쁨부앗 로띠 n. 제빵사 	pedagang 쁘다강 n. 상인
penata rambut 쁘나따 람붓 n. 미용사 	apoteker 아뽀떼끄르 n. 약사 	wartawan 와르따완 n. 기자

출근 ①

몇 시에 출근하세요?

Jam berapakah Anda
berangkat kerja?

잠 브라빠까 안다 브랑깟 끄르자?

통근 시간이 얼마나 걸려요?

Berapa lama waktu yang Anda
habiskan untuk pulang pergi
kerja?

브라빠 라마 왁뚜 양 안다 하비스깐 뿔랑
쁘르기 끄르자?

직장에 가는 데 보통 2시간 걸려요.

Biasanya saya menghabiskan
waktu 2 jam untuk sampai ke
tempat kerja.

비아사냐 사야 믕하비스깐 왁뚜 두아 잠 운뚝
삼빠이 끄 뜸빳 끄르자.

어떤 교통수단을 이용하시나요?

Pakai kendaraan apa?

빠까이 끈다라안 아빠?

제 자가용으로 출근해요.

Saya pergi kerja dengan mobil
pribadi.

사야 쁘르기 끄르자 등안 모빌 쁘리바디.

왕복 시간이 길어서, 피곤해요.

Karena waktu perjalanan
pulang pergi yang jauh, saya
jadi lelah.

까르나 왁뚜 쁘르잘라난 뿔랑 쁘르기 양 자우,
사야 자디 를라.

출근 ②

저는 주말에도 출근할 때가 많아요.

Saya sering masuk kerja pada
akhir pekan.

사야 스링 마숙 끄르자 빠다 아히르 쁘깐.

저는 저녁에 출근해요.

Saya masuk kerja pada malam
hari.

사야 마숙 끄르자 빠다 말람 하리.

저는 출근 전에, 항상 식사해요.

Sebelum masuk kerja, saya
selalu makan dulu.

스블룸 마숙 끄르자, 사야 슬랄루 마깐 둘루.

저는 출근 전에, 보통 아침 식사를 못하는 편이에요.

Sebelum masuk kerja, biasanya
saya tidak bisa sarapan.

스블룸 마숙 끄르자, 비아사냐 사야 띠닥 비사
사라빤.

저는 남들보다 빠르게 출근해요.

Jam masuk kerja saya lebih
cepat dibandingkan orang lain.

잠 마숙 끄르자 사야 르비 쯔빳 디반딩깐 오랑
라인.

오늘은 출근하기가 싫어요.

Hari ini saya tidak ingin masuk
kerja.

하리 이니 사야 띠닥 잉인 마숙 끄르자.

정시 출근이 힘들 때

아까 왜 늦었어요?

Kenapa Anda tadi terlambat?

끄나빠 안다 따디 뜨를람밧?

길이 막혀요.

Jalanannya macet.

잘라난냐 마쯧.

자동차가 고장 났어요.

Mobilnya rusak.

모빌냐 루삭.

고속 도로에서 차가 고장 났어요.

Mobilnya rusak di jalan tol.

모빌냐 루삭 디 잘란 똘.

오늘 출근 늦을 것 같아요.

Sepertinya saya akan terlambat masuk kerja.

스쁘르띠냐 사야 아깐 뜨를람밧 마숙 끄르자.

그는 항상 늦게 출근해요.

Dia selalu terlambat masuk kerja.

디아 슬랄루 뜨를람밧 마숙 끄르자.

꼭! 짚고 가기

자카르타의 한인 사회

인도네시아, 특히 자카르타에서 생활해 보면 주재원으로 인도네시아에 들어와 일하고 있는 한국 직장인들을 많이 만날 수 있습니다. 사업을 하거나 공부를 하러 온 한인들도 곳곳에 있습니다.

인도네시아 전체를 통틀어 한인들이 가장 많이 거주하는 곳은 자카르타입니다. 전체 교민의 약 80% 정도가 살고 있을 정도니까요.

자카르타의 'Senayan 스나얀' 거리에만 나가 보아도 한국 식당, 슈퍼, 미용실, PC방 등 한인타운 부럽지 않은 시설들이 갖춰져 있습니다. 한국인이 운영하는 병원과 한의원까지 있어 큰 어려움 없이 생활할 수 있습니다.

자카르타 동부에는 '자카르타 한국 국제 학교(JIKS)'가 있을 만큼 한인들이 많이 거주하고 있으며 'Pondok Indah 뽄독인다' 지역에는 백화점, 골프장 등 다양한 고급 편의 시설이 즐비해 한인들 사이에서도 인기가 많습니다.

보통 주재원으로 가거나 가족들과 함께 생활하는 경우 인건비가 저렴해 가정부와 운전기사를 고용하는 경우가 대다수입니다.

퇴근 ①

퇴근하셨어요?

Anda sudah pulang kantor?

안다 수다 뿔랑 깐또르?

Anda sudah pulang kerja?

안다 수다 뿔랑 끄르자?

퇴근했어요.

Saya sudah pulang kerja.

사야 수다 뿔랑 끄르자.

저는 저녁 6시에 퇴근해요.

Saya pulang kerja jam 6 sore.

사야 뿔랑 끄르자 잠 으남 소레.

Tip. 저녁 6시를 말할 때는 sore(오후)라고 합니다.

저는 일이 저녁 8시에 끝나요.

Kerja saya selesai jam 8 malam.

끄르자 사야 슬르사이 잠 들라빤 말람.

그는 정시에 퇴근하고 싶어해요.

Dia ingin pulang kerja tepat waktu.

디아 잉인 뿔랑 끄르자 뜨빳 왁뚜.

퇴근할 시간이에요.

Waktunya pulang kerja.

왁뚜냐 뿔랑 끄르자.

퇴근하고, 어디 가세요?

Sehabis pulang kerja, Anda mau ke mana?

스하비스 뿔랑 끄르자, 안다 마우 끄 마나?

퇴근 ②

일 끝나고, 곧장 집에 가요.

Habis selesai kerja, saya langsung pulang.

하비스 슬르사이 끄르자, 사야 랑숭 뿔랑.

제 남편은 퇴근 후 바로 집으로 와요.

Suami saya langsung pulang ke rumah sehabis kerja.

수아미 사야 랑숭 뿔랑 끄 루마 스하비스 끄르자.

퇴근 후 저녁 식사 같이 하실까요?

Bagaimana kalau kita makan malam bersama sehabis pulang kerja?

바가이마나 깔라우 끼따 마깐 말람 브르사마 스하비스 뿔랑 끄르자?

기다리지 말아요. 늦을 것 같아요.

Jangan tunggu saya. Sepertinya saya akan pulang terlambat.

장안 뚱구 사야. 스쁘르띠냐 사야 아깐 뿔랑 뜨를람밧.

오늘은 일이 많아서, 퇴근을 밤 늦게 할 수 있을 것 같아요.

Hari ini ada banyak kerja, jadi sepertinya saya akan kerja lembur sampai larut malam.

하리 이니 아다 바냑 끄르자, 자디 스쁘르띠냐 사야 아깐 끄르자 름부르 삼빠이 라룻 말람.

입사 지원 ①

\# 지금 사람을 채용 중인가요?

Apakah lowongan pekerjaan sedang dibuka?

아빠까 로웡안 쁘끄르자안 스당 디부까?

\# 일자리가 있어요?

Apakah ada lowongan kerja?

아빠까 아다 로웡안 끄르자?

\# 아니요, 이미 충원했어요.

Tidak, lowongan sudah terisi.

띠닥, 로웡안 수다 뜨르이시.

\# 지원 절차가 어떻게 돼요?

Bagaimanakah prosedur lamarannya?

바가이마나까 쁘로세두르 라마란냐?

\# 어떤 서류를 제출해야 해요?

Dokumen apa sajakah yang harus diserahkan?

도꾸멘 아빠 사자까 양 하루스 디스라깐?

\# 입사 원서를 작성해 주세요.

Silakan mengisi formulir pendaftaran kerja.

실라깐 등이시 뽀르물리르 쁜다프따란 끄르자.

\# 이력서를 제출하세요.

Silakan menyerahkan CV Anda.

실라깐 므녀라깐 쩨뻬 안다.

입사 지원 ②

\# 자기 소개서를 제출하세요.

Silakan menyerahkan surat perkenalan diri.

실라깐 므녀라깐 수랏 쁘르끄날란 디리.

\# 경력 기술서를 제출하세요.

Silakan menyerahkan daftar pengalaman kerja Anda.

실라깐 므녀라깐 다프따르 뼁알라만 끄르자 안다.

\# 마감일이 언제예요?

Kapan tanggal penutupan lowongannya?

까빤 땅갈 쁘누뚜빤 로웡안냐?

\# 면접일을 알려 주세요.

Tolong beritahu tanggal wawancaranya.

똘롱 브리따우 땅갈 와완짜라냐.

\# 인턴으로 일하고 싶어요.

Saya ingin kerja magang.

사야 잉인 끄르자 마강.

\# 지인의 추천으로 지원하게 되었어요.

Saya melamar pekerjaan atas rekomendasi dari kenalan saya.

사야 믈라마르 쁘끄르자안 아따스 레꼬멘다시 다리 끄날란 사야.

면접 ①

왜 우리 회사에 지원했습니까?

Kenapa Anda memutuskan untuk melamar di perusahaan kami?

끄나빠 안다 므무뚜스깐 운뚝 믈라마르 디 쁘르우사하안 까미?

왜 저희가 당신을 채용해야 하죠?

Kenapa kami harus mempekerjakan Anda?

끄나빠 까미 하루스 믐쁘끄르자깐 안다?

저희 회사에 대해 얼마나 알고 있나요?

Seberapa jauh Anda mengenal perusahaan kami?

스브라빠 자우 안다 믕으날 쁘르우사하안 까미?

전에 일해 본 경험이 있습니까?

Apakah Anda memiliki pengalaman kerja sebelumnya?

아빠까 안다 므밀리끼 쁭알라만 끄르자 스블룸냐?

경력이 얼마나 되세요?

Berapa lama pengalaman kerja Anda?

브라빠 라마 쁭알라만 끄르자 안다?

대략 3년쯤 됩니다.

Kurang lebih 3 tahun.

꾸랑 르비 띠가 따훈.

Tip. 'kurang lebih'는 kira-kira와 함께 '대략'이라는 뜻입니다.

면접 ②

자기 자신에 대해서 이야기해 주세요.

Ceritakanlah tentang diri Anda.

쯔리따깐라 뜬땅 디리 안다.

당신의 성격은 어떻습니까?

Bagaimana sifat Anda?

바가이마나 시팟 안다?

저는 긍정적인 편입니다.

Saya orang yang berpikiran positif.

사야 오랑 양 브르삐끼란 뽀시띺.

당신의 장점은 무엇이라고 생각하십니까?

Menurut Anda, apa yang menjadi kelebihan Anda?

므누룻 안다, 아빠 양 믄자디 끌르비한 안다?

당신의 단점은 무엇입니까?

Apa yang menjadi kelemahan Anda?

아빠 양 믄자디 끌르마한 안다?

저는 책임지고 일을 완수하려고 노력합니다.

Saya adalah orang yang bertanggung jawab dan selalu berusaha menyelesaikan pekerjaan.

사야 아달라 오랑 양 브르땅궁 자왑 단 슬랄루 브르우사하 므녈르사이깐 쁘끄르자안.

316

면접 ③

대학에서 무엇을 전공했습니까?

Apa jurusan yang Anda ambil ketika kuliah?

아빠 주루산 양 안다 암빌 끄띠까 꿀리아?

왜 이 전공을 대학에서 선택했죠?

Kenapa Anda memilih jurusan tersebut ketika kuliah?

끄나빠 안다 므밀리 주루산 뜨르스붓 끄띠까 꿀리아?

어떤 학위를 가지고 있어요?

Gelar apa yang Anda miliki?

글라르 아빠 양 안다 밀리끼?

경영학 석사 학위를 가지고 있습니다.

Saya lulusan S2 Manajemen.

사야 룰루산 에스두아 매내즈믄.

저는 영어와 인도네시아어를 할 줄 압니다.

Saya bisa berbicara bahasa Inggris dan bahasa Indonesia.

사야 비사 브르비짜라 바하사 잉그리스 단 바하사 인도네시아.

질문하고 싶은 게 있나요?

Ada pertanyaan yang ingin Anda ajukan?

아다 쁘르따냐안 양 잉인 안다 아주깐?

면접 ④

현재 당신의 월급은 어떻게 되죠?

Berap jumlah gaji Anda sekarang?

브라빠 줌라 가지 안다 스까랑?

얼마의 월급을 원하시죠?

Berapa jumlah gaji yang diinginkan?

브라빠 줌라 가지 양 디잉인깐?

이 일에 대해서 아는 것이 있습니까?

Sejauh mana pengetahuan Anda tentang pekerjaan ini?

스자우 마나 쁭으따후안 안다 뜬땅 쁘끄르자안 이니?

이 분야에 어떠한 경험이 있나요?

Pengalaman apa saja yang Anda miliki di dalam bidang ini?

쁭알라만 아빠 사자 양 안다 밀리끼 디 달람 비당 이니?

5년 뒤 당신의 계획에 대해서 말해 주세요.

Jelaskanlah rencana Anda untuk lima tahun ke depan.

즐라스깐라 른짜나 안다 운뚝 리마 따훈 끄 드빤.

면접 ⑤

회사를 그만둔 이유는 무엇입니까?

Apa alasan Anda berhenti dari perusahaan?

아빠 알라산 안다 브르흔띠 다리 쁘르우사하안?

전 직장에서 이직한 이유가 무엇입니까?

Kenapa Anda pindah kerja dari perusahaan sebelumnya?

끄나빠 안다 삔다 끄르자 다리 쁘르우사하안 스블룸냐?

야근을 할 수 있나요?

Apakah Anda bersedia untuk kerja lembur?

아빠까 안다 브르스디아 운뚝 끄르자 름부르?

당신의 전 사장님에 대한 당신의 견해는 어떤가요?

Bagaimana pendapat Anda tentang bos Anda sebelumnya?

바가이마나 쁜다빳 안다 뜬땅 보스 안다 스블룸냐?

당신에게 있어서 직업은 어떤 의미가 있습니까?

Apa makna pekerjaan bagi Anda?

아빠 막나 쁘끄르자안 바기 안다?

면접 ⑥

당신에게 있어서 삶의 의미란 무엇인가요?

Apa makna hidup buat Anda?

아빠 막나 히둡 부앗 안다?

직장 동료와 갈등을 겪는다면 당신은 어떻게 할 것입니까?

Apa yang Anda lakukan jika mengalami konflik dengan rekan kerja?

아빠 양 안다 라꾸깐 지까 믕알라미 꼰플릭 등안 르깐 끄르자?

Tip. rekan과 mitra 미뜨라는 비슷한 뜻이지만, rekan은 보통 '직장 동료', mitra는 '파트너'라는 의미에 더 가깝습니다.

스트레스를 푸는 방법이 어떻게 됩니까?

Bagaimana cara Anda menangani stres?

바가이마나 짜라 안다 므낭아니 스뜨레스?

Bagaimana cara Anda megatasi stres?

바가이마나 짜라 안다 릉아따시 스뜨레스?

한가한 시간에는 무엇을 하죠?

Kegiatan apa yang Anda lakukan di waktu luang?

끄기아딴 아빠 양 안다 라꾸깐 디 왁뚜 루앙?

근무 조건 ①

급여는 얼마예요?

Berapa gajinya?

브라빠 가지냐?

실수령 급여는 얼마예요?

Berapa gaji bersihnya?

브라빠 가지 브르시냐?

세금 빼고, 삼천만 루피아예요.

Tiga puluh juta rupiah, tanpa termasuk pajak.

띠가 뿔루 주따 루삐아, 딴빠 뜨르마숙 빠작.

제안하신 급여가 너무 낮아요.

Gaji yang ditawarkan terlalu rendah.

가지 양 디따와르깐 뜨를랄루 른다.

어느 정도의 급여를 원하세요?

Kira-kira berapa jumlah gaji yang Anda inginkan?

끼라끼라 브라빠 줌라 가지 양 안다 잉인깐?

야근을 자주 해야 하나요?

Apakah ada banyak kerja lembur?

아빠까 아다 바냑 끄르자 름부르?

보통 하루에 6~7시간 일합니다.

Biasanya kerja 6 sampai 7 jam per hari.

비아사냐 끄르자 으남 삼빠이 뚜주 잠 쁘르 하리.

꼭! 짚고 가기

명절 르바란 보너스

인도네시아에서 Lebaran 르바란의 영향력은 참으로 대단합니다. '르바란'은 금식월인 라마단(Ramadan: 이슬람력 9월)을 성공적으로 끝낸 후 맞는 명절입니다. 보통 이때 귀성(mudik 무딕)을 하여 가족, 친척, 친구들에게 자신의 잘못에 대한 용서를 빌고 상대의 잘못을 용서해주는 시간을 갖습니다. 함께 모여 전통음식을 나눠 먹으며 새롭게 태어남을 다짐하곤 합니다. 인도네시아는 전 국민의 약 87~89%가 무슬림이기 때문에 르바란 명절은 매우 중요합니다. 공식적으로 지정된 휴일은 이틀이지만, 직장인은 최대 일주일에서 10일 정도까지 휴가를 받기도 합니다.

인도네시아는 워낙 땅덩이가 넓은 데다 이 시기에 민족 대이동이 일어나 온 지역이 교통 혼잡으로 허덕이기 때문에 그리 긴 휴가라고 볼 수도 없습니다. 귀성길 교통 혼잡 완화책으로 르바란 명절이 본격적으로 시작되기 전 며칠을 유급 대체 휴일로 추가하자는 제안도 있다고 하니, 1년 중 가장 기다려지는 명절이 아닐 수 없습니다.

르바란 기간 때 주어지는 상여금을 THR 떼하에르(Tunjangan Hari Raya 뚠장안 하리 라야)라고 합니다. 회사마다 조금씩 차이는 있지만, 보통 기본급의 100%로 산정합니다. 게다가 이때 대부분 쇼핑몰에서 아주 파격적인 프로모션을 많이 진행하기 때문에 근로자들이 연중 가장 통 큰 소비를 하는 기간이기도 합니다.

연봉은 어떻게 됩니까?

Berapa jumlah gaji per tahunnya?

브라빠 줌라 가지 쁘르 따훈냐?

보너스는 얼마예요?

Berapa jumlah bonusnya?

브라빠 줌라 보누스냐?

Tip. '보너스'는 'tunjangan 뚠장안'이라고도 하고,
'명절 보너스'는 'THR 떼하에르(tunjangan hari raya 뚠장안 하리 라야)'입니다.

시간 외 수당은 얼마예요?

Berapa jumlah gaji lemburnya?

브라빠 줌라 가지 름부르냐?

주 5일제로 근무하나요?

Apakah sistem kerjanya lima hari seminggu?

아빠까 시스뗌 끄르자냐 리마 하리 스밍구?

주당 근로 시간이 어떻게 되나요?

Bagaimana dengan jam kerja mingguannya?

바가이마나 등안 잠 끄르자 밍구안냐?

인도네시아에서 법정 주당 근로 시간은 40시간입니다.

Jam kerja legal menurut hukum dan undang-undang di Indonesia adalah 40 jam seminggu.

잠 끄르자 레갈 므누룻 후꿈 단 운당운당 디 인도네시아 아달라 음빳 뿔루 잠 스밍구.

언제 제 통장에서 급여를 받을 수 있나요?

Kapan saya bisa terima gaji di rekening saya?

까빤 사야 비사 뜨리마 가지 디 레끄닝 사야?

의료보험을 제공하나요?

Apakah tersedia asuransi kesehatan?

아빠까 뜨르스디아 아수란시 끄세하딴?

어떤 복지가 있어요?

Layanan kesejahteraan karyawannya meliputi apa saja?

라야난 끄스자뜨라안 까르야완냐 믈리뿌띠 아빠 사자?

휴가는 며칠이에요?

Berapa jumlah hari cutinya?

브리빠 줌라 하리 쭈띠냐?

출산 휴가는 며칠이에요?

Berapa jumlah hari untuk cuti melahirkan?

브라빠 줌라 하리 운뚝 쭈띠 믈라히르깐?

병가는 며칠까지 쓸 수 있어요?

Berapa jumlah hari untuk cuti sakit?

브라빠 줌라 하리 운뚝 쭈띠 사낏?

직위

저는 마케팅 책임자입니다.

Saya penanggung jawab bagian marketing.

사야 쁘낭궁 자왑 바기안 마르께띵.

저는 회계팀 부장입니다.

Saya kepala bagian akuntansi.

사야 끄빨라 바기안 아꾼딴시.

저는 현재 회사의 영업 부문을 담당하고 있습니다.

Saya penanggung jawab bagian perdagangan.

사야 쁘낭궁 자왑 바기안 쁘르다강안.

저는 인사 담당자예요.

Saya penanggung jawab bagian personalia.

사야 쁘낭궁 자왑 바기안 쁘르소날리아.

저는 비서입니다.

Saya sekretaris.

사야 세끄레따리스.

저는 이 회사의 사장입니다.

Saya pemimpin perusahaan ini.

사야 쁘밈삔 쁘르우사하안 이니.

Saya direktur utama di perusahaan ini.

사야 디렉뚜르 우따마 디 쁘르우사하안 이니.

꼭! 짚고 가기

자카르타 정착 시 체크사항

자카르타뿐만 아니라 인도네시아의 어느 지역에 가더라도 꼭 유념해야 할 것이 있습니다. 바로 거주 공간의 전력량을 점검하는 것입니다. 인도네시아는 워낙 전력난이 심하기 때문에 정전이 발생하는 일이 비일비재합니다. 거주할 곳의 전기 용량이 충분하지 못할 경우 샤워 후 헤어드라이어 전원을 켬과 동시에 퓨즈가 나가 버리는 불상사가 생길 수도 있습니다. 따라서 집을 알아볼 때 전력 용량 점검은 필수입니다.

또한 깨끗한 물이 공급되는 곳을 찾아야 합니다. 현지 수돗물에는 석회질이 많이 섞여 있어 정수된 물을 마셔야 합니다. 예민한 경우 양치질 후 수돗물로 입을 헹구는 것만으로도 입안이 헐어버리기도 합니다. 따라서 집을 구할 때 반드시 수도 사정을 확인해야 합니다.

인도네시아는 물가가 저렴한 곳으로 알려져 있지만 자카르타의 물가는 그다지 저렴한 편이 아닙니다. 주재원의 경우 회사에서 집을 제공해 준다면 어느 정도 부담이 덜하겠지만, 그렇지 않을 시 필수적으로 들어가는 비용 이외의 소비는 최소한으로 줄일 필요가 있습니다. 자카르타에 사는 이상 한인들과 어울리게 될 것이고 자녀가 있는 경우 운전기사와 가정부는 거의 필수라고 여겨지니, 자칫하면 한국보다 생활비가 더 들 수도 있습니다.

직업 ①

직업이 뭐예요?
Apa pekerjaan Anda?
아빠 쁘끄르자안 안다?

어디에서 일하세요?
Di mana Anda bekerja?
디 마나 안다 브끄르자?

저는 회사원이에요.
Saya pegawai kantor.
사야 쁘가와이 깐또르.

저는 변호사예요.
Saya pengacara.
사야 쁭아짜라.

저는 의사예요.
Saya dokter.
사야 독뜨르.

Tip. 'dokter 독뜨르'는 '의사'란 뜻이고,
'doktor 독또르'는 '박사(학위)'를 뜻합니다.

저는 간호사예요.
Saya perawat.
사야 쁘라왓.

저는 가정주부예요.
Saya ibu rumah tangga.
사야 이부 루마 땅가.

저는 공무원이에요.
Saya pegawai negeri.
사야 쁘가와이 느그리.

직업 ②

저는 대학생이에요.
Saya mahasiswa.
사야 마하시스와.

저는 사업가예요.
Saya pebisnis.
사야 쁘비스니스.

저는 학교 선생님이에요.
Saya guru sekolah.
사야 구루 스꼴라.

저는 대학교 교수예요.
Saya dosen.
사야 도센.

저는 요리사예요.
Saya koki.
사야 꼬끼.

저는 인턴 직원이에요.
Saya pegawai magang.
사야 쁘가와이 마강.

저는 직업을 구하는 중이에요.
Saya lagi cari kerja.
사야 라기 짜리 끄르자.

저는 백수예요.
Saya penganggur.
사야 쁭앙구르.

업무 지시 & 체크 ①

\# 보고서 작성은 다 했어요?

Apakah laporannya sudah selesai dibuat?

아빠까 라뽀란냐 수다 슬르사이 디부앗?

\# 마감 시간까지 맞춰 주세요.

Tolong sesuaikan dengan batas waktunya.

똘롱 스수아이깐 등안 바따스 왁뚜냐.

\# 기획안 가져와 봐요.

Coba bawakan proposal rencananya.

쪼바 바와깐 쁘로뽀살 른짜나냐.

\# 그것 좀 빨리 해 줘요.

Tolong itu cepat diselesaikan ya.

똘롱 이뚜 쯔빳 디슬르사이깐 야.

\# 서류를 팩스로 보내 주시겠어요?

Bisa tolong kirimkan dokumen lewat faks?

비사 똘롱 끼림깐 도꾸멘 레왓 퐉스?

\# 이메일로 보내 주시겠어요?

Bisa tolong kirimkan dokumen lewat e-mail?

비사 똘롱 끼림깐 도꾸멘 레왓 이메일?

\# 메일로 결과를 보내세요.

Tolong kirimkan hasilnya lewat e-mail.

똘롱 끼림깐 하실냐 레왓 이메일.

꼭! 짚고 가기

알아두면 좋은 약어 A~H

인도네시아어로 좀 더 능수능란하게 소통하려면 현지인들이 자주 쓰는 약어를 알아 두는 것이 좋습니다. 신문을 읽더라도, 뉴스를 보더라도, 비즈니스를 위한 대화를 나눠야 할 때도 필수적으로 알아야 하는 약어가 많습니다. 각계각층의 사람들과 어울리기 위해 알아 두면 유용한 필수 약어들을 정리했습니다.

- AS 아메리까 스리깟 : 미국
  = Amerika Serikat 아메리까 스리깟
- BBM 베베엠 : 석유 연료
  = Bahan Bakar Minyak
  바한 바까르 미냑
- BKPM 베까뻬엠 : 투자청
  = Badan Kordinasi Penanaman Modal
  바단 꼬르디나시 쁘나나만 모달
- DKI 데까이 : 특별시
  = Daerah Khusus Istimewa 다에라 후수스 이스티메와
- dll. 단 라인 라인 : 기타 등등
  = dan lain-lain 단 라인라인
- Dr. 독또르 : 박사
  = Doktor 독또르
- dr. 독뜨르 : 의사
  = dokter 독뜨르
- Dubes 두브스 : 대사
  = Duta besar 두따 브사르
- H 히즈리아 : 이슬람력
  = Hijriah 히즈리아
- hlm. 할라만 : 쪽, 페이지
  = halaman 할라만

업무 지시 & 체크 ②

\# 이번 주 금요일까지 확실히 끝내세요.

Tolong pastikan agar bisa
selesai sampai Jumat ini.

똘롱 빠스띠깐 아가르 비사 슬르사이 삼빠이
주맛 이니.

\# 다시 확인해 주세요.

Tolong dicek lagi.

똘롱 디쩩 라기.

\# 저 대신 업무를 맡아 주세요.

Tolong gantikan pekerjaan
saya.

똘롱 간띠깐 쁘끄르자안 사야.

\# 집중력을 높이세요.

Tingkatkanlah konsentrasi
Anda.

띵깟깐라 꼰센뜨라시 안다.

\# 중요한 임무를 먼저 하도록 하세요.

Pastikan Anda melakukan
pekerjaan penting terlebih
dahulu.

빠스띠깐 안다 믈라꾸깐 쁘끄르자안 쁜띵
뜨를르비 다훌루.

\# 중요도에 따라 할 일을 계획하세요.

Rencanakanlah hal-hal yang
akan dikerjakan sesuai dengan
kadar kepentingannya.

른짜나깐라 할할 양 아깐 디끄르자깐
스수아이 등안 까다르 끄쁜띵안냐.

업무 지시에 대한 대답

\# 물론이지요.

Tentu saja.

뜬뚜 사자.

Siap. (구어)

시압.

\# 언제까지요?

Sampai kapan ya?

삼빠이 까빤 야?

\# 아무 문제없어요.

Sama sekali tidak ada masalah.

사마 스깔리 띠닥 아다 마살라.

\# 걱정하지 마세요.

Jangan khawatir.

장안 하와띠르.

\# 최선을 다하겠습니다.

Saya akan berusaha
semaksimal mungkin.

사야 아깐 브르우사하 스막시말 뭉낀.

Saya akan berusaha sebisa
mungkin.

사야 아깐 브르우사하 스비사 뭉낀.

\# 결재해 주세요.

Tolong ditandatangani.

똘롱 디딴다땅아니.

\# 저에게 맡겨 주세요.

Serahkan pada saya.

스라깐 빠다 사야.

회의 ①

회의는 언제입니까?
Kapankah rapat diadakan?
까빤까 라빳 디아다깐?

회의는 내일 할 예정입니다.
Rapat akan diadakan besok.
라빳 아깐 디아다깐 베속.

우리는 매주 월요일에 주간 회의를 합니다.
Kita ada rapat mingguan setiap hari Senin.
끼따 아다 라빳 밍구안 스띠압 하리 스닌.

지금 회의 중이십니다.
Beliau sedang rapat.
블리아우 스당 라빳.

Tip. beliau는 '그분'이라고 해석되며, 3인칭 존칭어입니다.

제가 회의실로 모시겠습니다.
Mari saya antarkan ke ruang rapat.
마리 사야 안따르깐 끄 루앙 라빳.

누가 회의를 주재합니까?
Siapa yang memimpin rapat?
시아빠 양 므밈삔 라빳?

회의 의제는 무엇입니까?
Apa sajakah agenda rapatnya?
아빠 사자까 아겐다 라빳냐?

꼭! 짚고 가기

알아두면 좋은 약어 I~N

인도네시아 사람들과 어울리기 위해 알아 두면 유용한 필수 약어들을 더 정리해 보겠습니다.

- Ir. 인시뉴르 : 공학사 (공학부의 학위)
  = Insinyur 인시뉴르
- Jabodetabek 자보데따벡 : 자카르타와 근처 위성 도시
  = Jakarta 자까르따, Bogor 보고르, Depok 데뽁, Tangerang 땅에랑, Bekasi 브까시
- KBRI 까베에르이 : 인도네시아 대사관
  = Kedutaan Besar Republik Indonesia
  끄두따안 브사르 레뿌블릭 인도네시아
- Korsel 꼬르셀 : 대한민국
  = Korea Selatan 꼬레아 슬라딴
- KTP 까떼뻬 : 주민증
  = Kartu Tanda Penduduk 까르뚜 딴다 쁜두둑
- NIP 노모르 인둑 쁘가와이 : 공무원 일련번호
  = Nomor Induk Pegawai
  노모르 인둑 쁘가와이

회의 ②

주목해 주세요.

Mohon perhatian.

모혼 쁘르하띠안.

모두 오셨어요?

Apa semuanya sudah hadir?

아빠 스무아냐 수다 하디르?

본론으로 들어가겠습니다.

Kita akan beralih ke inti pembicaraan.

끼따 아깐 브르알리 끄 인띠 쁨비짜라안.

우리는 세 가지 주제를 다루고자 합니다.

Kita akan mendiskusikan 3 topik.

끼따 아깐 믄디스꾸시깐 띠가 또삑.

요점을 말씀드리겠습니다.

Saya akan menyampaikan langsung intinya.

사야 아깐 므냠빠이깐 랑숭 인띠냐.

요점을 다시 말씀해 주세요.

Tolong sampaikan intinya sekali lagi.

똘롱 삼빠이깐 인띠냐 스깔리 라기.

회의 ③

진단과 해결책에 동의합니다.

Saya setuju dengan analisa dan solusinya.

사야 스뚜주 등안 아날리사 단 솔루시냐.

논점에서 벗어난 얘기는 하지 마세요.

Tolong jangan mendiskusikan hal yang menyimpang dari inti topik.

똘롱 장안 믄디스꾸시깐 할 양 므님빵 다리 인띠 또삑.

전 당장 회의록을 작성해야 해요.

Saya harus segera membuat notulen rapat.

사야 하루스 스그라 믐부앗 노뚤른 라빳.

첫 번째 회의에서 내규가 채택되었습니다.

Dalam rapat pertama, peraturan internalnya sudah dipilih.

달람 라빳 쁘르따마, 쁘라뚜란 인뜨르날냐 수다 디삘리.

오늘 회의는 이것으로 마칩니다.

Dengan ini rapat kita tutup.

등안 이니 라빳 끼따 뚜뚭.

5분간 휴식을 제안합니다.

Saya menyarankan waktu istirahat selama 5 menit.

사야 므냐란깐 왁뚜 이스띠라핫 슬라마 리마 므닛.

회의 ④

다음 회의 날짜를 잡읍시다!

Mari kita tentukan tanggal untuk rapat berikutnya!

마리 끼따 뜬뚜깐 땅갈 운뚝 라빳 브르이꿋냐!

그가 회의에 안 왔어요.

Dia tidak hadir di rapat.

디아 띠닥 하디르 디 라빳.

이 회의에서 그 결정을 승인하겠습니다.

Kita akan mengabsahkan keputusan itu di dalam rapat ini.

끼따 아깐 믕압사깐 끄뿌뚜산 이뚜 디 달람 라빳 이니.

이 회의는 어제 회의의 연속입니다.

Rapat ini adalah lanjutan dari rapat kemarin.

라빳 이니 아달라 란주딴 다리 라빳 끄마린.

회의를 연기하겠습니다.

Rapat akan ditunda.

라빳 아깐 디뚠다.

누가 회의를 주재합니까?

Siapa yang memimpin rapat?

시아빠 양 므밈삔 라빳?

꼭! 짚고 가기

알아두면 좋은 약어 P~S

• PBB 뻬베베 : 국제 연합 (UN)
= Perserikatan Bangsa-Bangsa
쁘르스리까딴 방사방사
• pemda 쁨다 : 지방 정부
= pemerintah daerah
쁘므린따 다에라
• pemilu 쁘밀루 : 총선거
= pemilihan umum 쁘밀리한 우뭄
• PMA 뻬엠아 : 외국 투자법
= Penanaman Modal Asing
쁘나나만 모달 아싱
• PMDN 뻬엠데엔 : 국내 자본 투자
= Penanaman Modal Dalam Negeri 쁘나나만 모달 달람 느그리
• polda 뽈다 : 지방 경찰
= polisi daerah 뽈리시 다에라
• Polri 뽈리 : 인도네시아 경찰
= Polisi Indonesia 뽈리시 인도네시아
• RT 에르떼 : 반 (행정 단위 하위 조직)
= Rukun Tetangga 루꾼 뜨땅가
• RW 에르웨 : 통 (행정 단위 하위 조직)
= Rukun Warga 루꾼 와르가
• S1 에스사뚜 : 학사 과정
= Strata 1 스뜨라따 사뚜
• S2 에스두아 : 석사 과정
= Strata 2 스뜨라따 두아
• S3 에스띠가 : 박사 과정
= Strata 3 스뜨라따 띠가
• SIM 심 : 운전 면허증
= Surat Izin Mengemudi
수랏 이진 믕으무디
• STNK 에스떼엔까 : 차량 등록증
= Surat Tanda Nomor Kendaraan
수랏 딴다 노모르 끈다라안

거래처 방문

안녕하세요, ABC상사의 밤방입니다.

Halo, saya Bambang dari perusahaan dagang 'ABC'.

할로, 사야 밤방 다리 쁘르우사하안 다강 '아베쩨'.

앉으십시오.

Silakan duduk.

실라깐 두둑.

저는 홍보 담당자입니다.

Saya penanggung jawab bagian Humas.

사야 쁘낭궁 자왑 바기안 후마스.

저희의 최신 브로슈어입니다.

Ini brosur terbaru dari kami.

이니 브로수르 뜨르바루 다리 까미.

온라인으로 저희 브로슈어를 확인하세요.

Silakan cek brosur kami secara online.

실라깐 쩩 브로수르 까미 스짜라 온라인.

카탈로그를 보내 주실 수 있나요?

Apakah Anda bisa kirimkan katalog?

아빠까 안다 비사 끼림깐 까딸록?

견본을 볼 수 있을까요?

Apakah saya bisa melihat contoh barangnya?

아빠까 사야 비사 믈리핫 쫀또 바랑냐?

거래 가격

여기 제 명함입니다.

Ini kartu nama saya.

이니 까르뚜 나마 사야.

명함 한 장 주시겠습니까?

Boleh saya minta kartu nama Anda?

볼레 사야 민따 까르뚜 나마 안다?

가격을 말씀해 보세요.

Tolong beritahukan harganya.

똘롱 브리따우깐 하르가냐.

가격이 제일 중요해요.

Yang paling utama adalah harga.

양 빨링 우따마 아달라 하르가.

가격은 협상 가능합니다.

Harganya bisa dinegosiasikan.

하르가냐 비사 디네고시아시깐.

이게 최저가입니다.

Ini harga terendahnya.

이니 하르가 뜨른다냐.

경쟁사들보다 더 쌉니다.

Harganya lebih murah daripada perusahaan kompetitor.

하르가냐 르비 무라 다리빠다 쁘르우사하안 꼼쁘띠또르.

거래 조건 ①

지급 조건은 어떻게 됩니까?

Bagaimana persyaratan pembayarannya?

바가이마나 쁘르샤라딴 쁨바야란냐?

지급 날짜가 언제입니까?

Kapan tanggal pembayarannya?

까빤 땅갈 쁨바야란냐?

신제품을 보시겠습니까?

Apakah Anda ingin melihat produk baru?

아빠까 안다 잉인 믈리핫 쁘로둑 바루?

이건 최첨단이면서 중요한 기술이지요.

Ini tentunya merupakan teknologi berspesifikasi canggih yang juga krusial.

이니 뜬뚜냐 므루빠깐 떽놀로기 브르스뻬시피까시 짱기 양 주가 끄루시알.

대량 구매하시면 10% 할인해 드립니다.

Kalau beli grosir akan kami beri diskon 10%.

깔라우 블리 그로시르 아깐 까미 브리 디스꼰 스쁠루 뻐르센.

저희와 거래해 주셔서 감사합니다.

Terima kasih sudah bertransaksi dengan kami.

뜨리마 까시 수다 브르뜨란삭시 등안 까미.

꼭! 짚고 가기

알아두면 좋은 약어 T~Y

- THR 떼하에르 :
  명절(Lebaran 르바란) 상여금
  = Tunjangan Hari Raya
  뚠장안 하리 라야
- TKI 떼까이 : 인도네시아 노동자
  = Tenaga Kerja Indonesia 뜨나가
  끄르자 인도네시아
- TKA 떼까아 : 외국인 노동자
  = Tenaga Kerja Asing
  뜨나가 끄르자 아싱
- TNI 떼엔이 : 인도네시아 국군
  = Tentara Nasional Indonesia
  뜬따라 나시오날 인도네시아
- UMR 우엠에르 : 지역별 최저 임금
  = Upah Minimum Regional 우빠
  미니뭄 레기오날
- UU 운당운당 : 법률
  = Undang-Undang 운당운당
- UUD 운당운당 다사르 : 헌법
  = Undang-Undang Dasar
  운당운당 다사르
- Wapres 와쁘레스 : 부통령
  = Wakil Presiden 와낄 쁘레시덴
- WIB 왁부 인도네시아 바랏 :
  인도네시아 표준 시간
  = Waktu Indonesia Barat
  왁뚜 인도네시아 바랏
- ybs. 양 브르상꾸딴 :
  관련자, 이해 관계자
  = yang bersangkutan
  양 브르상꾸딴
- Yth. 양 뜨르호르맛 :
  존경하는, 귀하, 귀중
  = yang terhormat 양 뜨르호르맛

거래 조건 ②

이 제품의 장점이 뭔가요?

Apa kelebihan dari produk ini?

아빠 끌르비한 다리 쁘로둑 이니?

주문하고 싶습니다.

Saya ingin pesan.

사야 잉인 쁘산.

개당 가격이 얼마인가요?

Berapa harga per unit?

브라빠 하르가 쁘르 우닛?

제품가는 주문량에 따라 다릅니다.

Harga produknya beragam sesuai dengan jumlah pemesanannya.

하르가 쁘로둑냐 브라감 스수아이 등안 줌라 쁘므사난냐.

배송 기한은 얼마나 됩니까?

Berapa lama batas waktu pengirimannya?

브라빠 라마 바따스 왁뚜 쁭이리만냐?

주문 상품을 받으셨나요?

Apakah produk pesanan Anda sudah diterima?

아빠까 쁘로둑 쁘사난 안다 수다 디뜨리마?

상품 소개

새로운 기능에 대해 설명해 드릴게요.

Saya akan memaparkan fungsi terbaru.

사야 아깐 므마빠르깐 풍시 뜨르바루.

주요 특징과 기능에 대해 말씀드리고자 합니다.

Saya akan menjelaskan ciri-ciri utama dan fungsinya.

사야 아깐 믄즐라스깐 찌리찌리 우따마 단 풍시냐.

이건 인도네시아인들에게 인기 있는 상표예요.

Ini adalah merek dagang ternama di kalangan orang Indonesia.

이니 아달라 메렉 다강 뜨르나마 디 깔랑안 오랑 인도네시아.

이 제품은 얼마 동안 품질 보증이 되나요?

Berapa lama masa berlaku garansi produk ini?

브라빠 라마 마사 브를라꾸 가란시 쁘로둑 이니?

품질 보증 기간 동안 고장이 날 경우, 수리 비용은 무료입니다.

Jika rusak saat masih dalam masa garansi, biaya perbaikannya gratis.

지까 루삭 사앗 마시 달람 마사 가란시, 비아야 쁘르바이깐냐 그라띠스.

사직 & 퇴직 ①

회사를 그만두고 싶습니다.

Saya ingin mengundurkan diri
dari perusahaan.

사야 잉인 믕운두르깐 디리 다리
쁘르우사하안.

사직 이유가 무엇입니까?

Apa alasan Anda
mengundurkan diri?

아빠 알라산 안다 믕운두르깐 디리?

다른 일을 찾아보려고 해요.

Saya ingin mencari pekerjaan
lain.

사야 잉인 믄짜리 쁘끄르자안 라인.

그동안 이 회사에서 너무 스트레스를
받았어요.

Saya sudah lama merasa
tertekan bekerja di perusahaan
ini.

사야 수다 라마 므라사 뜨르뜨깐 브끄르자 디
쁘르우사하안 이니.

인수인계할게요.

Saya akan serah terima tugas.

사야 아깐 스라 뜨리마 뚜가스.

이번 달 말까지 나오겠습니다.

Saya akan masuk kerja sampai
akhir bulan ini.

사야 아깐 마숙 끄르자 삼빠이 아히르 불란
이니.

사직 & 퇴직 ②

사표 냈어요.

Saya sudah mengajukan surat
pengunduran diri.

사야 수다 믕아주깐 수랏 쁭운두란 디리.

Saya sudah menyampaikan
surat pengunduran diri.

사야 수다 므냠빠이깐 수랏 쁭운두란 디리.

제 직장 상사 때문에, 더 이상 이
회사에 나오고 싶지가 않아요.

Karena atasan saya, saya sudah
tidak lagi ingin masuk kerja di
perusahaan ini.

까르나 아따산 사야, 사야 수다 띠닥 라기 잉인
마숙 끄르자 디 쁘르우사하안 이니.

몸이 안 좋아서 당분간 쉬려고 해요.

Saya ingin beristirahat untuk
sementara karena badan saya
tidak sehat.

사야 잉인 브리스띠라핫 운뚝 스믄따라
까르나 바단 사야 띠닥 세핫.

정년퇴직을 계획하고 있어요.

Saya sedang berencana untuk
pensiun.

사야 스당 브른짜나 운뚝 쁜시운.

정년퇴직은 몇 살이에요?

Berapakah usia pensiun?

브라빠까 우시아 쁜시운?

해고

이직 ①

해고되었어요.

Saya dipecat.

사야 디쁘짯.

사장은 저를 해고했어요.

Bos saya telah memecat saya.

보스 사야 뜰라 므므짯 사야.

큰 실수를 저질러 해고되었어요.

Saya dipecat karena saya melakukan kesalahan besar.

사야 디쁘짯 까르나 사야 믈라꾸깐 끄살라한 브사르.

제 고용주는 불경기를 이유로 대량 해고를 고려하고 있어요.

Bos saya sedang mempertimbangkan PHK massal akibat resesi ekonomi.

보스 사야 스당 믐쁘르띰방깐 뻬하까 마쌀 아끼밧 레세시 에꼬노미.

Tip. PHK는 'Pemutusan Hubungan Kerja 쁘무뚜산 후붕안 끄르자'의 약어로 '고용 해지', '해고'라는 뜻입니다.

저는 부당 해고 피해자입니다.

Saya adalah korban pemecatan yang tidak adil.

사야 아달라 꼬르반 쁘므짜딴 양 띠닥 아딜.

여러 번 심사숙고해도, 직업을 바꾸고 싶어요.

Walau sudah dipertimbangkan berkali-kali, saya tetap ingin ganti pekerjaan.

왈라우 수다 디쁘르띰방깐 브르깔리깔리, 사야 뜨땁 잉인 간띠 쁘끄르자안.

일을 바꿔 볼 생각이 있었나요?

Pernahkah terpikir untuk ganti pekerjaan?

쁘르나까 뜨르삐끼르 운뚝 간띠 쁘끄르자안?

이 일은 비전이 보이지 않아 괴로워요.

Saya sedang menderita karena prospek pekerjaan ini tidak bagus.

사야 스당 믄드리따 까르나 쁘로스뻭 쁘끄르자안 이니 띠닥 바구스.

저는 아주 어릴 때부터 일했어요.

Saya sudah mulai bekerja sejak usia muda.

사야 수다 물라이 브끄르자 스작 우시아 무다.

지금 직장이 지긋지긋해요.

Saya sangat bosan dengan tempat kerja saya.

사야 상앗 보산 등안 뜸빳 끄르자 사야.

이직 ②

일이 잘 안 맞아요.

Pekerjaannya tidak cocok dengan saya.

쁘끄르자안냐 띠닥 쪼쪽 등안 사야.

저는 회사원 체질이 아닌가 봐요.

Sepertinya saya tidak cocok kerja sebagai pegawai kantoran.

스쁘르띠냐 사야 띠닥 쪼쪽 끄르자 스바가이 쁘가와이 깐또란.

저는 사업을 하고 싶어요.

Saya ingin berbisnis.

사야 잉인 브르비스니스.

저는 회사 동료들과 잘 어울리기가 힘들어요.

Saya sulit bergaul dengan rekan-rekan kerja saya.

사야 술릿 브르가울 등안 르깐르깐 끄르자 사야.

다른 회사로 스카우트됐어요.

Saya sudah direkrut oleh perusahaan lain.

사야 수다 디레끄룻 올레 쁘루우사하안 라인.

꼭! 짚고 가기

해고가 어려운 나라

인도네시아는 전 세계에서 해고가 가장 어려운 국가 중 하나입니다. 인도네시아 노동법에서 자진 퇴사, 기한부 고용 계약 만기 종료, 정년, 사망, 수습 기간 중 해고를 제외하고는 노동 법원의 확정 판결문에 의해서만 해고가 이루어질 수 있도록 명시하고 있기 때문입니다. 따라서 아무리 일을 못 하는 직원일지라도 직원이 퇴직을 거부하면 해고가 쉽지 않아집니다. 이러한 절차를 밟지 않고 고용 관계를 종결한 경우 해고 자체가 무효 처리되므로 사측에서는 처음부터 고용 계약서와 사규, 근로 계약서 등의 내용을 법 테두리 안에서 아주 구체적이고 합리적인 기준으로 규정할 필요가 있습니다.

의사 진단서를 제출한 12개월 미만의 결근, 예배, 혼인, 임신, 출산, 유산, 사용자의 형사 범죄 행위 고발, 의사의 진단서에 의해 산업 재해로 인한 완치 시기가 불명한 영구 불구 혹은 질병의 사유 등으로 해고를 할 수 없습니다. 그러므로 개별 해고 또는 구조 조정과 같은 이유로 행해지는 대량 해고가 집행되려면 사측은 타당성을 입증할 수 있는 증빙 서류를 갖추어야 하며, 직원이 직접 자신의 해고 사유를 인지하고 이해할 수 있도록 근거를 제시해야 합니다.

Bab 10

우리 여행 갈까요?

Bab 10

transportasi 뜨란스뽀르따시 n. 교통수단 	pesawat 쁘사왓 n. 비행기 	bandar udara 반다르 우다라 = bandara 반다라 n. 공항
tiket penerbangan 띠껫 쁘느르방안 = tiket pesawat 띠껫 쁘사왓 n. 항공권 	paspor 빠스뽀르 n. 여권 	loket 로껫 n. 창구, 매표소
berangkat 브랑깟 v. 출발하다, 떠나다 keberangkatan 끄브랑까딴 n. 출발 	kedatangan 끄다땅안 n. 도착 datang 다땅 v. 오다 	tujuan 뚜주안 n. 목적지
mengudara 믕우다라 v. 이륙하다 	mendarat 믄다랏 v. 착륙하다 	pintu masuk pesawat 삔뚜 마숙 쁘사왓 n. 탑승구
naik 나익 v. 승차하다 naik ke 나익 끄 ~에 타다 	turun 뚜룬 v. 하차하다 turun dari 뚜룬 다리 ~로부터 내리다 	transit 뜨란싯 n. 환승
bagasi 바가시 n. (부치는) 수하물, 짐 	tempat sekuriti 뜸빳 세꾸리띠 n. 검색대 	toko bebas pajak 또꼬 베바스 빠작 n. 면세점
kereta api 끄레따 아삐 n. 기차 	MRT 엠에르떼 = subway 숩웨이 = kereta tanah bawah 끄레따 따나 바와 n. 지하철 	taksi 딱시 n. 택시

bus 부스 n. 버스 	motor 모또르 n. 오토바이 ojek 오젝 n. 오토바이 택시	sepeda 스뻬다 n. 자전거

Penginapan 쁭이나빤 숙박

penginapan 쁭이나빤 = tempat menginap 뜸빳 믕이납 n. 숙소, 숙박; 숙박 시설	menginap 믕이납 v. 묵다, 숙박하다 	kamar 까마르 n. 방; 객실(숙박)
hotel 호뗄 n. 호텔 	cek-in 쩩인 n. 체크인 	cek-out 쩩아웃 n. 체크아웃
pesan 쁘산 n. 예약; 주문; 메시지 v. 방을 잡다; 예약하다; 주문하다	membatalkan 믐바딸깐 = kansel 깐슬 v. 취소하다 (유효하지 않게 만들다)	seprai 스쁘라이 n. 침대 시트
bantal 반딸 n. 베개 	handuk 한둑 n. 수건, 타월 	sabun 사분 n. 비누
sampo 삼뽀 n. 샴푸 kondisioner rambut 꼰디시오느르 람붓 n. 린스	sikat gigi 시깟 기기 n. 칫솔 pasta gigi 빠스따 기기 n. 치약	alat cukur 알랏 쭈꾸르 n. 면도기
sisir 시시르 n. 빗 	pengering rambut 쁭으링 람붓 n. 드라이어	tisu 띠수 n. 화장지, 휴지

항공편 예약 ①

목적지가 어디인가요?

Ke manakah tujuan Anda?

끄 마나까 뚜주안 안다?

발리행 항공편을 예약하고 싶어요.

Saya ingin pesan tiket penerbangan ke Bali.

사야 잉인 쁘산 띠껫 쁘느르방안 끄 발리.

편도인가요 왕복인가요?

Tiket sekali jalan atau tiket pulang pergi?

띠껫 스깔리 잘란 아따우 띠껫 뿔랑 쁘르기?

Tip. 'bolak-balik 볼락발릭'도 '왕복하다'라는 뜻으로 자주 씁니다.

좌석 등급은 무엇으로 하시겠어요?

Kursi kelas apa yang Anda inginkan?

꾸르시 끌라스 아빠 양 안다 잉인깐?

일반석으로 부탁해요.

Minta kelas ekonomi.

민따 끌라스 에꼬노미.

비즈니스석으로 부탁해요.

Minta kelas bisnis.

민따 끌라스 비스니스.

일등석으로 부탁해요.

Minta kelas utama.

민따 끌라스 우따마.

항공편 예약 ②

언제 떠날 예정인가요?

Keberangkatan untuk tanggal berapa?

끄브랑까딴 운뚝 땅갈 브라빠?

논스톱 편이 있나요?

Apakah ada penerbangan non stop?

아빠까 아다 쁘느르방안 논 스똡?

직항이 있나요?

Apa ada penerbangan langsung?

아빠 아다 쁘느르방안 랑숭?

오픈 티켓으로 해 주세요.

Tolong pesankan yang open tiket.

똘롱 쁘산깐 양 오쁜 띠껫.

요금이 얼마죠?

Berapa biayanya?

브라빠 비아야냐?

더 싼 티켓이 있어요?

Ada tiket yang lebih murah?

아다 띠껫 양 르비 무라?

항공편 변경 & 취소

어떻게 바꾸시려고 하세요?

Bagaimana Anda ingin
melakukan perubahan
pemesanan penerbangan?

바가이마나 안다 잉인 믈라꾸깐 쁘르우바한
쁘므사난 쁘느르방안?

다른 비행기로 변경하고 싶어요.

Saya mau ganti pesawat.

사야 마우 간띠 쁘사왓.

비행기표 일정을 변경하고 싶어요.

Saya mau mengubah jadwal
tiket pesawat.

사야 마우 믕우바 자드왈 띠껫 쁘사왓.

항공편 출발 날짜를 변경하고 싶어요.

Saya mau mengubah tanggal
keberangkatan penerbangan.

사야 마우 믕우바 땅갈 끄브랑까딴
쁘느르방안.

비행기표를 취소하려고요.

Saya mau batalkan tiket
pesawat.

사야 마우 바딸깐 띠껫 쁘사왓.

항공편을 취소하려고요.

Saya mau batalkan
penerbangan.

사야 마우 바딸깐 쁘느르방안.

관광 명소와 주의 사항

'인도네시아' 하면 혹시 '발리'가 가장 먼저 떠오르시나요? TV 프로그램 '윤식당' 1편을 보신 분이라면 인도네시아에는 발리 말고도 아름다운 곳이 많다는 데 공감하실 것입니다. '윤식당' 배우들이 발리 동쪽에 위치한 '롬복섬(Pulau Lombok 뽈라우 롬복)' 북서부 해안 'Gili 길리 제도'의 '트라왕안섬(Pulau Trawangan 뽈라우 뜨라왕안)'에서 보여 준 풍경은 단지 빙산의 일각에 불과합니다.

수마트라섬의 '또바 호수(Danau Toba 다나우 또바)', 유네스코 세계문화유산에 등재된 'Jogjakarta 족자까르따'의 'Borobudur 보로부두르 불교 사원', 살아 있는 공룡 코모도 도마뱀의 서식지이자 세계적인 다이빙 장소로 유명한 'Komodo 꼬모도 국립 공원', 아름다운 수중 환경으로 다이버들에게 각광받는 명소인 'Wakatobi 와까또비 국립 해양 공원' 등이 포함됩니다.

하지만 2018년 7, 8월에 롬복섬에서 각각 리히터 규모 6.4와 6.9 지진이 일어나면서 많은 사상자가 발생하였고, 그해 9월에는, 규모 7.5의 강진이 '술라웨시섬(Pulau Sulawesi 뽈라우 술라웨시)'을 강타하면서 수천 명의 사상자가 발생했습니다. 인도네시아는 이른바 '불의 고리' 위에 위치한 국가이기 때문에 천재지변으로부터 완벽히 안전할 수는 없습니다. 따라서 여행 전 현지 상황을 면밀히 살펴봐야 하고 여행 시 각별한 주의가 필요합니다.

가루다 인도네시아 카운터가 어디죠?

Di mana letak Loket penerbangan Garuda Indonesia?

디 마나 르딱 로껫 쁘느르방안 가루다 인도네시아?

여권을 보여 주세요.

Tolong tunjukkan paspor Anda.

똘롱 뚠죽깐 빠스뽀르 안다.

좌석은 어느 쪽으로 하시겠어요?

Di mana kursi yang Anda inginkan?

디 마나 꾸르시 양 안다 잉인깐?

좌석은 통로 쪽으로 해 주세요.

Minta yang dekat lorong.

민따 양 드깟 로롱.

부칠 짐이 있어요?

Apakah Anda membawa bagasi?

아빠까 안다 음바와 바가시?

무게 제한이 얼마인가요?

Berapa batas maksimum beratnya?

브라빠 바따스 막시뭄 브랏냐?

세관 신고서를 작성해 주세요.

Silakan isi formulir pernyataan bea cukai.

실라깐 이시 뽀르물리르 쁘르냐따안 베아 쭈까이.

신고하실 물품이 있나요?

Apakah ada barang yang hendak dilaporkan ke pabean?

아빠까 아다 바랑 양 헨닥 딜라뽀르깐 끄 빠베안?

가방에 무엇이 들어 있어요?

Apa isi tas Anda?

아빠 이시 따스 안다?

외화는 얼마나 가지고 있어요?

Berapa jumlah mata uang asing yang Anda bawa?

브라빠 줌라 마따 우앙 아싱 양 안다 바와?

이 세관 신고서는 어떻게 작성하는 건가요?

Bagaimana cara mengisi pernyataan bea cukai?

바가이마나 짜라 믕이시 쁘르냐따안 베아 쭈까이?

이 물건들은 기념품이에요.

Barang-barang ini adalah oleh-oleh.

바랑바랑 이니 아달라 올레올레.

면세점

이 근처에 면세점이 어디 있어요?

Di mana toko bebas pajak terdekat?

디 마나 또꼬 베바스 빠작 뜨르드깟?

면세점이 백화점보다 훨씬 싸거든요.

Duty free jauh lebih murah dari mall.

듀띠 프리 자우 르비 무라 다리 몰.

면세 양식을 작성해 주세요.

Silakan isi formulir bebas pajak.

실라깐 이시 뽀르물리르 베바스 빠작.

면세점에서 쇼핑할 시간이 있을까요?

Apakah ada waktu untuk berbelanja di toko bebas pajak?

아빠까 아다 왁뚜 운뚝 브르블란자 디 또꼬 베바스 빠작?

액체류는 기내 반입이 안 되지만, 면세점에서 산 술이나 화장품은 괜찮아요.

Walau benda cairan tidak boleh bawa ke dalam pesawat, boleh minuman alkohol atau kosmetik yang dibeli di duty free.

왈라우 븐다 짜이란 띠닥 볼레 바와 끄 달람 쁘사왓, 볼레 미누만 알꼬홀 아따우 꼬스메띡 양 디블리 디 듀띠 프리.

꼭! 짚고 가기

수하물 초과 요금 주의!

해외여행을 할 때 치러야 할 비용 중 하나가 바로 수하물 요금입니다. 보통 비행 구간에 따라, 탑승 시 지불하는 요금에 따라 무료 수하물 허용량은 달라집니다. 승객이 기내에 직접 들고 타는 휴대 수하물보다는 위탁 수하물로 부칠 때 좀 더 주의를 기울일 필요가 있습니다.

짐의 무게에 따라 요금이 정해지기 때문에 조금만 허용 기준을 넘어도 예상치 못한 요금 폭탄을 맞을 수 있기 때문입니다. 많은 사람들이 인도네시아 국적기 '가루다 인도네시아항공(일명 가루다 항공)'을 이용하는데, 이코노미석 기준 국제선 무료 수하물 허용량은 30㎏입니다. 그래도 항공권을 예매할 때, 무료 수하물 허용량을 확인하세요. 그리고 저가 항공을 이용하거나 환승할 경우 노선별 수하물 규정을 미리 알아보세요.

한국에서 출발할 땐 되도록 허용 기준에 맞추어 짐을 싸곤 하지만, 여행을 마치고 귀국할 땐 여러 가지 쇼핑한 물품들로 짐이 늘어나는 경우가 많습니다. 초과 운임이 예상보다 많이 나올 수 있으므로 꼭 허용량을 초과하지 않도록 유의하세요.

출입국 심사 ①

국적이 어디입니까?
Apa kewarganegaraan Anda?
아빠 끄와르가느가라안 안다?

얼마나 계실 겁니까?
Berapa lamakah waktu kunjungan Anda?
브라빠 라마까 왁뚜 꾼중안 안다?

어디에 머무르실 예정입니까?
Di mana Anda akan menginap?
디 마나 안다 아깐 등이납?

출국 심사는 어디서 해요?
Di mana tempat pemeriksaan imigrasi untuk keberangkatan?
디 마나 뜸빳 쁘므릭사안 이미그라시 운뚝 끄브랑까딴?

작성한 입국 신고서를 보여 주세요.
Tolong tunjukkan kartu imigrasi yang sudah diisi.
똘롱 뚠죽깐 까르뚜 이미그라시 양 수다 디이시.

탑승권 좀 보여 주세요.
Tolong tunjukkan boarding pass Anda.
똘롱 뚠죽깐 보딩 패스 안다.

출입국 심사 ②

어떤 목적으로 오셨습니까?
Apa tujuan kedatangan Anda?
아빠 뚜주안 끄다땅안 안다?

저는 휴가차 왔어요.
Saya datang untuk berlibur.
사야 다땅 운뚝 브를리부르.

저는 관광차 왔습니다.
Saya datang untuk berwisata.
사야 다땅 운뚝 브르위사따.

사업차 왔습니다.
Saya datang untuk berbisnis.
사야 다땅 운뚝 브르비스니스.

친지 방문차 왔습니다.
Saya datang untuk bertemu keluarga saya.
사야 다땅 운뚝 브르뜨무 끌루아르가 사야.

얼마 동안 체류할 예정이신가요?
Berapa lama Anda akan menginap?
브라빠 라마 안다 아깐 등이납?

자카르타에서 목적지가 어디입니까?
Mana tujuan Anda di Jakarta?
마나 뚜주안 안다 디 자까르따?

보안

가방을 열어 주세요.

Tolong buka tas Anda.

똘롱 부까 따스 안다.

음료수는 반입이 안 됩니다.

Minuman tidak diperbolehkan untuk dibawa masuk.

미누만 띠닥 디쁘르볼레깐 운뚝 디바와 마숙.

주머니도 비우세요.

Tolong kosongkan saku Anda juga.

똘롱 꼬송깐 사꾸 안다 주가.

가방은 검색대 위 바구니에 넣어 주세요.

Tolong masukkan tas Anda ke dalam keranjang di atas alat pemindai.

똘롱 마수깐 따스 안다 끄 달람 끄란장 디 아따스 알랏 쁘민다이.

신발을 벗어 주세요.

Tolong lepaskan sepatu Anda.

똘롱 르빠스깐 스빠뚜 안다.

금속 탐지기를 통과해 주세요.

Silakan melewati detektor logam.

실라깐 믈레와띠 데떽또르 로감.

수하물 & 공항 기타

수하물 찾는 곳이 어디예요?

Di mana area pengambilan bagasi?

디 마나 아레아 쁭암빌란 바가시?

제 짐이 아직도 나오지 않았어요.

Bagasi saya masih belum keluar.

바가시 사야 마시 블룸 끌루아르.

제 짐이 파손됐어요.

Bagasi saya rusak.

바가시 사야 루삭.

제 짐이 없어졌어요.

Bagasi saya hilang.

바가시 사야 힐랑.

분실물 센터는 어디예요?

Di mana pusat pelaporan barang hilang?

디 마나 뿌삿 쁠라뽀란 바랑 힐랑?

화장실은 어디에 있어요?

Di mana toilet?

디 마나 또일렛?

Di mana W.C?

디 마나 웨쎄?

공항버스는 어디서 타요?

Di mana halte untuk naik bus bandara?

디 마나 할뜨 운뚝 나익 부스 반다라?

좌석 찾기

티켓을 보여 주시겠어요?

Bisa tolong tunjukkan tiketnya?

비사 똘롱 뚠죽깐 띠껫냐?

제 자리는 어디예요?

Di mana kursi saya?

디 마나 꾸르시 사야?

실례합니다. 여기는 제 자리예요.

Permisi.
Ini tempat duduk saya.

쁘르미시. 이니 뜸빳 두둑 사야.

자리를 바꿔도 돼요?

Apa boleh saya tukar tempat duduk saya?

아빠 볼레 사야 뚜까르 뜸빳 두둑 사야?

다른 빈자리가 있어요?

Apakah ada kursi kosong yang lain?

아빠까 아다 꾸르시 꼬송 양 라인?

복도 쪽 자리로 바꿔 주세요.

Tolong tukarkan dengan kursi dekat lorong.

똘롱 뚜까르깐 등안 꾸르시 드깟 로롱.

창 쪽 자리로 바꿀 수 있을까요?

Apakah bisa tukar dengan kursi dekat jendela?

아빠까 비사 뚜까르 등안 꾸르시 드깟 즌델라?

기내 ①

좌석 벨트를 매 주세요.

Tolong kenakan sabuk pengaman Anda.

똘롱 끄나깐 사북 쁭아만 안다.

핸드폰을 꺼 주세요.

Tolong matikan HP Anda.

똘롱 마띠깐 하뻬 안다.

전자 기기를 꺼 주세요.

Tolong matikan alat elektronik.

똘롱 마띠깐 알랏 엘렉뜨로닉.

창문 블라인드 좀 내려 주세요.

Tolong turunkan penutup jendela pesawat di samping Anda.

똘롱 뚜룬깐 쁘누뚭 즌델라 쁘사왓 디 삼삥 안다.

자리로 돌아가 주세요.

Tolong kembali ke kursi Anda.

똘롱 끔발리 끄 꾸르시 안다.

담요와 베개 좀 주실 수 있을까요?

Bolehkah saya minta bantal dan selimut?

볼레까 사야 민따 반딸 단 슬리뭇?

344

기내 ②

여기를 좀 치워 주세요.

Tolong bersihkan di sini.

똘롱 브르시깐 디 시니.

입국 신고서를 한 장 더 주세요.

Minta kartu imigrasinya satu lagi.

민따 까르뚜 이미그라시냐 사뚜 라기.

볼펜 하나 주세요.

Minta pulpen.

민따 뿔뻰.

Minta bolpoin.

민따 볼뽀인.

Minta bolpen.

민따 볼뻰.

한국어 신문 주세요.

Minta koran berbahasa Korea.

민따 꼬란 브르바하사 꼬레아.

물수건 주세요.

Minta handuk basah.

민따 한둑 바사.

구역질이 나요.

Saya sedang mual.

사야 스당 무알.

머리가 아파요.

Saya sedang sakit kepala.

사야 스당 사낏 끄빨라.

꼭! 짚고 가기

공항 불법 '포터 서비스' 주의!

인도네시아 공항에는 포터 서비스가 존재합니다. 특히 자카르타의 'Soekarno-Hatta 수까르노하따' 여객 터미널에는 불법 포터 서비스가 기승을 부립니다.

무언가 어리둥절해 보이는 외국인이 보이면 어느새 다가가 무엇을 찾고 있는지, 어디로 갈 것인지 물어본 후 길을 안내하겠다고 제안합니다.

하지만 말이 좋아 '제안'이지 거의 반강제로 승객의 짐이나 카트를 들고 가 버립니다. 빼앗긴 짐을 가지러 끌려가다시피 따라가 보면 사실 찾고 있던 곳이 아주 가까이 있었음에도 불구하고 포터 서비스에 대한 비용을 지불할 것을 강요받게 됩니다.

우리 돈 몇천 원이겠거니 생각하면 오산입니다. 빼앗긴 짐을 찾으러 몇 발자국 따라간 것에 대한 대가는 적게는 만 원에서 많게는 5만 원까지입니다. 날강도와 다름없는 이들의 행위는 물론 불법입니다.

이런 불법 포터 서비스를 근절시키기 위해 2017년부터 무료 포터 서비스와 카트 관리 서비스를 시행하고 있습니다. 인도네시아를 여행한다면 불법 포터 서비스로 인해 부당한 피해를 받는 일이 없도록 유의하기 바랍니다.

기내식 ①

물 좀 한 잔 주시겠어요?

Boleh saya minta air putih?

볼레 사야 민따 아이르 뿌띠?

Boleh saya minta air mineral?

볼레 사야 민따 아이르 미네랄?

어떤 음료로 하시겠어요?

Apa yang Anda ingin minum?

아빠 양 안다 잉인 미눔?

식사할 때 깨워 주세요.

Tolong bangunkan saya saat waktu makan.

똘롱 방운깐 사야 사앗 왁뚜 마깐.

식사할 때 절 깨우지 마세요.

Tolong jangan bangunkan saya saat waktu makan.

똘롱 장안 방운깐 사야 사앗 왁뚜 마깐.

인도네시아 요리로 주세요.

Minta masakan Indonesia.

민따 마사깐 인도네시아.

한식으로 주세요.

Minta yang masakan Korea.

민따 양 마사깐 꼬레아.

기내식 ②

오렌지 주스 주세요.

Minta jus oren.

민따 주스 오렌.

커피 주세요.

Minta americano.

민따 아메리까노.

맥주 주세요.

Minta bir.

민따 비르.

레드와인 주세요.

Minta red wine.

민따 레드 와인.

쇠고기와 생선 중 어느 것을 드릴까요?

Anda pilih daging sapi atau ikan?

안다 삘리 다깅 사삐 아따우 이깐?

뭐가 있죠?

Apa saja yang tersedia?

아빠 사자 양 뜨르스디아?

식사는 언제 나와요?

Kapan makanannya datang?

까빤 마까난냐 다땅?

기차 ①

보고르행 편도 한 장 주세요.

Minta satu karcis sekali jalan ke Bogor.

민따 사뚜 까르찌스 스깔리 잘란 끄 보고르.

반둥행 왕복 한 장 주세요.

Minta satu karcis pulang pergi ke Bandung.

민따 사뚜 까르찌스 뿔랑 쁘르기 끄 반둥.

요금이 어떻게 돼요?

Berpa ongkosnya?

브라빠 옹꼬스냐?

Tip. 교통 비용을 말할 때는 'biaya 비아야'보다
ongkos라는 단어를 씁니다.

기차를 놓쳤어요. 어떻게 해야 하죠?

Saya ketinggalan kereta. Apa yang harus saya lakukan?

사야 끄띵갈란 끄레따. 아빠 양 하루스 사야 라꾸깐?

이 표를 취소할 수 있을까요?

Bisa tiket ini dibatalkan?

비사 띠껫 이니 디바딸깐?

몇 번 홈에서 타야 해요?

Di peron berapakah saya harus naik?

디 뻬론 브라빠까 사야 하루스 나익?

인도네시아 기차

인도네시아의 기차 좌석은 이코노미석, 비즈니스, 일등석으로 나뉩니다. 보통 이코노미석을 선호하는 이유는 가격일 것입니다. 하지만 이코노미석에서는 한 열에 세 명이 앉을 수도 있어 비좁고, 팔걸이가 없어 옆 사람과 붙어 가야 한다는 단점이 있습니다. 쉽게 말해 우리나라의 시내버스나 지하철 같은 느낌입니다. 이코노미석의 경우 기차에 따라 에어컨이 없을 때가 있어서 매우 답답할 수 있습니다. 또 기차에 타면 몇 정거장 정도 지난 후 표 검사를 하는데, 이코노미석의 경우 표를 하나하나 다 꺼내게 해 확인합니다.

비즈니스석도 이코노미석처럼 팔걸이는 없지만, 두 명씩 앉는 구조여서 무난하고 편안한 여행을 즐길 수 있습니다. 일등석은 의자에 팔걸이가 있습니다. 비행기처럼 팔걸이에서 작은 책상도 꺼낼 수 있고 그 위에 노트북이나 먹을 것도 올려놓을 수 있습니다.

일등석은 가격이 가장 비싸지만, 우리나라와 비교해 보면 그리 비싼 편도 아니어서 개인적으로는 일등석을 추천합니다. 일등석의 최대 장점은 에어컨 바람이 나오며 앞자리와의 간격이 꽤 넓다는 점입니다.

외국인의 경우 기차를 탈 때도 여권을 확인합니다. 기차의 속도는 다소 느린 편입니다. 장거리를 기차로 여행한다면 허리가 아플 수 있다는 점도 참고하기 바랍니다.

기차 ②

실례합니다. 여기는 제 자리예요.

Permisi. Ini kursi saya.

쁘르미시. 이니 꾸르시 사야.

누가 제 자리에 앉아 있어요.

Ada orang yang sedang duduk
di kursi saya.

아다 오랑 양 스당 두둑 디 꾸르시 사야.

다음 역은 어디인가요?

Stasiun berikut ini stasiun apa?

스따시운 브리꿋 이니 스따시운 아빠?

일등석으로 주세요.

Minta kelas satu.

민따 끌라스 사뚜.

Minta kelas eksekutif.

민따 끌라스 엑스꾸띺.

첫차가 언제 있죠?

Kereta pertamanya jam berapa
ya?

끄레따 쁘르따마냐 잠 브라빠 야?

막차가 몇 시죠?

Kereta terakhirnya jam berapa
ya?

끄레따 뜨르아히르냐 잠 브라빠 야?

기차 ③

기차를 잘못 탔어요.

Saya salah naik kereta.

사야 살라 나익 끄레따.

선로 번호를 확인하고 타세요.

Tolong cek nomor jalur kereta
terlebih dahulu sebelum naik.

똘롱 쩩 노모르 잘루르 끄레따 뜨를르비
다훌루 스블룸 나익.

저 몇 시 기차를 타야만 하나요?

Saya harus naik kereta yang
jam berapa, ya?

사야 하루스 나익 끄레따 양 잠 브라빠, 야?

이 기차역의 대기실은 어디에 있나요?

Di mana ruang tunggu stasiun
kereta ini?

디 마나 루앙 뚱구 스따시운 끄레따 이니?

내릴 곳을 지나쳤습니다.

Tempat tujuannya terlewat.

뜸빳 뚜주안냐 뜨를레왓.

몇 시에 출발해요?

Jam berapa berangkat?

잠 브라빠 브랑깟?

버스 ①

가장 가까운 버스 정류장은 어디예요?

Di mana halte bus yang paling dekat?

디 마나 할뜨 부스 양 빨링 드깟?

버스는 언제 오나요?

Busnya kapan datang?

부스냐 까빤 다땅?

다음 버스는 언제 오나요?

Bus berikutnya kapan datang?

부스 브르이꿋냐 까빤 다땅?

그 버스는 얼마나 자주 와요?

Seberapa sering busnya datang?

스브라빠 스링 부스냐 다땅?

요금이 얼마예요?

Ongkosnya berapa?

옹꼬스냐 브라빠?

버스 시간표 좀 주세요.

Minta jadwal waktu bus.

민따 자드왈 왁뚜 부스.

언제쯤 목적지에 도착할까요?

Kira-kira kapan sampai di tujuannya?

끼라끼라 까빤 삼빠이 디 뚜주안냐?

버스 ②

다음 정류장은 어디예요?

Di mana perhentian berikutnya?

디 마나 쁘르흔띠안 브르이꿋냐?

버스 승객이 너무 많네요.

Penumpang busnya terlalu banyak.

쁘눔빵 부스냐 뜨를랄루 바냑.

그곳에 도착하면, 제게 알려 줄 수 있나요?

Kalau sudah sampai di sana, bisa Anda beritahu saya?

깔라우 수다 삼빠이 디 사나, 비사 안다 브리따우 사야?

좀 앉을 수 있을까요?

Boleh saya duduk?

볼레 사야 두둑?

저 내릴게요!

Saya akan turun!

사야 아깐 뚜룬!

여기 앉으세요.

Silakan duduk di sini.

실라깐 두둑 디 시니.

숙박 예약 ①

\# 예약하고 싶어요.

Saya mau reservasi kamar.

사야 마우 레스르퐈시 까마르.

Saya mau pesan kamar.

사야 마우 쁘산 까마르.

\# 아직 마음에 드는 호텔을 찾지 못했어요.

Saya belum ketemu hotel yang berkenan di hati.

사야 블룸 끄뜨무 호뗄 양 브르끄난 디 하띠.

\# 공항에서 가까운 호텔을 예약했어요.

Saya sudah reservasi hotel yang dekat bandara.

사야 수다 레스르퐈시 호뗄 양 드깟 반다라.

\# 어떤 방을 원하세요?

Mau kamar yang bagaimana?

마우 까마르 양 바가이마나?

\# 며칠 동안 묵으실 거예요?

Berapa lama Anda ingin menginap?

브라빠 라마 안다 잉인 믕이납?

\# 방값은 얼마예요?

Berapa harga kamarnya?

브라빠 하르가 까마르냐?

\# 빈방 있어요?

Apakah ada kamar kosong?

아빠까 아다 까마르 꼬송?

숙박 예약 ②

\# 예약을 취소하겠습니다.

Saya ingin membatalkan reservasi.

사야 잉인 믐바딸깐 레스르퐈시.

\# 스마트폰 애플리케이션으로 예약하는 게 더 저렴해요.

Reservasi pakai aplikasi smartphone lebih murah.

레스르퐈시 빠까이 아쁠리까시 스마르뜨뽄 르비 무라.

\# 아침 식사를 포함한 가격이에요?

Apakah harganya sudah termasuk sarapan?

아빠까 하르가냐 수다 뜨르마숙 사라빤?

\# 와이파이가 잘 되는지 확인하고 예약하고 싶어요.

Saya ingin cek koneksi Wi-Fi dulu sebelum melakukan reservasi.

사야 잉인 쩩 꼬넥시 와이퐈이 둘루 스블룸 믈라꾸깐 레스르퐈시.

\# 더 싼 방은 없나요?

Apakah ada kamar yang lebih murah?

아빠까 아다 까마르 양 르비 무라?

\# 조용한 방으로 주세요.

Minta kamar yang tidak berisik.

민따 까마르 양 띠닥 브리식.

체크인

체크인하려고 합니다.
Saya mau cek-in.
사야 마우 쩩인.

예약한 분 성함이 어떻게 되나요?
Direservasi atas nama siapa?
디레스르퐈시 아따스 나마 시아빠?

여기 제 여권입니다.
Ini paspor saya.
이니 빠스뽀르 사야.

여기 제 예약 정보입니다.
Ini adalah informasi reservasi saya.
이니 아달라 인포르마시 레스르퐈시 사야.

체크인할 때, 디포짓을 위한 신용카드가 필요합니다.
Untuk cek-in, perlu kartu kredit buat deposit.
운뚝 쩩인, 쁘를루 까르뚜 끄레딧 부앗 데뽀싯.

제가 여기에 일찍 도착했어요. 조기 체크인이 가능한가요?
Saya cepat sampai di sini. Apakah bisa cek-innya lebih cepat?
사야 쯔빳 삼빠이 디 시니.
아빠까 비사 쩩인냐 르비 쯔빳?

Tip. 늦은 체크아웃은 late cek-out 레이트 쩩아웃,
cek-out lebih lambat 쩩아웃 르비 람밧이라
합니다.

체크아웃

몇 시까지 체크아웃해야 하나요?
Sampai jam berapa harus cek-out?
삼빠이 잠 브라빠 하루스 쩩아웃?

체크아웃하겠습니다.
Saya mau cek-out.
사야 마우 쩩아웃.

블루버드를 불러 주세요.
Tolong panggilkan Blue Bird.
똘롱 빵길깐 Tip. 블루버드(Blue Bird)는 인도네시아
블루 버드.   전역을 운행하는 택시입니다.

이 추가 요금은 무엇인가요?
Ongkos tambahan ini tentang apa?
옹꼬스 땀바한 이니 뜬땅 아빠?

예정보다 하루 일찍 체크아웃 가능한가요?
Boleh saya cek-out satu hari lebih cepat?
볼레 사야 쩩아웃 사뚜 하리 르비 쯔빳?

하룻밤 더 묵을 수 있나요?
Bisa saya menginap satu malam lagi?
비사 사야 릉이납 사뚜 말람 라기?

몇 시간만 제 짐을 보관해 주실 수 있어요?
Boleh saya titipkan barang saya beberapa jam?
볼레 사야 띠띱깐 바랑 사야 브브라빠 잠?

서비스

룸서비스입니다. 무엇을 도와드릴까요?

Room service.
Ada yang bisa saya bantu?

룸 스르퓌스. 아다 양 비사 사야 반뚜?

아침 식사 주문하려고요.

Saya mau pesan makanan
sarapan pagi.

사야 마우 쁘산 마까난 사라빤 빠기.

아침 식사는 어디에서 하는 거죠?

Di mana tempat sarapan pagi?

디 마나 뜸빳 사라빤 빠기?

내일 아침 7시에 모닝콜을 부탁해요.

Tolong morning call saya besok
jam 7 pagi.

똘롱 모르닝 꼴 사야 베속 잠 뚜주 빠기.

수건을 더 주세요.

Minta tambah handuknya.

민따 땀바 한둑냐.

제 방을 청소해 주세요.

Tolong bersihkan kamar saya.

똘롱 브르시깐 까마르 사야.

세탁을 부탁합니다.

Tolong cucikan pakaiannya.

똘롱 쭈찌깐 빠까이안냐.

불만 요청

다른 방으로 바꿔 주세요.

Tolong ganti kamar.

똘롱 간띠 까마르.

변기가 고장 났어요.

Klosetnya rusak.

끌로셋냐 루삭.

에어컨이 고장 났어요.

ACnya rusak.

아쎄냐 루삭.

온수가 나오지 않아요.

Air panasnya tidak keluar.

아이르 빠나스냐 띠닥 끌루아르.

옆방이 너무 시끄러워요.

Kamar sebelah terlalu berisik.

까마르 스블라 뜨를랄루 브리식.

방 청소가 아직 안 되었습니다.

Kamarnya belum dibersihkan.

까마르냐 블룸 디브르시깐.

방에 바퀴벌레가 있어요.

Ada kecoa di kamar.

아다 끄쪼아 디 까마르.

관광 안내소

관광 안내소가 어디예요?

Di mana ada tempat informasi wisata?

디 마나 아다 뜸빳 인포르마시 위사따?

관광 안내 책자 하나 주세요.

Minta booklet informasi wisata.

민따 북렛 인포르마시 위사따.

무료 지도가 있어요?

Apakah tersedia peta gratis?

아빠까 뜨르스디아 쁘따 그라띠스?

한국어 안내원이 있어요?

Apakah ada pemandu wisata berbahasa Korea?

아빠까 아다 쁘만두 위사따 브르바하사 꼬레아?

관광 여행 프로그램이 있어요?

Apakah ada program perjalanan wisata?

아빠까 아다 쁘로그람 쁘르잘라난 위사따?

이 지역 명소 좀 알려 주세요.

Tolong kasih tahu objek wisata yang terkenal di daerah ini.

똘롱 까시 따우 옵젝 위사따 양 뜨르끄날 디 다에라 이니.

꼭! 짚고 가기

인도네시아의 팁 문화

인도네시아는 팁을 당연하게 생각하는 문화는 아니지만, 외국인이 몰리는 관광지나 호텔, 고급 식당, 마사지 숍 등에서는 소정의 팁을 지불하는 것이 예의라는 인식이 있습니다.

호텔 직원이 짐 옮기는 것을 도와준다거나 호텔의 방 청소를 맡길 때 5천~만 루피아 정도 지불하면 됩니다.

일반 레스토랑에서는 이미 식사 비용에 봉사료가 포함되는 경우가 많기 때문에 생략하셔도 됩니다.

그 외에도 부탁을 들어주었다거나 예상보다 흡족한 서비스를 받았다고 생각될 때 종업원에게 기분 좋게 팁을 지불하면 됩니다.

금액은 5천 루피아에서 많게는 2만 루피아까지가 적정선입니다. 단, 팁으로 너무 과도한 비용을 요구받는 경우도 있으니 주의해야 합니다. 외국인들, 특히 한국인들은 팁을 잘 준다는 인식이 있어서 일부러 불필요한 서비스를 제공한 후, 팁을 챙기려는 속셈을 가진 이들도 일부 있기 때문입니다.

투어 참여

몇 시에 떠나요?
Kapan berangkat?
까빤 브랑깟?

언제 어디에서 만나요?
Kapan dan di mana bertemu?
까빤 단 디 마나 브르뜨무?

제가 머물고 있는 호텔에서 픽업해 주시겠어요?
Bisa jemput saya di hotel tempat saya menginap?
비사 즘뿟 사야 디 호뗄 뜸빳 사야 등이납?

자유 시간이 있나요?
Apakah ada waktu bebas?
아빠까 아다 왁뚜 베바스?

몇 시에 돌아와요?
Kapan kita kembali?
까빤 끼따 끔발리?

개인 비용은 얼마예요?
Berapa biaya per orang?
브라빠 비아야 쁘르 오랑?

몇 시부터 몇 시까지 해요?
Dari jam berapa sampai jam berapa?
다리 잠 브라빠 삼빠이 잠 브라빠?

구경하기

너무 재밌었어요.
Asyik sekali ya.
아싁 스깔리 야.

정말 장엄하네요!
Wah megah sekali ya!
와 므가 스깔리 야!

풍경이 엄청나네요!
Pemandangannya luar biasa!
쁘만당안냐 루아르 비아사!

그 방은 들어가실 수 없습니다.
Dilarang masuk ke ruangan itu.
딜라랑 마숙 끄 루앙안 이뚜.

어기 몇 시까지 관람할 수 있나요?
Waktu kunjungannya sampai jam berapa ya?
왁뚜 꾼중안냐 삼빠이 짐 브라빠 야?

여기는 출입이 금지됩니다.
Di sini dilarang masuk.
디 시니 딜라랑 마숙.

주의사항

너무 가까이 가지 마세요.

Dilarang berdiri terlalu dekat.

딜라랑 브르디리 뜨를랄루 드깟.

손대지 마세요.

Dilarang menyentuh.

딜라랑 므년뚜.

조용히 해 주세요.

Mohon tidak berisik.

모혼 띠닥 브리식.

반팔이나 짧은 바지 또는 치마를 입고는 이슬람 사원에 들어갈 수 없습니다.

Dilarang masuk masjid dengan berpakaian baju lengan pendek, celana pendek atau rok pendek.

딜라랑 마숙 마스짓 등안 브르빠까이안 바주 릉안 뻰덱, 쫄라나 뻰덱 아따우 록 뻰덱.

1시간 후에 여기로 모여 주세요.

Tolong berkumpul di sini satu jam lagi.

똘롱 브르꿈뿔 디 시니 사뚜 잠 라기.

소매치기 주의하세요.

Waspadai pencopet.

와스빠다이 쁜쪼뻿.

Tip. 'jambret 잠브렛'이라는 단어도 '소매치기'를 뜻하지만 조금 더 잡아채는 느낌의 '날치기'에 가깝습니다.

관광 - 기타

잠깐 쉬고 싶어요.

Saya mau istirahat sebentar.

사야 마우 이스띠라핫 스븐따르.

여기 화장실이 어디 있나요?

Di mana toilet?

디 마나 또일렛?

저를 따라오세요.

Tolong ikuti saya.

똘롱 이꾸띠 사야.

저는 오늘 호텔에서 쉬고 싶어요.

Hari ini saya mau istirahat di hotel.

하리 이니 사야 마우 이스띠라핫 디 호뗄.

여기서 사진을 찍어도 돼요?

Boleh foto di sini?

볼레 포또 디 시니?

제 물건을 분실했어요.

Saya kehilangan barang bawaan saya.

사야 끄힐랑안 바랑 바와안 사야.

음료수를 사고 싶어요.

Saya mau beli minuman.

사야 마우 블리 미누만.

Bab 11

위급할 땐 이렇게!

Bab 11

Peristiwa & Kecelakaan 쁘리스띠와 단 끄쫄라까안 사건 & 사고

peristiwa 쁘리스띠와 n. 사건; 사고; 쟁점 **kecelakaan** 끄쯜라까안 n. 사고	**kotak pertolongan darurat** 꼬딱 쁘르똘롱안 다루랏 n. 응급 구조 상자 	**ambulans** 암불란스 n. 구급차, 앰뷸런스 
	menyelamatkan 므녤라맛깐 v. 안전하게 하다; 구조하다 	**serangan jantung** 스랑안 잔뚱 n. 심장 마비
	cedera 쯔드라 v. 다치다 **terluka** 뜨를루까 v. 다치다; 상처 입다 	**mengobati** 릉오바띠 v. 치료하다
kantor polisi 깐또르 뽈리시 경찰서 	**polisi** 뽈리시 n. 경찰(관) 	**melapor** 므라뽀르 v. 신고하다
	penjahat 쁜자핫 = **pelaku kriminal** 쁠라꾸 끄리미날 n. 범죄자 	**pencuri** 쁜쭈리 = **maling** 말링 n. 도둑
	pencopet 쁜쪼뻿 n. 소매치기 	**penipu** 쁘니뿌 n. 사기꾼

358

kecelakaan lalu lintas 끄쯜라까안 랄루 린따스 n. 교통사고 	**menabrak** 므나브락 v. 충돌하다, 부딪히다 	**traktor** 뜨락또르 = **mobil derek** 모빌 데렉 n. 견인차
	melanggar 믈랑가르 v. 위반하다 	**denda** 든다 n. 벌금
	lampu lalu lintas 람뿌 랄루 린따스 n. 신호등 	**rambu lalu lintas** 람부 랄루 린따스 n. 교통 표지판
stasiun pemadam kebakaran 스따시운 쁘마담 끄바까란 = **pos pemadam kebakaran** 뽀스 쁘마담 끄바까란 n. 소방서 	**mobil pemadam** 모빌 쁘마담 n. 소방차 	**kebakaran** 끄바까란 n. 화재 **ledakan** 르다깐 n. 폭발
	gempa bumi 금빠 부미 n. 지진 	**Tsunami** 쓰나미 n. 쓰나미, 해일
	gunung berapi 구눙 브라삐 n. (활)화산 **letusan gunung berapi** 르뚜산 구눙 브라삐 n. 화산 폭발 	**longsoran tanah** 롱소란 따나 n. 산사태

화재

도와주세요!

Tolong!

똘롱!

앰뷸런스를 불러 주세요.

Tolong panggilkan ambulans.

똘롱 빵길깐 암불란스.

불이야!

Kebakaran!

끄바까란!

불이 났어요! 빨리 대피해요!

Ada kebakaran!
Cepat hindarkan diri!

아다 끄바까란! 쯔빳 힌다르깐 디리!

소화기가 있나요?

Apakah ada tabung pemadam kebakaran?

아빠까 아다 따붕 쁘마담 끄바까란?

소방서에 전화해 주세요.

Tolong hubungi kantor pemadam kebakaran.

똘롱 후붕이 깐또르 쁘마담 끄바까란.

교통사고

이 사람이 교통사고를 당했어요.

Orang ini terkena kecelakaan.

오랑 이니 뜨르끄나 끄쯜라까안.

친구가 심하게 다쳤어요.

Teman saya terluka parah.

뜨만 사야 뜨를루까 빠라.

차에 치었어요.

Tertabrak mobil.

뜨르따브락 모빌.

경찰을 불러 주세요.

Tolong panggilkan polisi.

똘롱 빵길깐 뽈리시.

보험 회사를 연결해 주세요.

Tolong hubungi perusahaan asuransi.

똘롱 후붕이 쁘르우사하안 아수란시.

견인차를 불러 주세요.

Tolong panggilkan mobil derek.

똘롱 빵길깐 모빌 데렉.

Tip. derek은 '크레인'을 뜻합니다.

제 차가 들이받혔어요.

Mobil saya tertabrak.

모빌 사야 뜨르따브락.

응급실 ①

\# 이 근처에 병원이 있어요?

Apakah ada rumah sakit di sekitar sini?

아빠까 아다 루마 사낏 디 스끼따르 시니?

\# 그가 의식을 잃었어요.

Dia sedang tidak sadar.

디아 스당 띠닥 사다르.

\# 그가 기절했어요.

Dia sedang pingsan.

디아 스당 삥산.

\# 심장 마비 같아요.

Sepertinya serangan jantung.

스쁘르띠냐 스랑안 잔뚱.

\# 심폐 소생술을 해야만 해요.

Kita harus melakukan pernafasan buatan.

끼따 하루스 믈라꾸깐 쁘르나파산 부아딴.

\# 숨을 쉬지 않아요.

Tidak bernafas.

띠닥 브르나파스.

응급실 ②

\# 응급 상자가 있나요?

Apakah ada kotak P3K?

아빠까 아다 꼬딱 뻬띠가까?

\# 움직일 수가 없어요.

Tidak bisa bergerak.

띠닥 비사 브르그락.

\# 다리가 부러진 것 같아요.

Sepertinya patah kaki.

스쁘르띠냐 빠따 까끼.

\# 칼에 찔렸어요.

Tertusuk pisau.

뜨르뚜숙 삐사우.

\# 환자가 지금 어떤 상태인가요?

Bagaimana keadaan pasien sekarang?

바가이마나 끄아다안 빠시엔 스까랑?

\# 피가 멈추질 않아요.

Darahnya tidak berhenti mengalir.

다라냐 띠닥 브르흔띠 믕알리르.

실종 & 자연재해

분실 & 도난

제 친구를 잃어버렸어요.

Saya kehilangan teman.

사야 끄힐랑안 뜨만.

제 아이가 사라졌어요.

Anak saya hilang.

아낙 사야 힐랑.

아이를 마지막으로 본 곳이 어디죠?

Di mana Anda terakhir melihat anak Anda?

디 마나 안다 뜨르아히르 믈리핫 아낙 안다?

길을 잃은 것 같아요.

Sepertinya saya tersesat jalan.

스쁘르띠냐 사야 뜨르스삿 잘란.

여기가 어디죠?

Di mana ini?

디 마나 이니?

홍수가 났어요.

Ada banjir.

아다 반지르.

지진이 났어요.

Ada gempa bumi.

아다 금빠 부미.

화산이 폭발할 거예요.

Gunung berapi akan meletus.

구눙 브라삐 아깐 믈르뚜스.

가방을 잃어버렸어요.

Tas saya hilang.

따스 사야 힐랑.

저는 여권을 잃어버렸어요.

Saya kehilangan paspor.

사야 끄힐랑안 빠스뽀르.

제 차가 없어졌어요.

Saya kehilangan mobil saya.

사야 끄힐랑안 모빌 사야.

언제 잃어버렸어요?

Kapan hilangnya?

까빤 힐랑냐?

Tip. '-nya' 접사는 3인칭 대명사 대체,
지시 대명사 itu 대체, 명사화 기능, 부사화 기능,
의미 강조에 사용합니다.

어디서 잃어버렸어요?

Di mana hilangnya?

디 마나 힐랑냐?

도난 신고를 하고 싶어요.

Saya ingin melaporkan pencurian.

사야 잉인 믈라뽀르깐 쁜쭈리안.

저는 소매치기를 당했어요.

Saya kecopetan.

사야 끄쪼뻬딴.

분실 신고 & 분실물 센터

분실 신고를 하려고 합니다.

Saya ingin melaporkan kehilangan barang.
사야 잉인 믈라뽀르깐 끄힐랑안 바랑.

잃어버린 물건이 무엇인가요?

Barang apa yang hilang?
바랑 아빠 양 힐랑?

그걸 마지막으로 본 게 언제였죠?

Kapan Anda terakhir melihatnya?
까빤 안다 뜨르아히르 믈리핫냐?

어디로 신고해야 하죠?

Ke mana saya harus melapor?
끄 마나 사야 하루스 믈라뽀르?

제일 가까운 경찰서가 어디예요?

Di mana kantor polisi terdekat?
디 마나 깐또르 뽈리시 뜨르드깟?

중요한 거니까 꼭 좀 찾아 주세요.

Barang itu penting jadi tolong carikan ya.
바랑 이뚜 쁜띵 자디 똘롱 짜리깐 야.

꼭! 짚고 가기

인도네시아 긴급 전화번호

혹시라도 인도네시아에서 위급한 상황에 처했을 때 관련 기관에 전화로 연락할 수 있도록 '긴급 전화번호'를 알려 드리겠습니다. 참고로 인도네시아어로는 긴급 전화번호를 'nomor telepon darurat 노모르 뗄레뽄 다루랏'이라고 합니다. 인도네시아를 방문하기 전 아래의 번호를 꼭 알아 두세요.

① 구급차 : 118 또는 119
   Ambulans 암불란스
② 소방서 : 113 또는 1131
   Pemadam kebakaran
   쁘마담 끄바까란
③ 구조대 : 115
   SAR/Search and Rescue
   에스아에르(사르)/설치 앤 레스큐
④ 경찰서 : 110
   Polisi 뽈리시
⑤ 자연재해 신고 : 129
   Posko bencana alam
   뽀스꼬 븐짜나 알람

통합 번호로 112가 있습니다. 상담원에게 화재, 범죄, 재해, 위급 상황, 구급차 요청 등 원하는 서비스나 신고 항목을 말하면 관련 기관으로 연결해 줍니다. 이를 'NTPD 엔떼뻬데(Nomor Tunggal Panggilan Darurat 노모르 뚱갈 빵길란 다루랏) 112 사뚜 사뚜 슴빌란'이라고 합니다.

경찰 신고	사건 & 사고 - 기타 ①

경찰서에 전화하는 게 좋겠어요.

Sepertinya Anda lebih baik
menelepon kantor polisi.

스쁘르띠냐 안다 르비 바익 므넬레뽄 깐또르
뽈리시.

여보세요, 경찰서죠?

Halo, ini benar kantor polisi?

할로, 이니 브나르 깐또르 뽈리시?

무엇을 도와드릴까요?

Ada yang bisa saya bantu?

아다 양 비사 사야 반뚜?

무슨 문제가 있나요?

Ada masalah apa ya?

아다 마살라 아빠 야?

주소가 어떻게 되세요?

Di mana alamatnya?

디 마나 알라맛냐?

빨리 와 주세요.

Tolong datang segera.

똘롱 다땅 스그라.

저를 성추행하려는 사람이 있어요.

Ada orang yang mencoba
melakukan pelecehan seksual
kepada saya.

아다 오랑 양 믄쪼바 믈라꾸깐 쁠레쩨한
섹수알 끄빠다 사야

강도야!

Perampok!

쁘람뽁!

도둑이야!

Pencuri!

쁜쭈리!

신용카드를 분실했어요.
정지해 주세요.

Kartu kredit saya hilang.
Tolong diblokir.

까르뚜 끄레딧 사야 힐랑. 똘롱 디블로끼르.

지금 신분증을 안 가지고 있어요.

Sekarang saya tidak bawa kartu
identitas.

스까랑 사야 띠닥 바와 까르뚜 이덴띠따스.

저는 죄가 없어요.

Saya tidak bersalah.

사야 띠닥 브르살라.

저한테 마약을 팔려고 하는 사람이
있어요.

Ada orang yang mencoba
menjual narkoba kepada saya.

아다 오랑 양 믄쪼바 믄주알 나르꼬바 끄빠다
사야.

사건 & 사고 – 기타 ②

신호 위반을 하셨습니다.

Anda sudah melanggar lampu lalu lintas.

안다 수다 믈랑가르 람뿌 랄루 린따스.

속도위반을 하셨습니다.

Anda sudah melanggar batas kecepatan.

안다 수다 믈랑가르 바따스 끄쯔빠딴.

여기에 테러가 발생했어요.

Telah terjadi teror di sini.

뜰라 뜨르자디 떼로르 디 시니.

지금 한국 대사관으로 연락해 주세요.

Tolong hubungi Kedutaan Besar Korea Selatan sekarang.

똘롱 후붕이 끄두따안 브사르 꼬레아 슬라딴 스까랑.

사기를 당했어요.

Saya ditipu.

사야 디띠뿌.

휴대폰을 소매치기당했어요.

Saya kecurian HP.

사야 끄쭈리안 하뻬.

CCTV를 볼 수 있게 해 주세요.

Tolong biarkan saya melihat CCTV.

똘롱 비아르깐 사야 믈리핫 쩨쩨떼풰.

수하물이나 여권을 분실했을 때

말도 잘 통하지 않는 곳에서 중요한 소지품을 잃어버렸을 때의 기분은 참 절망적입니다. 마치 국제 미아가 되어 버린 듯한 불안감이 들 수 있는데, 그럴 때일수록 침착하게 매뉴얼에 따라 움직여야 합니다.

인도네시아에 도착한 후 아무리 기다려도 수하물이 나오지 않는다면 해당 항공사의 분실 센터로 가서 수하물 표를 보여 주며 상황을 설명해야 합니다. 항공사에서 건네주는 사고 보고서에 수하물 관련 정보와 기타 개인 정보를 기입한 다음 '조회 번호'와 담당자의 이름, 연락처 등을 받아 둡니다. 이는 수하물을 결국 찾지 못해 보상을 받아야 할 경우 유용하게 쓰일 수 있습니다.

인도네시아 여행 중 여권을 잃어버렸을 때는 자카르타에 위치한 주인도네시아 대한민국 대사관에 연락을 취하는 것이 좋습니다. 특히 대사관 영사과에 바로 전화를 걸면 신속하고 정확한 답을 들을 수 있습니다. 영사과의 안내를 따르는 것이 최선이지만 만약 상황이 여의치 않을 경우 첫 번째로 해야 할 일은 가까운 경찰서를 방문하여 자신의 신분을 임시로 보장해 주고 여권 분실 사실을 입증해 주는 보고서(경찰리포트)를 발급받는 것입니다. 이때 여권 사본을 소지했다면 수월하게 처리되므로, 미리 챙겨 두세요.

이 보고서가 있으면 국내선 비행기 이용이 가능합니다. 현재 자카르타가 아니라면 자카르타행 비행기를 타고 날아가 대사관으로 곧장 향한 후 지초지종을 설명하면 됩니다. 다만 규격에 맞는 사진 두 장(3.5×4.5), 여권 사본, 보고서(경찰리포트), 임시 여권 발급비 정도는 준비해 가야 합니다.

Bab 12

지금은 디지털 시대!

Bab 12

komputer 꼼뿌뜨르
n. 컴퓨터

laptop 랩똡
n. 노트북 컴퓨터

monitor 모니또르
n. 모니터, 화면

papan ketik 빠빤 끄띡
= **keyboard** 끼봇
n. 키보드, 자판

mengetik 믕으띡
v. (키보드를) 두드리다, 치다

tetikus 뜨띠꾸스
= **mouse** 마우스
n. 마우스

mengklik 믕끌릭
v. 클릭하다

file 파일
n. 파일

folder 폴드르
n. 폴더

simpan 심빤
v. 저장하다

hapus 하뿌스
v. 지우다, 삭제하다

keamanan 끄아마난
n. 보안

virus 퓌루스
n. (컴퓨터) 바이러스

internet 인뜨르넷 n. 인터넷 	**Wi-Fi** 와이파이 n. 와이파이, 무선 네트워크 	**network** 넷웍 = **jaringan** 자링안 n. 네트워크
	e-mail 이메일 n. 이메일 	**jejaring sosial** 즈자링 소시알 = **sosmed** 소스멧 n. 소셜 네트워크, SNS
	online shopping 온라인 쇼삥 온라인 쇼핑 	**online game** 온라인 게임 온라인 게임

Telepon 뗄레뽄 전화

MP3. U12_02

telepon 뗄레뽄 n. 전화 	**HP** 하뻬 = **telepon genggam** 뗄로뽄 긍감 n. 휴대 전화 	**nomor telepon** 노모르 뗄레뽄 n. 전화번호
menelepon 므넬레뽄 v. 전화를 걸다 	**angkat telepon** 앙깟 뗄레뽄 전화를 받다 	**tutup telepon** 뚜뚭 뗄레뽄 전화를 끊다
baterai 바뜨라이 n. 배터리, 건전지 	**mengecas** 릉으짜스 v. 충전하다 	**pesan** 쁘산 n. 메시지 **SMS** 에스엠에스 n. 문자 메시지

컴퓨터 & 노트북

\# 이 컴퓨터 잠깐 써도 되나요?

Boleh saya pakai komputer ini sebentar?

볼레 사야 빠까이 꼼뿌뜨르 이니 스븐따르?

\# 제 노트북이 고장 났어요.

Laptop saya rusak.

랩똡 사야 루삭.

\# 중고 노트북을 하나 사려고 해요.

Saya mau beli laptop bekas.

사야 마우 블리 랩똡 브까스.

\# 컴퓨터가 다운되었어요.

Komputernya mati.

꼼뿌뜨르냐 마띠.

\# 저는 컴퓨터보다는 노트북을 쓰는 걸 좋아해요.

Saya lebih suka pakai laptop daripada komputer.

사야 르비 수까 빠까이 랩똡 다리빠다 꼼뿌뜨르.

\# 저는 노트북 없이는 못 살아요.

Saya tidak bisa hidup tanpa laptop.

사야 띠닥 비사 히둡 딴빠 랩똡.

\# 시스템이 바이러스에 걸렸어요.

Sistemnya terkena virus.

시스뗌냐 뜨르끄나 퓌루스.

모니터

\# 컴퓨터 모니터가 망가졌어요.

Monitor komputernya rusak.

모니또르 꼼뿌뜨르냐 루삭.

\# 모니터를 수리하려고 해요.

Saya mau perbaiki monitor.

사야 마우 쁘르바이끼 모니또르.

\# LED 모니터를 새로 샀어요.

Saya baru beli monitor LED.

사야 바루 블리 모니또르 엘이디.

\# 제 컴퓨터 모니터는 화면이 넓어서 영화 보기 좋아요.

Monitor komputer saya layarnya luas jadi bagus untuk menonton film.

모니또르 꼼뿌뜨르 사야 라야르냐 루아스 자디 바구스 운뚝 므논똔 필름.

\# 모니터 화면이 다 깨져 보여요.

Layar monitornya tampak pecah.

라야르 모니또르냐 땀빡 쁘짜.

\# 모니터 화면이 흔들려요.

Layar monitornya bergoyang.

라야르 모니또르냐 브르고양.

370

인터넷 & 이메일

로그인이 안 돼요.

Tidak bisa log-in.
띠닥 비사 로긴.

인터넷이 너무 느려요.

Internetnya terlalu lambat.
인뜨르넷냐 뜨를랄루 람밧.

인터넷 신호가 너무 안 좋아요.

Sinyal internetnya sangat buruk.
시냘 인뜨르넷냐 상앗 부룩.

Sinyal internetnya sangat parah.
시냘 인뜨르넷냐 상앗 빠라.

이게 제 이메일 주소예요.

Ini alamat e-mail saya.
이니 알라맛 이메일 사야.

저는 이메일을 이미 보냈어요.

Saya sudah kirim e-mail.
사야 수다 끼림 이메일.

여기 와이파이가 있나요?

Di sini ada Wi-Fi?
디 시니 아다 와이퐈이?

와이파이 비밀번호가 뭔가요?

Password Wi-Finya apa?
빠스월 와이퐈이냐 아빠?

SNS 대국 인도네시아

'Global Digital Report 2023'에 따르면, 인도네시아에서 약 2억 1천3백만 명이 인터넷을 사용하고 있습니다. 인스타그램(Instagram), 유튜브(Youtube), 페이스북(Facebook), 왓츠앱(WhatsApp), 틱톡(TikTok) 등을 주로 이용합니다.

인도네시아 총인구의 60%에 해당하는 1억 6천7백만 명이 소셜 미디어 SNS를 이용하는데, 그렇다면 인도네시아인들이 가장 즐겨 사용하는 SNS 채널은 무엇일까요? 전 세계적으로 많이 쓰는 페이스북, 인스타그램, 틱톡을 일반적으로 사용합니다. 하지만 메신저의 경우, 왓츠앱을 가장 많이 사용하며 라인(Line)으로도 연락을 주고받습니다. 라인은 우리나라 네이버가 개발한 메신저이지만 인도네시아뿐만 아니라 일본 및 동남아 국가에서 많이 씁니다.

SNS ①

페이스북 하세요?

Apakah Anda punya facebook?

아빠까 안다 뿌냐 페이스북?

왓츠앱 전화번호 좀 알려 주세요.

Tolong kasih tahu nomor
telepon whatsapp.

똘롱 까시 따우 노모르 뗄레뽄 와츠압.

인스타그램 아이디가 뭐예요?

Nama akun instagramnya apa?

나마 아꾼 인스따그람냐 아빠?

저는 매일 인스타그램에 사진을
올려요.

Saya setiap hari posting foto di
instagram.

사야 스띠압 하리 뽀스띵 포또 디 인스따그람.

제 계정 맞팔 좀 해 주세요.

Tolong follow back akun saya.

똘롱 팔로우 백 아꾼 사야.

팔로워가 많으시군요.

Anda punya banyak followers
ya.

안다 뿌냐 바냑 팔로워르스 야.

SNS ②

라인 아이디 좀 알려주세요.

Tolong kasih tahu ID linenya ya.

똘롱 까시 따우 이데 라인냐 야.

저는 SNS를 아예 하지 않아요.

Saya sama sekali tidak main
SNS.

사야 사마 스깔리 띠닥 마인 에스엔에스.

제가 팔로우할게요.

Saya yang follow, ya.

사야 양 팔로우, 야.

저는 유튜버예요.

Saya youtuber.

사야 유뚜버르.

저는 유튜브를 자주 봐요.

Saya sering nonton youtube.

사야 스링 논똔 유뚭.

저는 하루 종일 페이스북만 해요.

Saya sepanjang hari main
facebook.

사야 스빤장 하리 마인 페이스북.

전 SNS 중독자예요.

Saya seorang kecanduan SNS.

사야 스오랑 끄짠두안 에스엔에스.

휴대 전화

휴대 전화 번호를 알려 주시겠어요?

Boleh saya minta nomor HP Anda?

볼레 사야 민따 노모르 하뻬 안다?

휴대 전화 배터리가 방전됐어요.

Baterai HPnya habis.

바뜨라이 하뻬냐 하비스.

저는 항상 휴대 전화를 손에 쥐고 있어요.

Saya selalu pegang HP di tangan.

사야 슬랄루 쁘강 하뻬 디 땅안.

저는 두 대의 휴대폰을 사용해요.

Saya pakai 2 HP.

사야 빠까이 두아 하뻬.

저한테 미스콜 있어요. (부재중 전화)

Saya miss call, ya.

사야 미스 꼴, 야.

보조 배터리 좀 잠시 쓸 수 있을까요?

Boleh saya pakai power banknya sebentar?

볼레 사야 빠까이 빠워르 방냐 스븐따르?

휴대폰을 잃어버렸어요.

Saya kehilangan HP.

사야 끄힐랑안 하뻬.

휴대 전화 문제

통화 연결 상태가 나빠요.

Kondisi sambungannya tidak baik.

꼰디시 삼붕안냐 띠닥 바익.

목소리가 작게 들려요.

Suaranya kedengaran kecil.

수아라냐 끄등아란 끄찔.

목소리가 계속 끊겨요.

Suaranya terputus-putus.

수아라냐 뜨르뿌뚜스뿌뚜스.

휴대 전화 액정이 깨졌어요.

Layar HPnya pecah.

라야르 하뻬냐 쁘짜.

배터리가 항상 빨리 닳아요.

Baterainya selalu cepat habis.

바뜨라이냐 슬랄루 쯔빳 하비스.

휴대폰이 켜지질 않아요.

HPnya tidak mau diaktifkan.

하뻬냐 띠닥 마우 디악띠프깐.

요즘 제 휴대폰이 자주 오류가 나요.

Belakangan HP saya sering eror.

블라깡안 하뻬 사야 스링 에로르.

휴대 전화 - 기타 ①

이 휴대폰 얼마예요?

HP ini harganya berapa?

하뻬 이니 하르가냐 브라빠?

이 휴대폰 기종이 뭐예요?

HP ini mereknya apa?

하뻬 이니 메렉냐 아빠?

제 휴대폰 카메라가 고장 났어요.

Kamera HP saya rusak.

까메라 하뻬 사야 루삭.

이 근처 삼성 휴대폰 서비스 센터가 어디에 있어요?

Di mana tempat servis HP Samsung terdekat?

디 마나 뜸빳 스르퓌스 하뻬 삼숭 뜨르드깟?

중고 휴대폰을 사려고 해요.

Saya mau beli HP bekas.

사야 마우 블리 하뻬 브까스.

이 휴대폰은 최신 모델이에요.

HP ini model terbaru.

하뻬 이니 모델 뜨르바루.

Tip. 휴대폰의 '벨 모드'는 'mode dering 모드 드링',
'진동 모드'는 'mode getar 모드 그따르',
'무음 모드'는 'mode hening 모드 흐닝' 또는
'mode diam 모드 디암'입니다.

휴대 전화 - 기타 ②

휴대폰 충전기 좀 빌릴 수 있을까요?

Boleh saya pinjam charger HP?

볼레 사야 삔잠 짜르즈르 하뻬?

휴대폰 충전 좀 해 주세요.

Tolong HPnya dicas.

똘롱 하뻬냐 디짜스.

휴대폰 액세서리 매장이 어디에 있나요?

Di mana toko aksesoris HP?

디 마나 또꼬 악세소리스 하뻬?

제 휴대폰은 금방 뜨거워져요.

HP saya cepat panas.

하뻬 사야 쯔빳 빠나스.

지금 시대는 문자보다 메신저 애플리케이션을 사용하는 시대예요.

Zaman sekarang adalah zaman yang lebih banyak memakai aplikasi messenger daripada fitur SMS.

자만 스까랑 아달라 자만 양 르비 바냑 므마까이 아쁠리까시 메센즈르 다리빠다 퓌뚜르 에스엠에스.

필수 단어

1. 위치 Letak 르딱

위	아래	앞	뒤
atas 아따스	bawah 바와	depan 드빤	belakang 블라깡
안	밖	가운데	옆
dalam 달람	luar 루아르	tengah 뜽아	samping 삼삥
사이	오른쪽	왼쪽	건너편, 맞은편
antara 안따라	sebelah kanan 스블라 까난	sebelah kiri 스블라 끼리	seberang 스브랑
너머	여기, 이곳	거기, 그곳	저기, 저곳
balik 발릭	sini 시니	situ 시뚜	sana 사나

2. 방향 Arah 아라

동	서	남	북
timur 띠무르	barat 바랏	selatan 슬라딴	utara 우따라
동남	동북	남서	북서
tenggara 뜽가라	timur laut 띠무르 라웃	barat daya 바랏 다야	barat laut 바랏 라웃

3. 색상 Warna 와르나

흰색	검정색	빨간색	노란색
warna putih 와르나 뿌띠	warna hitam 와르나 히땀	warna merah 와르나 메라	warna kuning 와르나 꾸닝
파란색	초록색	보라색	갈색
warna biru 와르나 비루	warna hijau 와르나 히자우	warna ungu 와르나 웅우	warna coklat 와르나 쪼끌랏
금색	은색	분홍색	회색
warna emas 와르나 으마스	warna perak 와르나 뻬락	warna merah muda 와르나 메라 무다	warna abu-abu 와르나 아부아부

4. 스포츠 Olahraga 올라라가

공	축구	배드민턴	골프
bola 볼라	sepak bola 세빡 볼라	bulu tangkis 불루 땅끼스	golf 골프
수영	탁구	테니스	조깅
berenang 브르낭	tenis meja 떼니스 메자	tenis 떼니스	lari pagi 라리 빠기

5. 직업 Pekerjaan 쁘끄르자안

회사원	사업가, 자영업자	주부	선생님
pegawai kantor 쁘가와이 깐또르	pebisnis 쁘비스니스 pengusaha 뻥우사하	ibu rumah tangga 이부 루마 땅가	guru 구루 pengajar 뻥아자르
교수	의사	간호사	경찰관
dosen 도센	dokter 독뜨르	suster 수스뜨르 perawat 쁘라왓	polisi 뽈리시
소방관	학생	대학생	초·중·고등학생
pemadam kebakaran 쁘마담 끄바까란	murid 무리드 pelajar 쁠라자르	mahasiswa 마하시스와	siswa 시스와
변호사	운전기사	은행원	요리사
pengacara 뻥아짜라	sopir 소삐르	pegawai bank 쁘가와이 방	koki 꼬끼
통번역사	가수	기자	군인
penerjemah 쁘느르즈마	penyanyi 쁘냐늬	wartawan 와르따완	tentara 뜬따라

6. 나라 Negara 느가라

아시아			
Asia 아시아			
한국	인도네시아	말레이시아	싱가포르
Korea	Indonesia	Malaysia	Singapura
꼬레아	인도네시아	말레이시아	싱아푸라
동티모르	일본	중국	대만
Timor Leste	Jepang	Tiongkok 띠옹꼭 Cina 찌나	Taiwan
띠모르 레스떼	즈빵		따이완
필리핀	이라크	캄보디아	터키
Filipina	Irak	Kamboja	Turki
삘리삐나	이락	깜보자	뚜르끼

아메리카			
Amerika 아메리까			
미국	캐나다	멕시코	아르헨티나
Amerika Serikat 아메리까 스리깟	Kanada 까나다	Meksiko 멕시꼬	Argentina 아르겐띠나
브라질	콜롬비아	쿠바	페루
Brasil	Kolombia	Kuba	Peru
브라실	꼴롬비아	꾸바	뻬루

유럽 Eropa 에로빠			
영국	프랑스	독일	스페인
Inggris 잉그리스	Prancis 쁘란찌스	Jerman 제르만	Spanyol 스빠뇰
러시아	폴란드	그리스	스웨덴
Rusia 루시아	Polandia 뽈란디아	Yunani 유나니	Swedia 스웨디아

아프리카 Afrika 아프리까			
가나	이집트	나이지리아	모로코
Ghana 가나	Mesir 므시르	Nigeria 니게리아	Maroko 마로꼬

오세아니아 Oseania 오세아니아	
호주	뉴질랜드
Australia 아우스뜨랄리아	Selandia Baru 슬란디아 바루

7. 형용사

① 기본 형용사

예쁜	더운, 뜨거운	추운, 차가운	높은; 키가 큰
cantik 짠띡	panas 빠나스	dingin 딩인	tinggi 띵기
낮은; 짧은	긴	무거운	가벼운
pendek 뻰덱	panjang 빤장	berat 브랏	ringan 링안
많은	조금	두꺼운	얇은
banyak 반약	sedikit 스디낏	tebal 뜨발	tipis 띠삐스
비싼	싼	가까운	먼
mahal 마할	murah 무라	dekat 드깟	jauh 자우
붐비는	한적한	뚱뚱한	마른
ramai 라마이	sepi 스삐	gemuk 그묵	kurus 꾸루스

② 감정 형용사

기쁜, 즐거운	행복한	슬픈	걱정스러운
senang 스낭 gembira 금비라	bahagia 바하기아	sedih 스디	khawatir 하와띠르
용감한	무서운	지루한	게으른
berani 브라니	takut 따꿋	bosan 보산	malas 말라스
부끄러운	침착한	겸손한	거만한
malu 말루	tenang 뜨낭	rendah hati 른다 하띠	sombong 솜봉
편안한	우울한	화난, 분노한	진지한
nyaman 냐만	murung 무룽	marah 마라	serius 세리우스
긍정적인	부정적인	긴장된, 경직된	예민한
positif 뽀시띠프	negatif 네가띠프	tegang 뜨강	sensitif 센시띠프

8. 어근동사

일어나다	자다	오다	가다
bangun 방운	tidur 띠두르	datang 다땅	pergi 쁘르기
돌아가다	먹다	마시다	목욕하다
pulang 뿔랑 kembali 끔발리 balik 발릭	makan 마깐	minum 미눔	mandi 만디
들어가다	나가다, 외출하다	앉다	요구하다
masuk 마숙	keluar 끌루아르	duduk 두둑	minta 민따
도착하다	거주하다, 살다	무너지다	살다
sampai 삼빠이 tiba 띠바	tinggal 띵갈	roboh 로보	hidup 히둡
나아가다	후퇴하다	(산을) 타다, 오르다	내려가다
maju 마주	mundur 문두르	naik 나익	turun 뚜룬

잠시 머무르다, 들르다	떨어지다; 쓰러지다	날다	요리하다
singgah 싱가 **mampir** 맘삐르	**jatuh** 자뚜	**terbang** 뜨르방	**masak** 마삭
태어나다	죽다	시작하다	끝나다
lahir 라히르	**mati** 마띠	**mulai** 물라이	**selesai** 슬르사이 **habis** 하비스
기억하다	잊어버리다	나타나다	사라지다
ingat 잉앗	**lupa** 루빠	**muncul** 문쭐	**hilang** 힐랑

황우중 저 / 256쪽 / MP3 CD 포함 / 18,000원

황우중·김상우 저 / 416쪽 / MP3 다운로드 / 16,000원